21世纪高等院校

JC

新闻学与传播学经典教材

JOURNALISM&COMMUNICATION

新媒体概论

THE RESEARCH OF NEW MEDIA

黄彪文 著

中国国际广播出版社

前　言

1994 年，中国正式全面接入互联网。从这一年起，中国进入了网络时代。2005 年，彭兰在《中国网络媒体的第一个十年》中还用了“投石问路”“风起云涌”“十年磨砺”等字眼，而今互联网的概念已经从 Web 1.0 进化到 Web 4.0 甚至更高，移动互联网也从 2G 即将进入 5G 时代，Facebook 的活跃用户已经超过了地球上 1/4 的人口——比任何一个国家都要多……新媒体对这个社会的改变超乎我们想象，包括新媒体自身的更新换代。2019 年是中国正式接入互联网的第 25 个年头，中国这个现代化起步较晚的国度，反而在信息高速公路、互联网产业、移动智能媒体等方面没有传统的包袱，如今成为信息化、网络化、智能化程度最高的国家之一。

本书的初衷来自我在北京交通大学传播系开设的“新媒体概论”课程，该课程旨在为传播学专业的学生介绍新媒体的发展历史、研究现状、实务操作及批判反思。我在讲授这门课程的时候有两点很深的感受：一是新媒体概论课程的挑战巨大，因为今天所有新闻传播专业的课程都不可避免地涉及新媒体，甚至包括传统的报纸编辑、电视编导等，这门课程该如何体现自身的特色；二是尽管今天新媒体的研究林林总总，依然很难找到一本可以完全依凭的新媒体概论教材。究其原因，我想大概来自三个方面：一则因为新媒体产业变化如此之快，教材很难跟上业界进度，提供的数据或行业现状都较为老旧；二则关于新媒体的国内外最新研究介绍得较少，没有和传统的大众传播理论形成足够的区隔，新媒体的独特性体现不足；

三则多数教材把新媒体视为必然的进步之物，对其中的反思及技术与人类的关系考虑不足。这也是我下决心编写这本教材的原因。

但世间的事大多数都是愿望很美好，做起来才发现并不容易。虽几易其稿，这本书最终的版本仍然很难达到当初的预期，我也只能称其为《新媒体概论》1.0 版本。如果说这本书还有一些特色的话，我力图在以下几方面做到最好：

一是将所有的数据、研究和实践成果都更新至 2019 年 4 月。如这本书提到的社会化媒体格局、人工智能等业界动态及计算传播学等最新方法都是当下的热点。本书所使用的案例也都是近年来在国内外发生的典型事件，既是对以往教材的一个更新，也是新媒体研究的最新综述。

二是用专题的形式将内容更侧重在新媒体研究方面，增加本书的深度和广度。与一般引介式的“概论”不同，本书将新媒体研究按专题的形式，分别介绍新媒体发展史、新媒体概念辨析、媒介研究、网络社会研究、网络文化研究、日常生活研究、视觉文化研究、经典理论挑战、未来趋势与反思等专题，既介绍新媒体相关领域的深度研究，又结合案例和日常使用进行解析，深入浅出。

三是站在技术、话语与文化的角度重新理解新媒体与我们周围的世界。尽管今天新媒体已经成为我们再熟悉不过的社会景观，但是作为新闻传播专业的学生，对新媒体的理解应该要比一般人更深刻。我们今天大部分人在谈到“技术决定论”时都采取批判的态度，但是在实际的媒介使用中却对新媒体丝毫没有抵抗力，缺乏对新媒体规律的理解。从媒介技术学派、文化研究学派等观点来看，新媒体等信息技术带来的最大改变，并非信息传输或万物互联，而是改变了人与人、人与技术、人与社会的关系，进而改变了交往话语和社会文化。看完本书后，你对新媒体应该有更深的理解。

四是本书是我在中国人民大学新闻学院、台湾政治大学传播学院、澳大利亚国立大学等学习和实践新媒体研究的一个成果集，视角更加多元，同时融合了很强的个人特色在其中。因此可以看到本书在介绍相关研究时还集合了中国内地和港台及国外学者不同视角的思考。虽然教材不应该太个人化，但我希望可以把自己最擅长的兴趣点介绍给大家。

五是本书的引用资料对所有形式的文献开放。既然是新媒体概论，引用的来源就不应该限于书籍或学术文章，因此本书在编写时吸纳了微信自媒体的公众号文章、豆瓣时间专栏、MOOC 公开课、数据新闻作品等各种来源，既增加了全书的可读性，又体现了新媒体特色。

本书的篇章结构主要安排如下：

导论部分从“新媒体究竟改变了什么”这一问题出发，从人与世界、人与人、人与技术三个层面探讨新媒体带来的根本性影响：时间与空间的扩展与压缩，社会交往的自由与孤独，工具智能的进化与异化。

第一章从“连接”的演进这一角度，简述了新媒体的发展史，从机器与机器的连接到万物互联，人类的网络始终倾向于不断扩张，它对历史的影响同样如此。不过，这场连接的演化，强化的是“进入网络的个人”，受损的是“群体或地方的连带与团结”。

第二章探讨了对“新旧媒体”概念的误解，提出从媒体的社会实践这一角度重新定义新媒体。新媒体具有社会化关系、流动性、再中介化、想象共同体、数字化生存等五大特征，对新媒体的理解不应该是“技术决定论”式的，也不应该是“后视镜”的眼光。

第三章探讨了新媒体相关的媒介研究，梳理了媒介技术学派的主要观点和脉络，并论述在新媒体的技术特点下变革的媒介文化：屏幕文化、数字文化、高速文化、社交文化、融合文化和档案文化。

第四章探讨了新媒体相关的网络社会研究，探讨了人类从大众社会到网络社会的变迁，同时把“流动性”作为网络社会的核心特征；在此基础上，还探讨了网络社会中的数字化生存、大数据、隐私、谣言、失范等问题。

第五章介绍了新媒体文化的相关研究，尤其是虚拟社群、粉丝社群、社会化阅读等，这些是新媒体时代的独特景观。个体性和集体性之间的自由流动，解决了人类社会长久以来自由和安全两者需求之间的矛盾，从而也是网络社群 / 虚拟社群成为网民参与社交媒体的根本动机。

第六章介绍了社会化媒体与日常生活实践，如互联网中的自我呈现，社交媒体中的头像选择、位置打卡、品位表演等常见的媒介使用行为背后的传播学意涵。

第七章是新媒体与视觉文化研究，介绍了新媒体视觉文化的观念认知、表现形式、技术范式与虚拟现实，尤其是“融合”“在场”“具身”“拼贴”等一系列特征带来的改变。

第八章是新媒体对传统传播学经典理论的修正和挑战，介绍了议程设置、第三人效果、沉默螺旋、知沟理论、创新与扩散等传播学经典理论在新媒体时代的进一步研究和完善。

第九章是新媒体研究带来的新维度、新方法与新话题，新维度主要介绍了数据思维、计算思维等，新方法主要是社会网络分析、语义分析、数据可视化等，新话题主要包括互联网研究、媒介融合研究、人工智能研究等。

第十章是对新媒体的反思与批判，新媒体的研究进入沉淀与深化期，研究对象与研究路径更加多元，但对新媒体的批判较为缺乏，对“媒介”的认识还可以拓展，对少数派和批判路径的研究还有较大空间。

本书最后能够出版，真的要感谢太多的人。首先感谢夏丽志老师（第七章）、传播系的孙瑜（第八、九、十章）、吴帮乐（第四章）、赵钰涵（第三章）、齐行婕（第五章）、薛傲宇（第六章）、白慕豪等共同参与本书初稿的编写，以及旷思璇、梁梦真、李振宇、张子赫等同学帮忙校对，夏老师更是承担了《新媒体与视觉文化：装置范式的超现实“具象”》一个章节内容的写作，你们的努力让我把这件事坚持了下来。

其次是中国国际广播出版社的祝晔老师、肖阳老师和刘晗老师，谢谢你们包容我的拖延，信任我的能力，修改我的谬误，让这本书变成铅字。

再次是北京交通大学传播系的同仁和所有上过新媒体概论课程的同学，没有你们就没有这门课及这本书。

尤其要感谢学术启蒙胡老师及我在求学路上遇到的所有老师，我的妻子、牙牙学语的小子及所有家人，不太敢一一列出名字是因为怕拙著给你们丢脸。

感谢所有知道我名字的人。

新媒体终将成为旧媒体，而新媒体的研究常新。

彪文

2019 年 4 月于澳大利亚国立大学

目　录

导论：新媒体与我们周围的世界

游戏：时光胶囊

在正式介绍新媒体之前，我想跟读者一起做一个游戏：时光胶囊（Time Capsule）。何谓“时光胶囊”？根据兰登书屋英语词典的定义，时光胶囊就是“一个盛着具有典型时代特征的文件或物品的容器，被埋在土中或压在石下以备后世发掘”。这个游戏的规则是：假如现在有一个“时光胶囊”，需要让你放进一件最能体现你所处时代（2018 年）的物品，供后人一百年后再打开，你会放什么？

这个游戏在我不同的新媒体概论课堂上做过多次，本以为得出的结果会五花八门，但学生的答案大体集中在以下几件物品上：

（1）智能手机（如苹果的 iPhone、安卓手机的最新款等，必须是带智能操作系统、能连接互联网的手机）；

（2）社交软件（如 Facebook、Twitter、Instagram、微信、微博等）；

（3）纸质版的报纸、杂志等（如已经停止发行纸质版的美国《纽约时报》和《新闻周刊》的最后一期，万一未来报纸真的消亡了呢）；

（4）AR/VR 设备（将来人类是否会像电影《头号玩家》所拍摄的一样沉浸在虚拟现实中）；

（5）人工智能机器人（如谷歌开发的 AlphaGo 等）；

（6）实体独立书店（这个曾经承载读书人心灵的栖息之所，若干年后可能会完全被网络书店所取代）；

……

游戏结果表明，在未经任何提示甚至没有传播学专业背景的情况下，大部分学生往往首先想到放进“时光胶囊”的物品都是媒介或媒介技术——无论是手机这样的智能硬件，还是微信这样的社交软件。“时光胶囊”这个游戏至少说明两点：

第一，媒介技术的重要性，今天我们必须依靠新媒体来获得信息、社会交往、社会参与及休闲娱乐，这个时代也被称为“信息时代”“新媒体时代”“移动互联网时代”，新媒体的重要性不言而喻。而研究新媒体，就像找到了打开我们这个“时代”的快捷方式，能迅速触摸到当今社会的特征和发展方向。

第二，新媒体之所以能荣膺“时光胶囊”的首选，这背后隐含的一个前提是：媒介工具往往最能代表所处的时代，却也最易逝。十几年前我们可能还在称颂博客、人人网、飞信的强大，而今天使用微信、微博的一代可能连听都没听过。新媒体的更新迭代速度与信息技术的发展完美吻合，这给研究新媒体带来的挑战是：其一，新媒体的理论研究大多滞后于业界，理论研究的结论刚刚出来，有可能马上被“新新媒体”的出现所推翻；其二，以前还能以时间标准来区分“新”“旧”媒体，当新媒体的发展速度越来越快时，何为“新”何为“旧”呢？

桌面进化史

贯穿本书的一个基本观点是：任何媒体在刚开始出现时都是新媒体；研究所谓的“新媒体”，一定不是从 Web 2.0 时代才开始的。哈佛创新实验室（Harvard Innovation Lab）于 2015 年 9 月用可视化的方式将 1980 年至 2014 年这 35 年内的桌面进化史进行了呈现，意在说明新技术如何给世界和我们的生活带来革命性的变化。① 从这个桌面进化史可以看出，在近 30 多年的时间里，我们的书籍、相册、地图、计算器、记事本、通信、电脑等工具的样貌都发生了根本的变化。今天，我们的工作台上几乎只剩下笔

① 参见：https：//i-lab.harvard.edu/news/the-desk-seen-around-the-world/.

记本电脑、智能手机。这恰好印证了前面“时光胶囊”游戏的结论：如果要选择什么物品来代表时代，恐怕媒介是最合适的。

图 0–1　桌面进化史（1980—2014）

图 0–2　1980 年的桌面，第一台个人电脑模型围绕在杂乱和有形的（Countless & Tangible）物品中，如时钟、日历、传真机、计算器、照相机、地图、剪报、相册、百科全书等

图 0–3　1995 年的桌面，谷歌地图电子化再现（Recontextualize）了地理信息，包括之前的工作报表、讲义、传真机被 Excel、PowerPoint、PDF 等代替

图 0–4　2014 年的桌面，只剩下一台电脑和一部手机（Clutter Free），当然还包括新的桌面——电脑或手机的桌面 Desktop。此前桌面的大部分项目都变成了软件或 App 应用：文件夹、维基百科、Facebook、LinkedIn、Uber 等

许多新媒体概论课程的初学者一开始经常会问，如何研究新媒体？研究新媒体一定要懂信息技术吗？必须是新媒体的重度使用者吗？是不是非得研究诸如“新媒体的 5W”这种宏大的问题？其实，新媒体的研究并不玄妙，它就在离你最近的桌面上。钟蔚文写道：“我和我书桌上种种传播器物在此时此刻的相遇，岂不正是文明历程的缩影？回顾文明发展的历程，可以看出两条交错发展的主线，一是生物繁衍的历史，一则为工具的进化史。”[①] 芝加哥学派代表人物查尔斯·霍顿·库利（Charles Horton Cooley）也强调：“构成历史场合的水系交错支流众多，但主要是两条干道：一条是遗传或者动物传递，另一条是交流或者社会传递。前者中漂流的是生物种质，在后者中负载的是语言、交流和教育……社会的生命基本也就是交流的生命。”[②]“两条河流”的观点表明了芝加哥学派的一个核心论点：“社会和民主不仅因为传播而存在，而且它们就存在于传播之中。”也正因为如此，以社会学研究著称的芝加哥学派才会在传播学史上同样具有奠基性地位。

从媒介考古的角度，工具的进化就在你近在咫尺的桌面上，顺着这一

① 钟蔚文．玩物之中见创意：以传播工具为例［J］．淡江人文社会学刊（五十五周年校庆特刊），2005：1-16.

② 黄旦．美国早期的传播思想及其流变：从芝加哥学派到大众传播研究的确立［J］．新闻与传播研究，2015，12（1）：15-27.

点出发，你就能看到整个世界。只有理解媒介进化对人类文明发展的意义，才能真正理解新媒体对我们所处世界的影响。以下我们就以桌面和桌面的使用场景为起点，论述新媒体带来的社会影响。

新媒体究竟改变了什么——时空、交往与心智

新媒体究竟带来了哪些影响？一般人可能会回答，新媒体已经渗入衣食住行的方方面面。在中国，如今人们出门越来越少携带现金，经常宅在家里等外卖送餐上门，旅行先查网上攻略及用 App 预订酒店或民宿，出行普遍使用共享单车或网约车，等等。所谓“中国新四大发明”中，有三个——网购、移动支付、共享单车——都和新媒体有关。不过，传播学者看这个问题可能更深入一些，具体来说，新媒体的社会影响可以从人与世界的关系、人与技术的关系、人与人的关系这三个层面来理解。

（一）时间与空间的扩展与压缩

新媒体改变了人与世界的关系。美国著名的新闻评论家、作家，同时也是传播学史具有重要影响的学者沃尔特·李普曼（Walter Lippmann）认为，这个世界存在三种真实：“社会真实”、“媒介真实”和“主观真实”。社会真实就是事件的真相，往往扑朔迷离，即使身在其中，也未必识得庐山真面目；媒介真实是指媒介所呈现的事件情境，理想状态下媒介报道应该反映社会真实，实则不然；主观真实即个人对事件的主观认知，主观认知部分可能来自媒体报道，也可能来自其他资讯渠道，它反过来也会影响个人对媒介讯息的接受和理解。李普曼认为，人不可能真正获得客观真实，而只能依靠媒介真实来认识这个世界，因此提出了“拟态环境”（Pseudo-environment）这个概念，意在说明大众传播活动形成的信息环境并非客观环境的镜子式再现，它不仅会制约人的认知和行为，而且反过来会对现实环境产生影响。①

① 李普曼．公众舆论［M］．阎克文，江红，译．上海：上海人民出版社，2006.

如今新媒体已经成为人们获取信息最主要的渠道，新媒体呈现的媒介真实自然也会塑造外部世界在人们头脑中的图景。不过，新媒体对于人与世界的影响，不仅仅是塑造了拟态环境而已，它还从时间、空间等方面根本上改变了人与世界的关系。

荷兰学者梵·迪克（Van Dijk）认为，社会结构最基本的维度就是空间和时间。我们通常认为，新媒介，特别是通信网络，消除了社会里的时空界限。然而梵·迪克却认为，当下关于“距离已死”和“无时之时”的说法未免太过乐观了，新媒介对时空的改变，表现在时空的扩展和压缩两个进程，而且这两个进程是同时发生的。[①]

时空的扩展，表现在：（1）时间的障碍被打破，信息可以在任何时间存储、发送和接收；空间的障碍被打破，人们可以通过数字信号连接成网络，今天人们已经把“地球村”看作理所当然。（2）作为有重大意义的自然环境，被人类构建的社会环境所取代，或者说互相交织在一起；[②]同时，自然时间败给了越来越重要、社会建立的时钟时间[③]。（3）随着空间的社会化，个体环境正变得越来越不重要，私人空间和社会空间的界限变得越来越模糊，正如米兰·昆德拉（Milan Kundera）的一部小说的名字所说：生活在别处，真正的重大事件似乎正在别处发生。

与此同时，时空也得到了压缩，其含义为：（1）在空间上，随着通信和信息网络的增强，人们越来越依赖网络创造的媒介空间，当人们花费更多时间在媒介空间时，社会的公共空间自然被压缩，媒介空间甚至比社会空间更真实，典型例子便是二次元和宅腐文化的兴起。（2）在时间上，今天人们受到钟表时间的约束，更加分秒必争，浪费时间被认为是一种罪过，也被认为是一种错过；信息时代的一个悖论是，一方面我们宣称“信

---

① 梵·迪克．网络社会：新媒体的社会层面［M］．蔡静，译．北京：清华大学出版社，2014：167-172.

② BOLTER J D. Turing's man：western culture in the computer age［M］. Chapel Hill：The University of North Carolina Press，1984.

③ RIFKIN J. Time wars：the primary conflict in human history［M］. New York：Touchstone Books，1987.

息爆炸”，另一方面又宣称这是一个“信息就是价值”的时代，于是，我们更加饥渴地陷入对信息的追寻之中，生怕错过什么。（3）时间和空间越来越数字化，比如时间管理、效率提升的应用软件会定时管理我们的日程，又如时刻监测生命体征的穿戴设备等，甚至规定了人们的工作、休息及饮食，数据定义了我们的生活方式，数据精细化也意味着时空更加精细化。（4）在社会通信的大规模扩张之后，人类活动似乎变得更加千篇一律，同样的事情正在更多的地方发生，[①] 城市长得越来越像，生活方式也越来越接近，移动互联网、智能手机等新媒体的普及率越来越高……今天，人们用“地球村”来歌颂全球化和共同体，但既然是“村”，也意味着我们将共享在一个越来越同质化的空间内，社会景观越来越相似。

总之，新媒体给我们带来了时空的扩展和压缩，我们在时空上的感知更加精细；时空并没有被忽略，我们和时空的联系反而更加紧密。新媒体增强了人们连接空间和时间的技术能力，“使得人们在选择时空坐标的时候，比历史上任何时候都更有选择性”[②]，世界向我们呈现出与传统媒体时代不同的样貌。

（二）社会交往的自由与孤独

新媒体改变了人与人的关系。Facebook、Twitter、微信、微博等社交软件的出现，大大改变了人与人的交往频率和交往方式。社交媒体不仅巩固了强关系，还激活了弱关系的连接，如今“点赞之交”已经成为很平常的交往方式——我和你即使一年没见面，但见面时候却能像老朋友那样聊天，因为平时有关注你的朋友圈，还时不时给你点赞，仿佛生活在一个“共在”的空间。此外，语音和视频通话的功能，极大降低了新媒体的使用门槛，你不需要识字或会打字，也能在新媒体的交互设计中迅速掌握使用技巧，如今微信等社交媒体的使用年龄越来越向两端扩展。

---

① BURGERS J. De schaal van solidariteit：een studie naar de sociale constructive van de omgeving［M］.Leuven：Acco，1988.

② 梵・迪克．网络社会：新媒体的社会层面［M］．蔡静，译．北京：清华大学出版社，2014：169.

不过，倘若因此就认为人与人的交往变得更加自由恐怕为时过早。2011 年 11 月 24 日，这一天是感恩节，一幅漫画在网络上被广泛流传，本来是传统的家庭聚会，大家却各自在低头玩手机，明明是近在眼前，却远隔千里。

图 0–5　Happy Thanksgiving（感恩节快乐），作者 Matt Wuerker，刊登于 Politico

图 0–6　Free from Want（免于匮乏的自由），作者 Norman Rockwell

这幅漫画在中国的媒体上也被多次使用，经常被用来说明“手机依赖”“低头族”等现象。不过，这幅漫画放在美国的文化语境可能有更丰富的意涵，漫画家马特·维克尔（Matt Wuerker）根据美国名画改编而来。这幅画的名字叫“Free from Want”，直译为“免于匮乏的自由”，作者是在美国家喻户晓的以理想乐观风格著称的画家诺曼·洛克威尔（Norman

Rockwell）。这幅画意在表达人们终于可以不受物质的限制，过上富足的生活。两幅图放在一起，漫画家马特·维克尔真正要表达的是，即使我们今天获得了免于匮乏的自由，但新媒体让我们陷入了另外一种不自由之中。

麻省理工学院社会学教授雪莉·特克尔（Sherry Turkle）为了研究人与机器人之间的互动，15 年来深入两家养老院，对 200 多人进行了实地研究；为了研究人们的网上互动，与 7 家中学合作，收集了 450 名中学生的一手研究资料。她通过研究发现，信息技术在给人们带来沟通便利的同时，也使人与人之间的关系弱化，有些人甚至因而丧失了面对面交流的能力。在《群体性孤独：为什么我们对科技期待更多，对彼此却不能更亲密？》一书中，特克尔提出，人们发短信，发邮件，上社交网站，玩电子游戏，从形式上看人们之间的联系似乎更轻松、更密切，但实际上却更焦虑、更孤单。

特克尔认为，我们为了连接而牺牲了对话。家人在一起，不是交心，而是各自看电脑和手机；朋友聚会，不是叙旧，而是拼命刷新微博、微信；课堂上，老师在讲课，学生在上网聊天；会议中，别人在报告，听众在收发信息。所有这些熟悉的场景都可以归结为“群体性孤独”——我们似乎在一起，但实际上活在自己的“气泡”中。①

群体性孤独的根源是，新媒体让我们从交谈（Conversation）变成了连接（Connection），我们更期望通过媒介进行延时性交流而非面对面的交流；又从连接变成了孤立（Isolation），我们期待他人少，期待技术更多。在互联网时代，如何既享受信息技术带来的便利，又摆脱信息技术导致的孤独？特克尔认为，一方面，我们要学会独处，体会独处带给人们的好处；另一方面，朋友、亲人要更多地坐在一起，面对面谈话和交流。尤其是独处，在今天已经成为一个必须解决的问题，似乎连线才是平常的状态。“如果你不知道如何独处，你就会永远感到孤独。如果你永远保持连线状态，

① 特克尔．群体性孤独：为什么我们对科技期待更多，对彼此却不能更亲密？［M］．周逵，刘菁荆，译．杭州：浙江人民出版社，2014.

从 8 岁开始，你的初始设定就是连线状态，你将无从得知独处带来的复原好处。”[①]

（三）工具智能的进化与异化

新媒体改变了人与技术的关系。以前媒介通常被视为一种工具，即使是媒介技术学派马歇尔·麦克卢汉（Marshall McLuhan）重申了媒介具有比信息内容更大的影响力，提出“媒介即讯息”“媒介即人的延伸”等观点，依然把媒介当作一种外在于人的客体。可是，新媒体的普及，让媒介超出了工具的角色，人类赋予工具的智能，让新媒体可以自我进化，媒介与人形成了一种“共生”关系。人既是媒体使用者，人本身也成为一种媒介。我们会像对待真实的人和真实的空间一样对待媒介，这便是“媒体等同”。[②]设想如果出门时忘了带手机，你可能整天都会魂不守舍，甚至整天的工作都没办法进行，人与媒介已经是一种充满情感色彩的、错综复杂的关系。

人类的知识不仅储存于大脑中，也储存在周围环境的工具和活动里。试想如果没有前人把经验和知识都存在书中，知识的累进和演变过程将会大大减缓。从这个角度来说，媒介实际充当了人的外部记忆（外脑）的角色。“在功能上，外部记忆最好的定义是：它是内部的或生物记忆的外部模拟，也就是一个储存和检索系统，使人能够累积其经验和知识。”[③]人类从结绳记事、用文字语言呈现思考开始，无不是透过工具建立了便利的知识情境。一方面，它可以解放一部分大脑，减轻信息存储、处理的负担；另一方面，则提升了问题解决的效率，扩大了问题解决的范畴，使人更聪明。因此，整个文明史可以说是一部持续发展、改进认知技术以帮助人类节省

---

① 特克尔．群体性孤独：为什么我们对科技期待更多，对彼此却不能更亲密？［M］．周逵，刘菁荆，译．杭州：浙江人民出版社，2014.

② 李维斯，纳斯．媒体等同［M］．卢大川，等，译．上海：复旦大学出版社，2001.

③ DONALD M. Origins of the modern mind：three stages in the evolution of culture and cognition［M］.Cambridge：Harvard University Press，1991：309.

心力的历史。[①]

今天，我们可以不必像古人那样读四书五经、背唐诗宋词，遇到不会的问题可以马上使用百度、谷歌、维基百科、网络词典等搜索，需要的时候可以随时调用出来。新媒体的智能不仅仅表现在知识的存储，大数据等分析工具可以让我们更好地重组信息，改变问题的呈现方式，有助于我们更好地认识环境，便于进一步从事思考和推理的认知工作。

2013 年，“谷歌使我们变得更笨了吗”这样一个话题引发了学界和业界的讨论。从工具智能的角度，工具是历代知识工程的成果，前一代人发明、使用的科学技术，可能被融合在下一代的工具之中。因此，我们今天的新媒体无疑是集合历代工具知识的最智能的产品，那为何还有人说谷歌使我们变得更笨了呢？

媒介工具不仅帮助人们存储知识和认识环境，它同样也会改变个人的认知结构。人发明了工具，但反过来被工具所奴役，这便是马克思所谓的“异化”。钟蔚文就提出，口语时代重记忆能力，文字时代重阅读和逻辑能力，数字时代的特性是随机检索，要求统观（Holistic）的能力。陈力丹也认为，“新媒体时代，人们的记忆方式发生变化，更多的选择性记忆在于重要的信息点和信息的获取路径，而不再是具体的内容。过去比的是谁记忆力好，现在比的是记忆方式，是谁能记住重要的信息点和信息获取的路径，而不是信息内容，找到路径就能找到内容。”[②]

从某种意义上来说，媒介工具越智能，人当然可以越轻松，也就可以越不用费心思考。正如安迪·克拉克（Andy Clark）所说，“我们在一个关键点上高人一等：我们擅长组织所处之物质和社会情境，进一步从本无秩序的资源中衍生复杂的行为。我们使用智能组织情境，结果我们用比较少的智能就可以成功地解决问题。最有趣的是，我们的脑袋创造了一个聪明

① 钟蔚文，陈百龄，江静之，陈顺孝．传播工具中的心智［J/OL］．［2012-10-17］.http：//nccur.lib.nccu.edu.tw/handle/140.119/53645.

② 陈力丹．新媒体的发展趋势与悖论［N］．人民日报，2015-10-11.

的环境，因此我们可以呆呆地平安过日子。”[①]

今天我们比任何时代都知道得更多，但我们却越来越不知道如何思考。谷歌会不会使我们变得更笨，古希腊哲学家柏拉图（Plátōn）的这段话在两千多年前已经给出了答案，尽管他初衷是论述文字和写作的影响，但似乎更适合今天新媒体的语境：

事实是，这种发明将在学习者的灵魂中制造遗忘，他们将无须运用记忆，因为能仰赖书写，回忆事情将不再需要靠自己召唤内部的能力，而只要接受与自身分离的外在符号的刺激。因此那并非记忆的秘诀，而是回忆你已发现的事物。至于智慧，你只给你的学生类似智慧之物，而非真正的智慧。谢谢你与你的发明，你的学生将遍览群书，却无缘获得老师的教诲；其结果是，他们将因为有广博的知识而沾沾自喜，而事实上大部分的人却没有真正的判断能力。[②]

新媒体真正改变了什么？首先，新媒体改变了人与世界的关系，作为公众最主要的信息来源，新媒体不仅建构了“外部世界在头脑中的图景”[③]，而且改变了世界的面貌；其次，新媒体改变了人与技术的关系，技术不能完全决定人，但新媒体却带来了对人的异化，如习惯性分心、手机依赖、碎片化阅读等；再次，新媒体改变了人与人的关系，新媒体重塑了社会的交往方式，它一方面拉近了人与人之间的距离（去中介化），另一方面让我们更依赖新媒体平台来交往（中介化），从而带来互联网的自恋文化、自我表演、群体性孤独等。

误解新媒体

今天我们无限热情地拥抱新媒体，并给予了高度的赞誉，比如“新媒体是对传统媒体的替代和升级”“新媒体使我们的交往更深入”“新媒体

① CLARK A.Being there：putting the brain，body，and the world together again［M］. Cambridge：MIT Press，1997.

② 柏拉图．裴多［M］．杨绛，译．北京：生活·读书·新知三联书店，2012.

③ 李普曼．公众舆论［M］．阎克文，江红，译．上海：上海人民出版社，2006.

时代人类将从时间和空间中彻底解放出来”……对于这些新媒体的认识，本书都会在后面加一个“？”进行讨论，最后得出的结论实际并不如我们想象得那么乐观，或许我们并不了解新媒体，或许我们误解了新媒体。

牛津词典把“后真相”（Post-truth）评为2016年年度词汇，用来指代“客观事实在形成舆论方面的影响较小，而诉诸情感和个人信仰会产生更大影响”这种情形。① 信息时代并不像人们所想的那样，带领我们进入了一个说真话的新时代，反而让谎言与谣言如野火一般蔓延开来。事实核查者捕捉谎言的速度，赶不上谎言被制造出来的速度。而且，谎言进入人们的头脑和心灵的途径很简单——只需契合人们现有的偏见。相当多的互联网公司开发的算法基于用户以前的搜索和点击，因此，每次搜索和每次点击都会发现自己的偏见得到确认。所谓算法过滤，意味着使用个性化算法，预测用户想要的内容，从而呈现与用户已建立的偏好相一致的东西。

新媒体的普及恰恰为“后真相”助力。社交媒体作为获取信息的主要来源，容易使人们进入相似想法的回声室或同温层，只带来令自己感觉更好的东西，无论这些东西是否真实。在一个人们依靠朋友获得大量信息的世界里，事实核查无法到达那些最需要它的人手中——因为你和你的朋友想法都相似。这其中还出现了一个悖论：那些积极寻求信息的人往往是占有信息比较多的人，信息闭塞的人往往满足于已有的信息。事实核查尽管构成了靠近真相的一个最好解决方案，新媒体在这方面具有无可比拟的优势，但它只能为那些想要其发挥作用的人工作，而这样的人的数量正逐渐缩小。

不过，后真相和回声室并非新媒体时代独有。我们经常会在微信的朋友圈或微信群里看到“转发一次可救人一命”“不要给我点赞，转发给更加需要的人”“删前速看”“转十个群马上得红包”等话语，中间虽夹带着大量谎言却被广泛传播。但这并非新媒体时代的产物，Web 1.0时代可能会换成“转发十个群马上得Q币”，短信时代则变成了“移动联通庆祝合并，

---

① 胡泳．后真相与政治的未来［J］．新闻与传播研究，2017（4）：5-13.

转发此条短信送话费”。

今天那些看似新媒体出现后才兴起的现象，其实有一大部分只是“新瓶装旧酒”，借助新媒体这个外衣重新包装后进入公众的视野，因此并非所有新媒体平台上的都是新的，同样也并非所有传统媒体都会被取代。关于新媒体，需要进行重新定义和理解。

回到“时光胶囊”

我们与新媒体的旅程才刚刚开始，这里用几句话总结一下导论的内容:

（1）新媒介技术往往最能代表我们所处的这个时代，却也最易逝。研究新媒体是打开这个社会的快捷方式。

（2）研究新媒体并不遥远，它可以从离你最近的桌面开始。只有理解媒介进化对人类文明发展的意义，才能真正理解新媒体对我们所处世界的影响。

（3）新媒体改变了人与世界、人与技术、人与人的关系，具体表现在时空的压缩与扩展、工具心智的进化与异化、社会交往的自由与孤独等方面。

（4）我们往往不了解甚至误解了新媒体：并非所有与互联网相关、所有数字化的都是新媒体，同样也并非所有传统媒体相关的就不属于新媒体。事实上，并没有所谓的新媒体，因为所有媒体刚出现时都是新的；如果它消失了，并非因为它旧了，而是它不再满足人们的需要。

（5）其实没有所谓专门的新媒体概论课程，因为当下所有新闻传播专业的课程都不可避免地涉及新媒体，如播音主持课程也需要考虑微视频、网络电台等新媒体的变化。因此这门课既无比重要，又备受挑战——因为所有人都在讲、所有人都在用、所有人都在学新媒体。

在导论的开头我们提到，“时光胶囊”其实在西方有着悠久的历史传统，其中最常用的要属世博会。1938 年，美国西屋电气公司为了迎接第二年将举行的纽约世博会，配合“未来世界”的主题，决定在世博会场馆地下埋入一个装有当代文明记录的容器，并在石碑上注明："直到 5000 年后才能打开"。

那么前人究竟放了什么呢？据称，当时里面装着不同的布料、金属、种子和日常生活用品，包括电话、电动剃须刀、丘比特娃娃，甚至还有一包万宝路香烟。值得一提的是，里面还放入了科学家爱因斯坦（Albert Einstein）写给后人的一封短信——《致后人书》。以下是这封《致后人书》的内容：

> 我们的时代富于创造思想。我们的发现本应该可以大大地使我们的生活轻松愉快。我们利用电能横渡大洋。我们使用电能来减轻人类的繁重的体力劳动。我们学会了飞行。我们利用电波很容易地把消息发到全球各地去。
>
> 但是，虽然有着这一切，我们的商品的生产和分配是完全无组织的，人们必须生活在忧虑中，担心被人从经济生活中抛出，失去一切。除此之外，生活在不同国家中的人们每隔一个长短不等的时间就要进行互相杀戮，因此，每一个想到未来的人必然都生活在经常的忧虑中。
>
> 我相信，我们的后人将怀着一种理所当然的优越感读上面这几行文字。

我们今天的科技同样富于创想，我们比 80 年前的信息传输速度更快，全球化、都市化、数字化的浪潮更使星球日新月异，我们创造了前所未有的财富……然而，爱因斯坦提到的生产与分配问题、不同国家之间的局部战争问题、人们担心从经济生活抛出的问题，似乎在今天并没有得到妥善解决。安东尼·吉登斯（Anthony Giddens）、乌尔里希·贝克（Ulrich Beck）等人的"风险社会"越来越成为现实的写照，每一个想到未来的人依然生活在经常的忧虑之中。

遗憾的是，今天的新媒体及信息技术，并没有让我们怀着"理所当然的优越感"读上面这封信。

第一章　新媒体发展史

一、以媒介划分的历史

媒介技术学派代表人物麦克卢汉根据不同历史时期所占主导的传播形式，将历史划分为三个主要时期：口语传播、书写 / 印刷传播和电子传播时代。[①] 麦克卢汉将媒介视为“人的延伸”，认为媒介与人的感知系统的相互作用会决定该时期独特的思考与传播方式，从而形成不同的交往关系和社会文化。

（一）口语传播时代

口语传播时代主要为文字和表意符号发明之前，它强调即时性、循环性与沉迷性的“听觉文化”。听觉不择方向，具有流动和连续不间断的特征。这一阶段传播的首要形式是演讲，因此口语世界实现了信息和感觉两个层面的统合。在知识的获取和传播的内容方面，社群成员之间不存在差异。在口语社会中，人的生活经验是神话般富有深度的，各大感觉系统亦处于相对的平衡状态中。多重日常经验与人际互动将视觉、听觉、味觉、触觉与嗅觉全面融为一体。基于口语的部落化社会是一个“封闭的社会”，人与人之间互相依赖的程度很高，个人主义也几乎不存在。

（二）书写 / 印刷传播时代

伴随着以语音为基础的字母表的发明，“书写”逐渐盛行起来，并最

① 卡茨，等 . 媒介研究经典文本解读［M］. 常江，译 . 北京：北京大学出版社，2011：201.

终演进为“印刷”这一更具影响力的媒介。部落社会的平衡被打破，“眼睛取代了耳朵”，视觉占据了统治地位，听觉、触觉等其他感觉则被边缘化。随着表音文字的扩散，口语世界轰然坍塌。过去，身处一地的人往往拥有共同的生活经验；如今，人类却被强行划分为“识字”和“不识字”两类。不仅如此，就连识字的群体，也因读什么类型、什么级别的文本而再细分为不同的小群体。

个人化书写与缄默式阅读的盛行促进了内省、个体性、合理性与抽象思维的发展，部族的共享经验和以家庭为核心经验的凝聚力则逐渐消亡。一个又一个字母符号系统顺次出现，将人类拖入永无止境的编码与释码活动中……在声音的世界里，人们群居在圆形部落的圆形茅屋里；而进入视觉的世界后，屋外有了笔直的围墙，村里铺设笔直的道路，就连城市也被规划成棋盘格子似的模样。原有的“同步性”特征不复存在，现在的世界强调的是专心致志和有条不紊。神秘感亦被破除，因果分析大行其道。简而言之，在印刷文本的世界里，人类的身体、社会与精神世界全部按照字母表式的流水线风格运作着。

口语表达往往和思考同步，人因此不易对自己的想法进行检视和反思；文字或图像能使思考现形，于是我们得以对自己的想法进行再思考。更具体地说，借由文字及图像等语言工具，分类、演绎、归纳、证明（Verification）、分辨、量化，才可能发生；或用梅林·唐纳德（Merlin Donald）[①] 的说法，心智演化至此，才具备理论性思维（Theoretic Thinking）的能力。印刷媒介塑造了理性的、碎片的、个人的、中心的、民族的文化，被称为“脱部落化时代”。

（三）电子传播时代

电子媒介（如电话、电报、电影、广播、电视等）避开了印刷媒介的

① DONALD M. Preconditions for the evolution of protolanguages［M］//CORBALLIS M C，LEA S E G.The descent of mind：Psychological perspectives on hominid evolution. New York：Oxford University Press，1999：138-154.

线性风格，并在一定程度上体现了口语交流直白、迅速与同步的特点。由此，人类“重新部落化”（Retribalized）。1969年，麦克卢汉在接受《花花公子》杂志的采访时，把“地球村”（Global Village）看作人类与电子媒介不断互动的结果。在这个互动的世界里，世界各地的人们能够真正地成为一个家庭的成员，全球生活、经济、文化走向整合，时空所形成的阻隔在电子媒介，特别是互联网面前轰然崩塌，世界在一定意义上结成一体，仿佛回到了口语时代的村落一样。

麦克卢汉认为“媒介即人的延伸”，不同媒介延伸了人的不同部分，也延伸了不同的感觉器官。比如穴居人的石斧是手的延伸，文字是眼睛的延伸，收音机是耳朵的延伸，而电子媒介，则是中枢神经系统的延伸。电子媒介的兴盛极大削弱了印刷媒介的影响力，在人与人之间重新建立了联系。由于电子媒介对人采取包围之势，使人深入参与，人类重新感到听觉和视觉的存在，重新回归感官平衡。在区域地理范围内，移情式的交流再度出现。广播、电视与计算机的风靡致使印刷媒介主导的文化结构日渐倾颓，理性逻辑、学科分界、等级体系与代议制度亦不断衰微。

麦克卢汉绝不是一位严格意义上的社会学家，却是一位预言家。他的著作中没有严密的理论体系，却充满思想的火花。他的最大贡献之一是明确提出了媒介本身形式的发明，就是社会变革的动力，而不一定要靠“内容”才有作用。麦克卢汉还打破了传统传播学研究的实用功能主义取向，将效果研究等转向媒介研究。在一个没有卫星电视、移动电话、互联网，只有电报、电话、短波广播的时代，他就预言了今天的全球化。

伊莱休·卡茨（Elihu Katz）认为，麦克卢汉的声望沉浮经历了三次起落，而麦克卢汉思想受到热捧的时期都是新媒介诞生时期，如20世纪60年代电视刚刚普及，90年代互联网兴盛，以及21世纪至今社会化媒体崛起。可见，麦克卢汉的思想非常适用于解释新媒介发展对社会的变革。不过，麦克卢汉对于媒介与人的分析主要停留在电视时代，关于互联网和新媒体的研究必须由后人继续深入。

二、“连接”的演进：新媒体发展简史

彭兰认为，互联网的本质是“连接”，互联网的演进也就是“连接”的演进。根据“连接”的演进，彭兰总结出互联网发展的五个阶段：（1）机器与机器的连接：互联网的诞生；（2）内容与内容的连接：互联网走向“媒体化”；（3）人与人的连接：Web2.0 与社会化媒体兴盛；（4）终端及其连接的升级：移动互联网时代到来；（5）物—物、物—人的连接：物联网与互联网融合。[①] 本文按照这一分类，并搜集相关互联网发展的最新趋势加以论证说明。

（一）机器与机器的连接：互联网的诞生

1969 年，互联网的雏形阿帕网（ARPANET）于美国诞生。所谓“阿帕”（ARPA），是美国高级研究计划局（Advanced Research Projects Agency）的简称。阿帕网是美国高级研究计划局开发的世界上第一个运营的数据包交换网络，是全球互联网的鼻祖。[②] 最初的阿帕网只有四个节点，设置在美国西海岸四所大学的科研机构。以现在的水平论，这个最早的网络显得非常原始，传输速度也慢得让人难以接受。但阿帕网的四个节点及其链接，已经具备网络的基本形态和功能，因此阿帕网的诞生通常被认为是网络传播的“创世纪”。

不过，阿帕网问世之际，大部分电脑还互不兼容。于是，如何使硬件和软件都不同的电脑实现真正的互联，就是人们力图解决的难题。1974 年，文顿·瑟夫（Vinton Cerf）和罗伯特·卡恩（Robert Khan）研发出了 TCP/IP 协议族（TCP/IP Protocol Suite），并在 1983 年取代 NCP 协议（Network Control Protocol），成为所有计算机网络的标准协议。电脑语言及成套的技术协定经过共享与发展，促进了全球互联网的诞生，文顿·瑟夫和罗伯特·卡恩因此被称为“互联网之父”。

① 彭兰. 网络传播概论［M］. 北京：中国人民大学出版社，2017.

② 维基百科：ARPANET，https：//zh.wikipedia.org/wiki/ARPANET.

1986 年，美国国家科学基金会开始建立一套采用 TCP/IP 架构协议的网络美国国家科学基金网（National Science Foundation Net，简称 NSFNET）。该网络除提供学术界免费使用外，也服务工商界，正式将网络推向了一个新纪元。由于世界通信设备突飞猛进，各国纷纷透过电缆与美国连接，从而成为一个跨国性的世界网络，即 Internet。1985 年，欧洲原子核能研究组织（The European Organization for Nuclear Research，简称 CERN）采用了第一个内部电脑网络的网络协定（IP），到了 1989 年，它公开了第一个对外链接 IP。亚洲在 20 世纪 80 年代已有了网际网络服务，非洲第一个网络服务直到 1995 年才宣告问世。1994 年，中国正式全面接入互联网。到了 1998 年，网际网络已经走进了世界各地有人居住之地。1983 年，可以连接上网的电脑有 562 台，到了 2005 年已经有 30 亿台。[①]

互联网在诞生之初是为军事服务的，某种意义上也是冷战的产物。阿帕网等的研发一开始是为了防止苏联的核武器攻击，一旦爆发世界大战仍有一台电脑连线而成的中央政府能处理国事。因此网络系统一开始被设计为分散式无中心的，即使部分摧毁仍可运作。这一阶段，国家政府承担了网络研究与发展的主要成本，企业的投入较少。美国电信巨头 AT&T 在 1972 年曾拒绝政府邀约，无意参与 ARPANET 这个现代互联网的前身，其理由便是无利可图。

网际网络发展的另一股力量来自科研院所。为了提升互联网作为研究工具的价值，必须加入更多的网络，这样有利于研究成果的分享、知识界的对话与合作。因此，在互联网络设计的去中心和加载性上，军方与学术界取得了共识。不过，网际网络开始时提倡的“开放”，并非对大众消费开放，而是对专家和知识精英开放。这种排他性也是早期网际网络的特征之一。若要上线，就得拥有相当的电脑技能；电脑科学家一开始并没有多大兴趣改善这种局面。[②] 这一阶段，网际网络的连接只是机器之间的连接，

① CURRAN J，FENTON N，FREEDMAN D. 误解网际网络［M］. 冯建三，译 . 高雄：巨流图书，2015：59-60.

② 同上，第 63-64 页。

是一个内部网络。

（二）内容与内容的连接：互联网走向“媒体化”

英国科学家蒂姆·伯纳斯-李（Tim Berners-Lee）于1989年发明了万维网（World Wide Web，简称“WWW”或“Web”），这被看作互联网技术发展的第二次飞跃。万维网是一个由许多互相链接的超文本组成的系统，通过互联网访问。1990年，伯纳斯-李在瑞士欧洲原子核能研究组织的工作期间编写了第一个网页浏览器。网页浏览器于1991年在欧洲原子核能研究组织向外界发表，1991年8月在互联网上向公众开放。1993年4月30日，欧洲原子核能研究组织宣布万维网对任何人免费开放，并不收取任何费用。①

值得一提的是，万维网推广的公共价值观与其诞生于欧洲而不是美国有直接关系。与美国的商业主义大行其道不同，欧洲具有深厚的福利国家传统，创造了宏大丰富的公共卫生医疗及公共服务广电系统。生于英国的伯纳斯-李，双亲都是数学家，他为能够服务人群而感到充实。伯纳斯-李无意委托私人公司推广万维网的使用，是因为他深信如果做出此种选择，势必引发竞争，最后就会分拆万维网，导致“追求分享资讯的媒介”这一构想破灭。他说，在美国经常有人问（欧洲则少些），他是否会因为没有从发明万维网赚大钱而懊恼。他的回答反映了公共服务的价值：

> （这个提问隐然认为）一个人的价值取决于其重要性与财务收获，并且其测量依据就是货币，这个概念相当可怕，让人抓狂……我的成长经历让我的核心价值会将货币所获放在应有的位置。②

伯纳斯-李后来出任规范万维网机构——万维网联盟（World Wide Web Consortium，简称W3C）的主席，旨在“思考对于世界而言，什么是最好

① 维基百科：万维网，https：//zh.wikipedia.org/wiki/%E4%B8%87%E7%BB%B4%E7%BD%91.

② BERNERS-LEE T. Weaving the web［M］.London：Orion，2000.

的，不是思考对于商业利益而言，什么是最好的”。这就是万维网对世人的馈赠——知识与资讯的巨大聚宝盆任人自由使用。这是服务社会的理想所启发，不是服务自己。[①] 2017 年，伯纳斯 - 李因“发明万维网、第一个浏览器和使万维网得以扩展的基本协议和算法”而获得 2016 年度的图灵奖（Turing Award）。

万维网的主要思想是，利用互联网传送超文本信息，既包括文字、图像、声音、视频等在内的多媒体化信息，且信息之间可以用超链接进行关联。利用这一思想设计的万维网浏览器，是一种图形化的网络操作界面。它打破了必须使用命令才能执行网络操作的局限，使得网络的操作变得简单，变得平民化。更重要的是，超链接的思想使得网络信息之间通过链接产生了丰富、多元的关系，突破了过去传统媒体的线性、封闭的信息组织模式。[②]

1991 年，禁止使用公共网络作为商业用途的规定被取消，市场的力量拓展了这种新媒介所带来的各种福利，促成更多人得以使用。网络的商业化还催生了门户网站、电子邮件、网络论坛（BBS）、网络游戏等，万维网使互联网成为内容与内容的连接，逐渐变成了一种大众传播媒介。

随着万维网的发展，网络信息成几何级数增长。在这种信息海洋里，网民如果不借助他人的指点，想要找到所需的资料，如同大海捞针一样困难。这时，为满足大众信息检索需求的专业搜索技术便应运而生。搜索引擎的基本形式可以分为两种：一种是网络蜘蛛型搜索引擎（简称搜索引擎），以谷歌、百度、必应等为代表；另一种是基于人工分类目录的搜索引擎（简称分类目录），以雅虎为代表。[③]

搜索引擎的兴起，一方面让人在浩如烟海的信息中找到自己所需，并进一步丰富了信息的分类细化和质量提升（质量低、无标签的内容往往 PV 浏览量也低）；但另一方面，这些搜索引擎设定了结构，会将使用者引导

① CURRAN J，FENTON N，FREEDMAN D. 误解网际网络［M］. 冯建三，译. 高雄：巨流图书，2015：68-69.

② 彭兰. 网络传播概论［M］. 北京：中国人民大学出版社，2017：5.

③ 同上。

至主流的网络地址。这种引导并不是价值无涉的，如英国雅虎在2002年就将所有的网络内容以“频道”划分，于是有了购物、趣味、商业、个人及其连接等的特定结构，势必会对搜索结果造成限制；谷歌虽然采取更加开放的做法，但比较容易被人读到的前十项结果，依然是按照浏览量等作为依据，这样另类来源便无人问津、打入边缘；就更不必说近年来备受争议的百度竞价排名了。

这一时期，商业的力量开始扮演重要角色，使得网际网络更为风行普及，更大范围的人群为此能够使用网络。不过，商业化之后也引入了经济及大量生产资料的控制，新的监管治理科技也出现了，这就使得网际网络的多样与自由，不得不受到限制。①

（三）人与人的连接：Web2.0与社会化媒体的兴盛

2001年以来，互联网发生了新一轮的变革，从原来的以内容为中心逐渐发展为以用户为中心，从Web 1.0时代进入了Web 2.0时代。

“Web 2.0”并不是一个专门的技术标准，而是一个用来阐述技术转变的术语。它最早由信息工程师达西·迪努奇（Darcy DiNucci）在1999年提出，2004年O'Reilly Media公司举办了首届Web2.0大会，该公司的蒂姆·奥莱利（Tim O'Reilly）与戴尔·多尔蒂（Dale Dougherty）让Web 2.0真正得以普及。②

虽然Web 2.0的定义难以统一，但学界业界大体都认为，它是由用户主导而生成内容、强调易用性（Usability）和协同性（Interoperability）的互联网应用模式，万维网从原来的一系列网站成为一个成熟的为终端用户提供网络应用的服务平台。典型的Web 2.0应用包括简易信息聚合（RSS）、博客（Blogs）、维基（Wiki）、社交网站（Social Networking Sites，如Facebook）、视频分享网站（Video Sharing Sites，如YouTube）、即时

① CURRAN J，FENTON N，FREEDMAN D. 误解网际网络［M］. 冯建三，译. 高雄：巨流图书，2015：75.

② 维基百科：Web 2.0，https：//en.wikipedia.org/wiki/Web_2.0.

通信（IM）、微信、微博等。

吉米·威尔斯（Jimmy Wales）和拉里·桑格（Larry Sanger）在2001年发起了维基百科工程。事实证明，这项工程获得了巨大成功。2008年，维基百科已经招来了75000位积极写手。到2011年，维基百科已经达到1900万条目，拥有超过200种语言，涵盖的主题范围非常广泛。当词条数量庞大到一定程度，质量必然良莠不齐，但依靠集体参与进行自我订正，撰写人共同遵守正确事实的写法，加上不会招人恶意编辑的保障措施，以及附上超链接来源的学院做法，保证了维基百科全书达到较高水平的标准。[①]

维基百科兴起的同时，社群媒体网站也急速成长。2002年，Friendster上线，开创了通过个人主页进行交友的先河，而后成为首家用户规模达到100万的社交网络平台。

2003年，面向青少年和青年群体的MySpace上线，它再一次刷新了社交网络的成长速度：一个月注册量突破100万。同年，LinkedIn作为职场社交网站成立。

2004年，一群哈佛学生创立了Facebook，开始只是年轻精英的社交网站，很快就以几何级数增长，最后在2006年向所有人开放。它让使用者可以只向其选定的朋友开放，同时可以排除不想让人知道、注意的部分。2015年8月28日，Facebook的单日用户数突破10亿。根据We are social.com的数据，截至2018年3月底，全球Facebook用户已达22.34亿。如果拿用户数量与国家人口对比来看，Facebook已经超过世界上任何一个国家的人数。

2005年，YouTube成立，它以视频分享网站的形式出现，很快就大获成功，之后迅速被谷歌相中，2006年以16.5亿美元被收购。一方面它让使用者能够分享和传播自己所爱；另一方面也鼓励一大批原来仅在边缘的

① CURRAN J，FENTON N，FREEDMAN D. 误解网际网络［M］. 冯建三，译. 高雄：巨流图书，2015：79.

文艺人士积极创作，有机会接触更广大的受众。

2006 年，Twitter 成立，将内容字数限制在 140 字以内，迅速成为便捷的交流工具和强大的自媒体平台。根据 We are social.com 的统计，截至 2018 年 3 月底，Twitter 用户突破 3.3 亿，其中美国用户最多，约占全球使用者的五分之一；其次是日本，Twitter 的市场占有率约 40%，仅次于市场占有率 57% 的 Line。而相较于 Facebook 和 Instagram，Twitter 用户以男性为主，且超过 35 岁用户所占比例较高。

2006 年成立的还有 Spotify，是社交音乐分享型应用的典型。

2007 年，轻博客平台 Tumblr 成立，与 Twitter 类似，更注重自定义性与易用性。

2010 年，Instagram 发布，截至 2014 年该服务注册用户已经超过 3 亿，普及速度很快。根据 We are social.com 的统计，截至 2018 年 3 月底，Instagram 用户已达 8.13 亿。虽然和 Facebook 用户仍有差距，但 Instagram 用户的平均年龄更低，28 岁左右，女性高于男性，且这一两年来用户增长更加迅速。

2011 年，Google+ 上线，根据 2012 年 9 月的数据，Google+ 拥有 4 亿注册用户，每月 1 亿活跃用户。2019 年 2 月 3 日，因其用户参与度低，加上先前发现的可能会导致数十万名用户数据外泄的潜在的软件错误，谷歌宣布 2019 年 4 月 2 日关闭消费者（个人用户）版本的 Google+，企业版保留，并更名为 Currents。

2011 年，腾讯公司开发了一款名为“微信”的移动应用，上线 14 个月即突破了 1 亿用户。微信从最开始只能发送短信、语音和照片，如今已经成为通信、社交、支付、游戏、广告等功能的集合平台，更关键的是，它集合了最广大的中国用户。截至 2018 年 1 月，微信用户已突破 10 亿大关，其中约 93% 用户居住于中国，也就是说全中国有将近三分之二的人口在使用微信。在中国，平均每人每天使用网络的时间约为 6 小时 30 分钟，超过半数（约 58%）的中国民众认为网络带给人们的机会胜于其所带来的风险。

2012 年，Pinterest 呈现爆发式增长，它是目前网站史上最快达到 1000 万独立访客的网站，并于 2011 年底被 TechCrunch 评为“年度最佳创业公司”。①

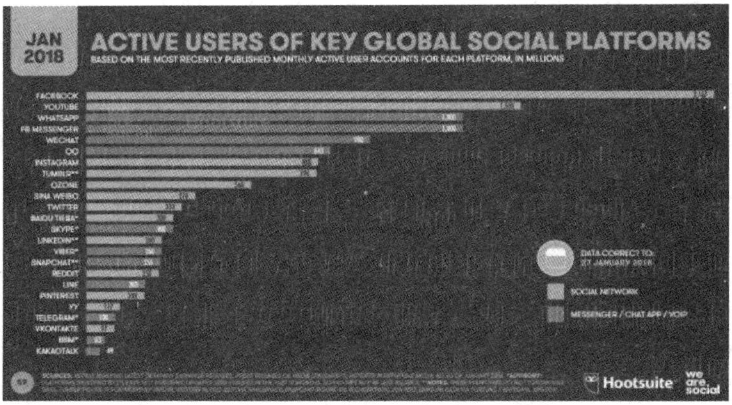

图 1–1　全球社交媒体平台活跃用户排名（数据来源：We are social.com）

社会化媒体不仅为普通人提供了社交的平台，带来了丰富的内容资源，同时也改变了人们获取信息的路径。更重要的是，社会化媒体促进了公民新闻与自媒体的繁荣，也对专业媒体的信息传播模式与传播格局带来了重大冲击。② 今天，微信、微博等在中国已经形成新媒体舆论场，成为新的内容集散与分发枢纽，以及众多重大公共事件的发源地。

（四）终端及其连接的升级：移动互联网时代到来

移动互联网被称为互联网的 Web 3.0 时代。“手机通信网络的升级，以及互联网的发展，二者汇流形成了移动互联网。移动互联网的基本特征包括终端的随身性与私人性，信息传播与服务的流动性、个性化与场景化。移动互联网包括三个要素：移动终端、移动网络和应用服务。”③

移动互联网发展的两大技术背景是 4G 网络（移动网络）和智能手机（移动终端）。手机从功能手机向智能手机的转变，使其成为移动互联网的最佳入口。尽管 IBM 公司在 1993 年就已推出世界上第一款智能手机 Simon，

① 参见：https：//digitalreport.wearesocial.com/.
② 彭兰 . 网络传播概论［M］. 北京：中国人民大学出版社，2017：7.
③ 同上，第 8 页。

但 2007 年苹果公司发布的智能手机 iPhone，才真正推动了智能手机的普及，同时它也推动了“应用商店”及 App（也被称为客户端）这样的应用模式的普及。

根据 We are social.com 的统计，截至 2018 年第一季度，全球已有超过 40 亿网络用户，超过 50 亿人使用智能手机（相当于平均每 10 个人里面就有 6 个人使用），而这个数据还在持续增加中，全球几乎每秒就增加 12.4 个新社交媒体用户。根据中国互联网络信息中心（CNNIC）2019 年发布的第 43 次《中国互联网络发展状况统计报告》，截至 2018 年 12 月，我国网民规模达 8.29 亿，普及率达到 59.6%；手机网民规模达 8.17 亿，网民通过手机接入互联网的比例高达 98.6%。与此对应的是，台式电脑、笔记本电脑、平板电脑的使用率均出现下降（前两者约下降 3%，后者约下降 13%），手机不断挤占其他个人上网设备的使用。移动互联网服务场景不断丰富，移动终端规模加速提升，移动数据量持续扩大，为移动互联网产业创造更多价值挖掘空间。

移动互联网促进了平板电脑（Tablet Computer）、移动阅读（Kindle 等电子阅读器）、可穿戴设备（如谷歌眼镜、运动手环）、虚拟现实（Virtual Reality，VR）和增强现实（Augmented Reality，AR）、移动支付、云计算和云处理、共享经济等产品或生活方式的普及。如果说社会化媒体促进了人与人的连接，那么移动互联网时代则把这种连接网络普及到生活的方方面面，任何人都无可避免地卷入网络社会中。

通过 VR/AR 技术，可以对现实世界进行更真实地还原，创造出逼真的身体在场感，从而形成一种虚拟与现实的新关系。

（五）万物互联：人与媒介的智能共生

如果说第四阶段的移动互联网主要是进行媒介融合（特别是 PC 端、手机端和电视网的三网融合），那么物联网时代则是将这种端口扩展到了所有物品，人不再是连接的中心。物联网（The Internet of Things）是 1999 年提出的概念，是指通过射频识别（RFID）、红外感应器、全球定位系统

（GPS）、激光扫描器等信息传感设备，按约定的协议，把任何物品与互联网连接起来，进行信息交换和通信，以实现智能化识别、定位、跟踪、监控和管理的一种网络技术。①

物联网的核心基础是信息的采集和端口的开放，这其中的技术基础包括目前常见的二维码 QR code，更包括语音交互技术、手势或体感交互技术、面部识别技术等。

如果仅仅强调端口的无所不在，物联网还只是一个扩展版的互联网而已，它更强调对收集的信息迅速进行智能识别和处理。智能化是物联网的另一重要特征，其技术基础便是大数据分析、机器学习和云计算。“通过 RFID 和传感器等实现信息获取，然后通过通信网络实现信息收集，如果仅仅到此为止，收集的信息很多是垃圾信息，因此需要把这些信息进行智能分析和处理。这实际上是互联网向下延伸到感知层，向上扩展到智能处理层，提供了更透彻的感知、更全面的互联互通和更深入的智能化。”②

云计算可以将庞大的计算处理任务分拆成多个较小的子任务，然后把这些任务分配给多部网络服务器所组成的系统进行处理，并将处理结果返回给用户。进一步地，云计算将网络中的服务器作为一种共享的资源，用户可以随时获取、按需使用这些资源，且可以轻松实现不同设备间的数据与应用共享。这样，过去许多需要依赖个人终端完成的工作便转移到了“云端”的互联网中，终端本身的性能要求就大幅下降，这也是现在智能设备、智能家居、智能交通、数字医疗等实现的基础。

物联网的第三个特征是人机合一，共同进化。当人成为物联网中的一个入口或终端而非中心，当大数据分析和机器学习增加了工具设备的智能，万物互联就不仅是一种终端的扩展，而且是人与物、人与环境的内化和进化。未来在各种环境中存在的任何物体，都有可能成为一个智能终端，人

① 彭兰．网络传播概论［M］．北京：中国人民大学出版社，2017：13.

② 邬贺铨．信息技术与科学传播创新［J］．科普研究，2011，2（6）：7-10.

与物形成一种“共生关系”。[①]过去，不管媒介多么深刻地影响人，人与媒介始终是独立存在的，媒介是人的延伸；而在物联网环境下，随时随地随体的智能识别、场景要素的实时记录挖掘，人与媒介都共同统一在数字化网络中，媒介是人与生俱来的信息器官，人是媒介分析和学习的素材。在这一关系下，万物皆为媒，人与媒介真正共同进化。

彭兰提出，在“万物皆媒、人机共生、自我进化”的作用下，未来媒体将出现“智媒化”趋势。智能技术与新闻生产的结合，将带来个性化新闻、机器新闻写作、传感器新闻、临场化新闻、分布式新闻等新的新闻生产模式。未来传媒业态将在用户系统、新闻生产系统、新闻分发系统、信息终端等方面实现无边界重构。[②]

三、新媒体发展的启示

新媒体的发展是一部信息技术史，更是一部网络“连接”的演进史。在介绍新媒体的特征和给新媒体下定义前，这里希望能综合一些研究者对于新媒体发展史得出的结论和启示。

首先，从人类社会网络发展史来看，人类的网络始终倾向于不断扩张，它对历史的影响同样如此。[③]全球网络（Global Web）促进了城市化和人口增长，如今的互联网是真正全球性的，信息交换的数量、速率和重要程度是以往社会中的信息系统无法比拟的，事实上，没有任何人类社会仍处于孤立之中。

其次，所有的网络都是既竞争又合作的，网络的连接带来的可能并非平等。[④]传播保证了人们的合作，在合作的框架中，专业分工不断细化，促使一个社会更加富裕和强大，但它也带来了社会阶层化和不平等。这种

① 彭兰. 网络传播概论［M］. 北京：中国人民大学出版社，2017：13.

② 彭兰. 智媒化：新媒体发展趋势报告［J］. 国际新闻界，2016（11）：142-160.

③ MCNEILL J R，MCNEILL W H. The human web：a bird's-eye view of world history［M］. New York，London：W.W. Norton，2003：5-8.

④ 同上。

社会内部和社会之间的不平等总是促成竞争；竞争者也分享信息，应对环境和技术带来的挑战，从而又带来了新的合作。

再次，在新媒体发展过程中，政府及军方、学院科学界、欧洲公共服务理念及商业市场等力量进行互相角力。[①] 早期互联网发展的公共和开放精神创造了资讯粮仓，任人自由取用。但商业市场力量后来居上，不仅使主要的网站都与大型传媒集团有关，各大搜索引擎也为了广告收益将使用者导向流行网站，知识产权强化，线上娱乐化泛滥。互联网及新媒体的发展始终存在公共服务价值和市场力量之间的博弈。

最后，这场连接的演变强化的是“进入网络的个人”，彰显了个人需要、欲望与诉求，受损的是“群体或地方的连带与团结”，社区内部集体之善的价值观和信念被逐渐取代。这样的看法看似有违常理，社交媒体促进了人与人的交流，拉近了人们之间的距离，人们还在网络上找到了志同道合的人，找到了自己的身份归属，难道这一切不都使网络增强了集体认同？不过更多的研究表明，互联网变迁的动力是在朝向更大的个人主义移动——即使在集体文化更为深厚的东方。有学者指出日本学生使用智能手机，其实是以三个独特的方式巩固个人主义，同时强化内向性，创造出个人空间。[②] 中国的年轻一代成长于消费主义日益高涨的年代，又受到过独生子女政策的影响，更具有个人主义和自我的倾向，虽然，个人的声音有时候是以集体声音出现的。关于自我为中心是互联网基因的表述，韦尔曼（Barry Wellman）这样说道：

> 个性化的发展，无线通信携手可动，以及互联网无所不在的连线，这些加起来都促使进入网络的个人，成为社区的基础。由于连线是以人为基础，不是地方，这样的科技也就将工作与社区的连带，从联系了特定地方的人，转移到了联系可在任何地方的人。通过电脑而支持

① CURRAN J，FENTON N，FREEDMAN D. 误解网际网络［M］. 冯建三，译. 高雄：巨流图书，2015：82-83.

② 同上，第 99-100 页。

的传播到处都是，但不在任何地方驻足停留。唯一能够联系的，“只是我”，我在哪里就可在那里联系到我：在家，在饭店，在办公室，在高速公路，或是在购物中心……至此，人已经变成了入口网站。[①]

① WELLMAN B，QUAN-HAASE A，BOASE J，CHEN W，HAMPTON K，DE DIAZ I I，MIYATA K. The social affordances of the Internet for networked individualism［J］. Journal of Computer-Mediated Communication，2003（3）.

第二章　理解新媒体：本质、特征及内涵

一、不存在“旧媒介”

（一）区分新旧媒体的标准

1. 时间的“新旧”

说到新媒体，我们首先想到的可能是旧媒体 / 传统媒体（如电视、广播、报纸、杂志）。今天人们习惯以时间来定义新媒体，如以阿帕网作为互联网诞生的标志，把万维网视为 Web1.0 时代、社交媒体视为 Web 2.0 时代的标志，可是真的有一个清晰的时间节点来划分新旧媒体吗？以往的旧媒体，在诞生之初也是新媒体；今天的新媒体，可能在信息技术革命浪潮中很快就沦为旧媒体，可见时间并非区分新旧媒体的可靠标准。

如果把媒介仅仅理解为一种物件，自然就容易从时间性或年代性来定义其新旧。不过，这种静止的历史观点近年来已经受到越来越多的批判。传播学者查尔斯・阿克兰（Charles Acland）认为，媒介通常能在私人或公共的存储和废弃状态中，从过时或将死的境遇中重生，它们被重拾、修复并作新用。媒介考古学家加内特・赫兹（Garnet Hertz）和尤西・帕里卡（Jussi Parikka）进一步阐明此观点：“这并非偶然现象，事实上曾遭弃置和过时的技术组件复兴成为当代媒介技术的重要组成部分。”①

① 纳塔莱 . 不存在“旧媒介”［J］. 陈阳，王英鸽，译 . 新闻记者，2018（12）：58-65.

2. 技术的“新旧”

有人用媒介与技术变革的关系来区分新旧媒体，如认为只有使用计算机和数字化相关通信技术的媒体才算新媒体。新媒体传播也等同于网络传播（Internet Communication）或数字化传播（Digital Communication）。这样的区分至少存在如下三个问题：

一是新旧媒体的区分赶不上信息技术更迭的速度。英特尔（Intel）创始人之一戈登·摩尔（Gordon Moore）在1965年就预测：当价格不变时，集成电路上可容纳的元器件的数目，约每隔18—24个月便会增加一倍，性能也将提升一倍。换言之，每一美元所能买到的电脑性能，将每隔18—24个月翻一倍以上，这一定律被称为“摩尔定律”。[①] 摩尔定律在提出后的30年都相当有效，尽管今天晶体管电路性能逐渐接近极限，摩尔定律也不再像以往预测得那么有效，但信息技术前进的步伐并不会减缓。

二是忽略了传统媒体的数字化转型。例如，书籍以印刷版和电子版等不同形式流通；报纸通过手机应用和网站等不同数字平台传播内容；电影产业将数字化融入现有的生产和分销模式；大量的网络电台、网络自制剧等以数字流形式在互联网上传播内容。传统媒体已经完全融入了所谓的数字化转型，只用技术来区分新旧媒体显得太过僵化。

三是一种技术的发明、成熟、应用、普及是一个长期的过程，新旧技术之间可能长期并存而非互相取代。电视机在20世纪50年代成为大众媒介，计算机则在数十年后伴随个人电脑的商业化发展起来。然而，即使我们避而不谈问世时间早于电子计算机一个多世纪的机械计算机，电子计算机和电视都是在20世纪上半叶被构想、发明和使用的。[②] 如果电视是一种旧媒介，恐怕计算机也不例外。

① 维基百科：摩尔定律，https：//zh.wikipedia.org/wiki/%E6%91%A9%E5%B0%94%E5%AE%9A%E5%BE%8B.

② 纳塔莱．不存在“旧媒介”［J］．陈阳，王英鸽，译．新闻记者，2018（12）：58-65.

3. 功能的“新旧”

第三种区分新旧媒体的标准是媒介功能或特性。今天的新媒体往往具有交互性（即时互动）、融合媒体（文字、语音、图像、视频等集合）、用户贡献内容（UGC）、共享、社交等特性。不过，这些功能大多只是新媒体的表现形式，许多具备这些特点的媒体实质上是“新瓶装旧酒”，骨子里还是采用传统媒体的方式。

例如目前许多成功的微信公众号、头条号、短视频等自媒体，背后都具备一个庞大的采编团队，其内部员工和专业内容提供者不下数十人，才能保证持续地生产内容，本质上和传统的报社并没有多大差别，甚至报社都不可能专门投入如此大的人力去报道某一细化领域的问题，这些自媒体的实际运营和 UGC 相去甚远。

再如时下被称为“共享经济”代表的网约车、共享单车等叫车软件，表面上搭载了移动新媒体终端，实际上和传统的出租车公司、出租单车公司并无本质区别——开网约车的人是专职，所谓的共享单车也是由企业在城市大量铺设的自行车租赁公司，与新媒体倡导的共享经济其实相去甚远。如果没有大资本的投入，这些平台很难运营起来，实际上也很难起到优化社会资源配置的作用。

因此，媒介形式和功能可以作为新媒体的特征，但依然不能作为区分新旧媒体的标准。

综上所述，二分法或渐进论式的划分也许并不适合定义新旧媒体。因为这样的划分主要基于媒介的物质层面——把媒介等同于物质、技术和制度，忽略了媒介与技术变革、日常生活、社会文化的关系。卡洛琳·马尔文（Carolyn Marvin）在其著作《当旧技术是新的》（*When Old Technologies Were New*）中率先提出，理解媒介更需要从我们与媒介的关系入手，而非媒介本身①。新媒介如何变成旧媒介的历史首先是个人和群体如何看待媒

① MARVIN C. When old technologies were new：thinking about electric communication in the late nineteenth century［M］. London：Oxford University Press，1990.

介的历史。媒介是由习惯、信仰和程序所建构的复合体，其中嵌入了复杂的传播文化密码。

从媒介史的角度，要理解新媒介，首先应该理解旧媒介，而近年来越来越多的媒介考古学者倾向于认为：事实上并不存在所谓的旧媒介；更确切地说，“旧”不应被理解为媒介本身所具有的特性，而应理解为我们如何体验、感知和感受媒介。正如西蒙尼·纳塔莱（Simone Natale）在《不存在“旧媒介”》一文中提道：“旧媒介终归是我们在生活的特定情境中所想象的正在消逝、被取代或被超越的媒介。在某种意义上，旧媒介如同幽灵，存在并产生于我们的想象之中，却实有其效。”

（二）关系视角：媒介的社会实践

日本东京大学教授吉见俊哉（Shunya Yoshimi）认为，现在关于传播和媒介的论述大多都“问错了问题”，因此无法掌握媒介的核心意义。他认为，所谓“媒介”，是将我们在社会经验世界中的技术面和意义面同时媒合的中介；透过技术与意义的中介，个别的媒体装置与编制才成为可能，技术与意义、论述、解释等相接触，而成为指向社会实践的结构性场域。因此，原来被我们当成个别媒介现象来研究的互联网、电视、广播、报纸等，实际上并不是各自独立、完全不同的，而应该被重新看作媒介在不同社会场域的具体呈现。吉见俊哉认为，研究媒介不是要问各种媒体的特殊性和个别性，而是要问什么样的社会场域力学使个别媒体成为可能。①

举例来说，电视是不是新媒体？很多人肯定回答不是，电视是传统媒体时代的产物。但是，电视在不同时代的技术面与意义面都是不同的，从而与之对应的社会实践和社会场域也不同。电视诞生之初，是用天线来接收信号以收看影像画面的机器，家庭内接收的电视来源一般是国有电视台，内容固定且一般放在客厅供家庭成员收看。20 世纪 80 年代之后，随着录像带、VCD/DVD 等设备的发明，电视逐渐成为观看视频影像的播放器；游

① 吉见俊哉. 媒介文化论：给媒介学习者的 15 讲［M］. 苏硕斌，译. 台北：群学出版有限公司，2009.

戏机普及后，电视成为打电动、玩游戏的设备，此时电视更接近“显示屏”的功能。而后有线电视、卫星电视、高清数字电视的技术，以及大传媒公司极丰富的内容提供，又极大增强了电视本身的功能，把人拉回到电视本身，电视的收看场域也逐渐从客厅进入房间。如今，网络电视和智能电视的出现，电视的内容已经越来越与互联网相结合，使其具有互动、点播、通信等功能，加上“大屏”生态下更佳的观感体验，电视反而在新媒体时代彰显出一定的不可替代性。

电视不仅在诞生之初对于报纸、广播等来说是新媒体，在新媒体时代集合了上网、点播、互动功能，同样也是新媒体，因此在回答“电视是不是新媒体”这个问题，必须回到电视的社会实践中。因此，区分新旧媒体的标准，应该是媒体的社会实践。正如吉见俊哉所说：“所谓 Media，是比传达信息更超前、更多样的社会实践，并且是这些社会实践交错、对抗、结合的社会场域。”定义新媒体，必须努力思考新媒体如何在社会实践中成立，以及人们如何因新媒体而得以交流沟通。

二、新媒体的本质特征

梵·迪克认为新媒体的主要特征是集成、互动和数字信号，因此把新媒体界定为“20 世纪和 21 世纪之交具有综合、互动特性运用数字信号的媒介，与之对应，新媒体包括多媒体、互动媒体和数字媒体”。① 这一定义虽然能大体区分新旧媒体，但仍不够全面和本质，下文将从新媒体的社会实践来总结新媒体的本质特征。

（一）超链接 + 社交分享 = 社会化关系

伯纳斯 - 李在设计万维网之初就赋予其超链接的功能，网页和文本可以通过超链接进行连接，这打破了信息传播的线性模式。但是，只有超链接这个特性能带来信息的爆炸增长，加强内容与内容之间的连接，本质上

① 梵·迪克．网络社会：新媒体的社会层面［M］．蔡静，译．北京：清华大学出版社，2014：9.

是一个更大、更丰富的报纸或资讯集散地。早期的门户网站便具有这一性质。早期的超链接仅能链接内容但不能链接人，它可以“减少线性思维和内容的处理过程（避免从头看到尾），在思维、信息处理、记忆和学习上转变成联想模式”。[①] 简单来说，早期互联网以信息连接为主，虽然改变了线性模式，但基本还是以内省、单向度为主。

后来，电子邮件、腾讯 QQ、微软 MSN、BBS 等通信工具让互联网具备了互动、分享和社会交往功能，由此人们在网络上建立起工作关系、朋友关系、买卖关系及幻想关系。但是仅仅具备分享和互动特性，互联网通信工具大多维持的是强关系，创造的也主要是熟人社会，维系的还是感情和利益。正如新媒体打破了信息和社交之间的障碍：今天我们看的新闻、视频、文章、地图等后面都跟着“一键分享”功能，信息平台和社交平台通过这个分享功能被打通，你可以把任何信息直接发给社交媒体上的朋友、分享到朋友圈、分享到社交平台个人主页，社会关系得到巨大拓展。

首先，以前看到一则信息只能自己收藏，现在可以直接分享到朋友圈，信息分享行为成为自我呈现的一种方式，随着分享的深入，有些意见领袖发现，自己生产或掌握的信息比别人更优质，有了更多的追随者，不如把自己的关注和创作发展为独立媒体，于是，自媒体（We Media）便诞生了；其次，你在朋友圈里关注什么不关注什么、你的朋友圈同时在关注什么，已经不再是单纯的信息发布行为，而成为一种戈夫曼所谓的在戏剧化舞台上面的表演行为[②]，人们通过信息分享来建立自己在别人眼中的印象；再次，信息关系是有别于感情关系和利益关系的更广泛的关系，人们只需要在分享的信息下面点赞，便可以维持关系，成本极低而不用承担太多后果，因此社交媒体才可以同时连接强关系与弱关系，原来主要为熟人社会的交往圈被打破。

总之，在“超链接”+“社交分享”的共同作用下，新媒体大大拓展了

---

① 梵・迪克．网络社会：新媒体的社会层面［M］．蔡静，译．北京：清华大学出版社，2014：224.

② 戈夫曼．日常生活中的自我呈现［M］．冯钢，译．北京：北京大学出版社，2008.

“关系”内涵：信息关系、利益关系与社会关系真正实现了交叉和融合，在新媒体上连接的，不是信息，不是价值，而是一段社会化关系。新媒体的第一个特征便是社会化关系。

（二）私人 + 公共 = 流动性

法国新马克思主义哲学家亨利·列斐伏尔（Henri Lefebvre）认为：“空间不是社会的反映，而是社会的表现。”[①] 他在《在场与缺场》中提出了三种形式的领域（空间），分别为物理的、精神的和社会的。作为社会交往的媒介，也创造了不同层面的空间。媒介与社会空间总是处在动态的关系之中。前述提到随着电视的发展，其逐渐从客厅进入个人房间，进而普及到公共交通、车站、餐厅、办公区域等公共场所，这反映出私人空间向公共空间的侵入。20 世纪 80 年代，行动电话和随身听（Walkman）的发明，让原本坚固的公共性空间装置，变成无数个人化音景（Soundscape）的流动网络。[②] 例如我们在听随身听时，就在听觉上制造出一个假想环境，与周围世界的社会关系仿佛产生一种游离感。每个将随身听挂在身上的人，就像今天使用手机时戴上耳机一样，虽然身体位于那个地方，其实仿佛不在。无论我们走在都市的任何地方，都能转变为如同自己房间的空间经验。

不仅个人空间会侵入公共空间，反之，公共空间的媒介也不断进入个人空间。电脑尤其是笔记本电脑的发明，让工作场所移到了家庭的书房，因此大大改变了人们的休闲空间，电子邮件、电话会议等工具也让移动化办公越来越普及。不过，在新媒体时代之前，私人空间和公共空间的界限还是相对坚固的，公共媒体和个人化媒体的功能也区分得比较清晰。

今天智能手机、移动互联网、社交媒体等多种应用场景的重叠，让公与私的界限不断模糊和渗透。它不仅影响了个人的身份建构、形象管理和日常生活，也影响了社会公共话语。例如微信普及以后，许多人感受到自

① 包亚明．现代性与空间的生产［M］．上海：上海教育出版社，2003.

② 吉见俊哉．媒介文化论：给媒介学习者的 15 讲［M］．苏硕斌，译．台北：群学出版有限公司，2009：200-201.

己的工作时间明显变长了，不仅随时随地被拉入工作群组之中，一天 24 小时可以随时布置工作，并且你的上司和同事默认你得随时在线并接收，即使在下班时间；刚从这一个群跳出来，马上又要参与另一个群的讨论；就连本来是仅好友可见的朋友圈，也因为公众号等媒体引发的公共讨论而变得越来越公共化。手机等移动设备不仅成为记录生活、监测生活的方式，也模糊了工作与休闲的界限；在工作学习中，阅读随时闯入的讯息、刷新社交媒体页面已经成为生活常态。

今天的新媒体不单纯是大众媒介，也不能算是个人媒介。这类媒介既具有私人性却又担负某种公共性，既是公共事物却又不断连接私人身体，因而原有的“公共”与“私密”的区分也变得暧昧模糊。因此，流动性（Mobility）成为新媒体的第二个特征。

新媒体流动性的第一个表现是去地方化。媒介从原本镶嵌在特定地方的状态解放开来，成为可移动的，再成为空间上无所不在的。新媒体的发展方向便是身体化及去镶嵌化（Disembeddedness）。物联网造就的无限端口便是去地方化的极致拓展。带着媒介到处漫游的身体，不只超越了地理的界限，也超越了文化和语言的界限，更超越了人类与动物、生物、机械之间的界限。[①] 但在这个漫游的过程中，不免会破坏原来对情境的共同定义（Definition of Situation），如在地铁上用手机看视频公放或大声讲电话，就破坏了原本以共同在场者制定的公共空间规则，引入了一个异质的现实；吃饭期间频频低头看手机或发短信，不顾对方的在场，也破坏了原本面对面交流的情境定义。

新媒体流动性的第二个表现是社群的随聚随散。今天人们可以为了晚上约饭而被拉进一个微信群，饭吃完以后群自动解散，人们的社会交往无疑变得更加方便；但同时带来的挑战是，使用者必须随时在不同的群之间切换，可能需要在不同的群体中扮演不同的身份，容易造成社会交往的认

① 吉见俊哉．媒介文化论：给媒介学习者的 15 讲［M］．苏硕斌，译．台北：群学出版有限公司，2009：210-211.

知失调，信息发错群、在这个群是意见领袖而在另一个群是寡言者等现象经常发生。“一个人可以用不同的身份、角色参与到网络中，表现出多重人格。因而，如何取得互信、快速确定双方在交往中的角色扮演，是新媒体对社会结构提出的挑战。”①

新媒体流动性的第三个表现是公私模糊可能带来的隐私问题。例如，今天线上的社交网络不但为律师和客户广泛使用，连法官也会用智能手机及网络来对诉讼双方的社交网络进行相关研究，更会透过自己的社交网络了解外界对案件的态度。法官判案时会采用 Facebook 上所显示的互动关系，决定诸如离婚时子女的监护权归属。许多人质疑法官 Facebook 上显示的律师朋友，是否会影响其独立判案精神；法官的职业伦理决定其不应与任何涉案关系人有任何形式的联系，以免影响独立判案环境。可另一方面，作为一个生活世界成员，是否因此就必须剥夺法官使用社交网络的权利？据调查，在美国 81% 的离婚律师使用 Facebook 来侦察客户配偶的外遇关系，20% 的离婚案件呈堂证据是由 Facebook 所提供的。②

新媒体流动性的第四个表现是公共表达和公民参与。由于社交媒体具有一定的私人属性，人们更愿意在社交媒体上表达自己的态度和观点，甚至以此来发起公民行动，反而让新媒体具有了更大的公共属性。如今公共事件大多从新媒体被迅速引爆，网民在上面跟踪进展、发起调查、揭露真相，当然也在围观和道德审判。不过，新媒体在私人和公共边界的模糊，大大推进了公共事件的讨论和解决。

新媒体的流动性特征与社会的流动性是相互契应的。不管我们愿不愿意，这已经是一个被互联网和技术改变的时代。2000 年，社会学家齐格蒙特・鲍曼（Zygmunt Bauman）在其代表作《流动的现代性》中，从理论上为这个被互联网彻底改变的世界做出了自己的判断：“当前的社会已由过往的固态、厚重与稳定状态转为液态、轻盈与多变的特质，‘流动的’现

① 陈力丹．新媒体的发展趋势与悖论［N］．人民日报，2015-10-11．

② 翟本瑞．从社区、虚拟社区到社会网络：社会理论的变迁［J］．资讯社会研究，2011（21）：1-31．

代性的到来，已经改变了人类的状况。”

（三）中介化 + 去中介 = 再中介化

“媒介”（Media）一词，是由拉丁文 Medium（“中间”）衍生而来。16 世纪后期开始使用，到 17 世纪初期演变出“介于中间、在中间运作”的意义。从符号学来看，符号必须依托于一定的物质载体，载体的物质类别就是媒介。可见，早期对“媒介”的内涵理解是指储存和传送符号的工具，本身具有传递和媒材的意义。

与媒介相关的是“中介化”（Mediation）一词，衍生自拉丁文 Mediare，具有“中介调解”等意涵。这里的“中介调解”，当然不仅指对物质、心灵的中介，更包括神祇与凡人、精神与世界、主体与客体这些层次的中介。只是从 18 世纪开始，特别是 20 世纪以报纸、电影、广播为代表的大众传播媒体的发展，对人们形成社会现实的过程产生了决定性的影响，因此将传播媒体等同于媒介，中介化的作用也就理解为媒介的中介化。

不过，随着媒介科技的发展，尤其是到 20 世纪，媒介原本的中介化意义越来越被忽略，媒介被视为透明的。原因在于，媒介被认为是传达信息的工具，而非传递的信息；人们往往更关注的是信息而非工具，媒介只是作为传播沟通的前提而与传播沟通的内容无关，在此基础上建立的大众传播理论多是研究信息和效果的理论。同时，随着媒介使用的便捷和日常生活的紧密连接，媒介成为和自然景观一样的“媒介景观”（Mediascape），人们越来越忽略中介工具的存在。

新媒体的出现让“中介化”和“去中介”的进程都大大加速，但这两者本身是矛盾的：一方面，新媒体的互动性大大缩短了传播的层级，以前的多级传播和意见领袖等转变为扁平化和点对点的传播网络，这是去中介和去中心的过程；另一方面，新媒体在渗入人们生活方方面面的同时，本身又成为一个人们交流高度依存的中介，从而改变了人与人的交流方式。为何今天人们交流、研讨甚至恋爱都更喜欢通过手机和社交软件来进行？因为相比于强调非语言符号和即时回应的人际互动，人机互动中网络参与者拥有控制对谈的能力，使人们越来越习惯屏幕这一中介。

尽管互联网试图去中心化，人人都拥有了高度的平等与自由，但是数字鸿沟、社交鸿沟、知沟依然存在，差别被逐渐地增强和加重。虽然“消失的地域”拉近了不同社会阶层的人们的距离，虽然新媒体多元的传播渠道为个体赋权，但是这些并不意味着网络社会中话语权的完全平等。例如，李彪以 2005—2011 年中 40 个网络热点事件为案例研究了事件传播的空间结构和特征，发现网络传播中依然存在中心化和主流化的倾向。无论是一般的网络信息，还是网络事件信息，都存在一个或者多个传播中心。这些中心通常以主流的论坛、微博和门户网站为主，而传统大众媒体则充当了这些中心节点之间的信息互动与衔接。[①] 正如吉登斯所认为的，现代性的转型使社会关系变得越来越复杂[②]，互联网在大量的议题、事件上强化了人与人的疏离、偏见和不信任[③]。

因此，杰伊·大卫·博尔特（Jay David Bolter）与理查德·格鲁辛（Richard Grusin）认为，新媒体既不是中介化，也不是去中介化，理解新媒体的关键是“再中介化”（Remediation）。再中介化表现为：一是新的数字化媒体正持续、全面地把旧媒体（电视、广播、印刷媒体及其他）整合在一起，这种融合创造了一种新的中介化；二是尽管我们的文化试图整合所有的媒介，但同时也希望擦除所有媒介中介化的痕迹；三是新媒体的“新”尤其体现在它如何改造旧媒体及旧媒体如何改造自身来回应新媒体的挑战，新媒体在再中介化旧媒体的过程中也在不断调整自身。

媒介的中介化作用永远不会消失，但是新媒体整合以往旧媒体的能力，以及注重交互、体验、共在、主体间性等特点，让我们不得不用一个新名词——再中介化——来形容这种作用。在这种再中介化作用下，新媒介被

---

① 李彪. 网络事件传播空间结构及其特征研究：以近年来 40 个网络热点事件为例［J］. 新闻与传播研究，2011，18（3）：90-99，113.

② 吉登斯. 现代性的后果［M］. 田禾，译. 南京：译林出版社，2000.

③ 胡百精，李由君. 互联网与共同体的进化［J］. 新闻大学，2016（1）：87-95，149-150.

重新理解为“意义形成的相互主体性过程”[①]，而不是意义从发送者到接收者的单向传递过程。后者将媒介仅仅理解为意义传递的载体，而前者认为媒介本身就是意义得以成立的场所（Topos），强调意义在主体间往复来回而被认识的“中介调解”过程。

（四）虚拟 + 实在 = 想象共同体

“在互联网上，没有人知道你是一条狗”，这是 1993 年 7 月 5 日《纽约客》刊登的一则由彼得·施泰纳（Peter Steiner）创作的漫画的标题。这在当时还略有几分夸张的描述，随着人们对网络的虚拟性、匿名性、表演性的认识而被广泛流传。的确，许多人从互联网上获得了“第二人生”（Second Life）：在网络游戏世界里的“王者”，有可能在现实中是一个“废柴”；在网络世界中的绅士或美女，在现实中有可能相貌平平，甚至性别都不一样；在互联网上整天自称“颓废少年 / 少女”的人，生活中或许比任何人都积极上进……“这种虚拟化生存，更多体现为身份的虚拟性和互动方式的符号化，人们试图以身份的虚拟性来去除现实社会的约束，获得释放的快感。”[②]

图 2–1　“在互联网上，没有人知道你是一条狗”，作者 Peter Steiner

① 吉见俊哉 . 媒介文化论：给媒介学习者的 15 讲［M］. 苏硕斌，译 . 台北：群学出版有限公司，2009：6-7.

② 彭兰 . 网络传播概论［M］. 北京：中国人民大学出版社，2017：40.

不过，今天在互联网上，再说“没有人知道你是一条狗”恐怕就不合时宜了。人们在使用互联网中留下了各种痕迹：关注信息、位置信息、购买信息、个人信息等。通过这些信息，基本上能够还原出一个现实的你。今天，公共事件中网民经常第一时间就用“人肉搜索”曝光网友的现实身份。在新媒体中，虚拟和真实的界限已经被打破。

2018 年 4 月 19 日，一个微博名为 @ 洁洁良的账号公开发布不当言论，引起网友的回应和批评，并在微博上迅速发酵，而 @ 洁洁良表示拒绝删帖。于是，网友便搜索出 @ 洁洁良的真实身份——真实姓名、身份照片、就读学校、学习表现、思想状况等。令人惊讶的是，@ 洁洁良在现实中是一位名牌大学的学生，履历光鲜。最后，该学生所在的学校发表声明，对其做出相应的处分。

如果不去细究“洁洁良”事件中的爱国争论，仅就她在网络和现实中截然不同的表现来看，这个事件证明，如果今天你还把网络上的身份当作虚拟身份，认为可以不用为网络上的言行负责，恐怕会遭到现实世界的反制。如果虚拟世界可以被当成一个独立的主体世界观察，问题或许比较单纯，不过事实是，新媒体上虚拟世界和现实世界是相互纠葛的，虚拟的世界会受到现实经验的影响，也会影响现实生活。

2018 年初，一款名为“旅行青蛙”的日本游戏风靡网络。这款游戏与一般放置类游戏不同的是，你只能为游戏中的青蛙准备行囊，但它是否出门、会去哪里、什么时候回来、会给你从哪里发回明信片、带回什么样的礼物，是随机而未知的。不同的人从这款热门游戏里解读到不同的滋味：有人说，蛙是成人后的自己，牵肠挂肚，养蛙方知父母恩；有人琢磨出它有自由而独立的个体价值；又有人分析，这是现代社会人与人关系距离的体现，喜欢轻松舒服不受约束的环境，就如同养这只青蛙一样自在。[①]

许多人喜爱这款游戏的理由，恰恰是由这种不可决定性带来的真实感。

① 对话旅行青蛙制作团队：让青蛙去做我们做不到的事［EB/OL］.（2018-01-29）.http：//www.xinhuanet.com/local/2018-01/29/c_1122330007.htm?baike.

据游戏制作团队负责人上村真裕子介绍："青蛙会随性行动，玩家会对青蛙的去向感到不安，也会对青蛙旅行回来后感到开心，这些不同心情的累积可能会让玩家产生一种庇护心。除此之外，玩家在游戏中能做到的实在有限，所以想要去照料却无法照料的部分，会更让人焦急在意。"[①] 正是基于这种真实的情感投入，玩家与青蛙之间建立了一种奇妙的信赖关系，这种关系投射到现实中，因而产生了"蛙儿子""晒蛙潮"。

以前你在游戏中扮演的角色就是虚拟角色，但今天，和你一起玩"王者荣耀"或"绝地求生"的队友都是现实中的朋友，你在游戏中的表现会成为你们现实生活的谈资，你们在游戏中的交流就是现实交流的一部分。与互联网发展初期不同的是，今天人们在新媒体世界上投入的情感、思考、生活等是真实存在的，新媒体文化也切实影响了现实世界，现实与虚构的对立本身被消解。

现实与虚构的消解促成了新媒体的第四个特征——想象共同体。在《想象的共同体》一书中，本尼迪克特·安德森（Benedict Anderson）认为"报纸和小说是民族的想象共同体的工具，强调普通读者读报的仪式性"——"在这个过程中，他们逐渐感觉到那些在他们的特殊语言场域里面的数以万计甚至百万计的人们属于这个特殊的语言场域。这些被印刷品所连接的'读者同胞们'，在其世俗的、特殊的'可见之不可见'当中，形成了民族的想象共同体的胚胎。"法国社会学家加布里埃尔·塔尔德（Gabriel Tarde）也认为，散居在大范围区域内的人们可以同时在家看同样的报纸，也能够与多数的其他人在同一瞬间共享同一想法、同一情感，而且他们也有清楚的自觉；公众（Public）的浮现是因为人们共同想象了一种同时性，而这种同时性是透过媒介的中介而形成的。[②]

虽然在印刷、电视时代人们就意识到自己处在一种"想象共同体"中，

① 对话旅行青蛙制作团队：让青蛙去做我们做不到的事［EB/OL］.（2018-01-29）.http：//www.xinhuanet.com/local/2018-01/29/c_1122330007.htm?baike.

② 吉见俊哉.媒介文化论：给媒介学习者的 15 讲［M］.苏硕斌，译.台北：群学出版有限公司，2009：6-7.

但新媒体的普及把“仪式”和“共在”的功能真正推广到了全社会。以前我在看报纸时别人同样在看报纸只是一种“想象”，但今天，你在朋友圈转发某个消息表示关注某个公共事件时，朋友的点赞或者转发同一条消息，可以实实在在地证明你们确实在一个共同体中。相比于传统媒体，新媒体不仅具有同时性，还增加了空间在场感。网络世界越真实，对使用者的赋权就越大，网民也就更深层次地参与其中，这个“想象共同体”不是脑海中想象的，而是印刻在脑海中的。

近年来，已经有越来越多的学者讨论社会化媒体的想象力问题。社会学者阿尔君·阿帕杜莱（Arjun Appadurai）不但提出电子社会与大众迁移带来社会景观的变化，更进一步指出新的全球文化过程是“想象力已成社会实践”（Imagination As A Social Practice）。[①] 他强调想象力已进入我们的日常生活逻辑，公众开始将想象力运用在每日生活实践上，而且想象力还是集体的资产，由媒介共在而形成想象的“感受社群”（Community of Sentiment）。“感受社群”比安德森所谓的“想象共同体”更强大的是，它不只作用在国家层面，而且是跨国（跨民族）的、后国家的，具备形成跨地方社会行动聚合的可能性。[②]

（五）赛博空间 + 准同步 = 数字化生存

“赛博空间”（Cyberspace）是由科幻小说作家威廉·吉布森（William Gibson）在 1982 年发表的短篇小说《Burning Chrome》中首次创造并使用的，用来表示由计算机创建的虚拟信息空间。如今赛博空间已经不再是计算机领域中的一个抽象概念，它泛指由信息技术和互联网造就的网络空间或信息空间，这个概念除了涵盖认知、信息及物理基础层面，还包括文化层面的影响。

赛博空间的最重要技术基础就是数字化，数字化可以将任何东西转化

① APPADURAI A. Modernity at large：cultural dimensions of globalization［M］. Minneapolis：University of Minnesota Press，1996：31.

② 同上，第 8 页。

为 1 和 0 这些字节所组成的序列。这意味着所有的图像、声音、文本和数据可以用任何一种想象的方式通过分离组合来生产和销毁。[①] 如果说原来社会的基本单位是原子，那么新媒体社会的基本单位就是比特，数字化成为一种通用的标准语言。

数字化带来了呈指数增长的内容数量，以及内容的生产、传播与消费同步的速度。时间变得比任何时候都重要，尽管新媒体传播永远无法达到面对面交谈的即时性，但也达到了“准同步”的状态。在这种状态下，人们被默认时刻在线，我发送的消息应该被对方看到，也应该被及时回复。

今天，我们共同生活在网络和数字技术打造的赛博空间中，同时又默认为随时在线的状态。“数字化生存”已经成为一种强制性的生存状态，这是新媒体的第五个特征。看看我们身边，减肥的人在吃任何一种食物的时候都想知道摄取了多少卡路里；追求效率的人恨不得自己的每一分钟都被精确安排；在乎健康的人会在出门前查查手机 App 上的 PM2.5 指数；智能手表会每隔一段时间告诉我们应该站起来走两步；智能手环会告诉我们昨晚的睡眠质量有多好；微信还会告诉我们每天走了多少步及步数在好友中的排名如何……一切技术似乎都在向我们宣称，欢迎来到一个可以量化一切的时代。[②]

不过，数字化生存促进了共同体的形成和信息的交流，但也并非完全没有问题。首先，在新媒体中，全方位的互动交流模式还是缺乏的，使用者通常无法互相交换所有需要的信息，甚至视频通话也存在局限，互动严重缺乏，距离感依然存在；其次，新媒体在感知能力上还是相对薄弱的，对图像、声音、数据、文本的集成还存在不同步的现象，“虽然人们可以通过计算机网络进行接触、咨询问题、交换信息和发表演讲，但是却难以

① 梵·迪克．网络社会：新媒体的社会层面［M］．蔡静，译．北京：清华大学出版社，2014：206.

② 董晨宇．黑镜人生：网络生活的传播学肖像．［EB/OL］．https：//m.douban.com/time/column/85/?dt_time_source=douban-web_time.

谈判、决断、解释困难的议题及真正地了解他人"[①]，智能化媒体正在着力解决这一问题；再次，数字化生存在隐私保护上比较薄弱，面对面交流在很大程度上是可以与世隔绝的，但在新媒体中要获得使用权，必须注册用户个人信息和记录使用行为数据，这些都可以被平台所掌握。

社会化关系、流动性、再中介化、想象共同体及数字化生存是新媒体区别于以往传统媒体的本质特征，也正是基于这些特征，新媒体才能对社会、交往及文化产生深刻而根本的影响。

三、新媒体的定义及内涵

本书使用的"新媒体"是一个宽泛的概念，并不限于某一类媒体。对于新媒体，本书从媒体实践角度下一个动态的定义：新媒体指的是集合了信息、利益和社会等关系，提供了在公共空间和私人空间自由流动的可能，在去中介的同时整合以往所有媒体的再中介化，形塑了网络共同体及数字化生存状态的媒介。它包括所谓的社会化媒体（Social Media）、数字化媒体（Digital Media）、移动互联网、智能媒体、虚拟现实、物联网等，但不限于此；还包括数字电视、数据新闻、传统报纸的新媒体客户端等转型后的传统媒体。

从时间上看，新媒体是指新发展出来的技术与媒介，如数字技术、移动互联网、人工智能等，但这并不意味着摈弃过去的媒介。

从本体论上看，新媒体本质上是一种信息和社会的交往方式。新媒介技术的出现改变了我们的信息获取方式和对话方式，出现了诸如公私领域模糊、虚拟与现实互境、去中心与再中心、网络社群、自我展演等交往特点，这是界定新媒体的重要依据。

从认识论来看，新媒体重新定义了话语结构和特征，从而影响了我们对真理和文化的定义，进而影响了我们的认识论。新媒体的"新"还表现

① RICE R E. Computer-mediated communication and media preference［J］. Behavior and Information Techology，1996，17（3）：164-174.

在思维上的“新”，要求受众具备适应不断变迁的传播科技与环境的能力，如：Scenario Planning（针对未来不确定的事先规划），Zineing（在日常中创造自己的工具或实践），Fanfiction Writing（如何挪用流行文化元素进行创作），等等。

人们往往是依照着个人过去的经验来认识当前的世界，麦克卢汉指出：“我们总是透过后视镜来看现在的一切，我们是倒着走向未来的。”人们是以既有经验来面对全新的情况，以至于往往无法在发展初期认识到新媒体革命中最重要的一些功能，一直要到新功能的社会意义全面彰显出来之后，这些媒体的特性才能为世人所充分掌握。纸张、印刷术、火药、罗盘、电话、汽车、收音机、电视、影印机等发明，在使用初期，人们往往未能意识到新产品对社会所可能造成的影响，以至于低估了其重要性。对麦克卢汉而言，媒介改变，社会价值与行动系统也会因而转变，前一阶段的人很难理解下一阶段的社会运作模式，在社会形态上可以说是处于不同世界之中。因此，面对革命性的转变，除了先知性的思想家之外，大多数人都是以旧想法来面对新世界，其局限性可想而知。①

以麦克卢汉的《古登堡星汉璀璨：印刷文明的诞生》（1962）为例，该书写作风格独特，刚问世时没有受到世人重视，一直到互联网络的超链接模式出现，世人才惊觉到其划时代意义，甚至四十五年后的2007年才被翻译成中文。因此，如果只抱持过去理论或是研究方法，在面对信息社会快速发展时，很难真正持平地见到网络社会的构成基础。正如在Yahoo就是搜索引擎代名词时，有谁能预知Google的崛起？而谁能预先想象YouTube及Wiki会制定新的传播模式，开展与过去完全不同的营运模式？如今有20多亿用户的Facebook，是否就是社交媒体的最终形式？信息时代，社会变迁以几何级数模式成长，对10年后的世界，以现有资讯，我们对网络文化所能掌握的不会超过5%。回头看过去20年间的学术论文，传统

---

① 翟本瑞.从社区、虚拟社区到社会网络网站：社会理论的变迁［J］.资讯社会研究，2011（21）：1-31.

社会科学议题的论文研究成果，大多到现在仍然可以接受；而关于资讯社会学及网络文化研究的相关论文，几乎两年之后就已经过时，需要扬弃或至少大幅修改。①

本书中新媒体的范畴是一个动态的概念，所涉及的新媒体理论、实务、案例等也是不断变化的。我们希望既不以“技术决定论”片面理解新媒体带来的变化和影响，又不以“后视镜”理论来认识变迁中的网络社会。如今定义“新媒体”的不再是中产阶级或知识分子，反而是那些拿着智能手机、平板电脑等移动终端的普罗大众。完全在互联网时代出生成长的一代人已经开始涌入职场、市场及社会各个角落。他们善用媒体、购买力强、有协同工作习惯，会将创业精神和政治态度带进我们的世界中。然而，这也是有史以来最难捉摸的一群人，许多我们世代理所当然的事，对网络一代全然不是那么回事；而他们所执着、坚持之事，在我们看来可能微不足道。②

① 翟本瑞．从社区、虚拟社区到社会网络网站：社会理论的变迁［J］．资讯社会研究，2011（21）：1-31.

② 同上。

第三章　新媒体与媒介研究

一、媒介只是媒介吗

关于媒介的讨论，也许可以从离你最近却熟视无睹的场景谈起：书桌。

> 想象自己正坐在书桌前，面对电脑用 Word 程序写作，听着计算机不时发出低沉的运载声，“后台”可能正运行着聊天和音乐播放软件，偶尔也在上传或下载文件。桌上还摆放着一些“历史悠久”的传播工具：几支各种功能的笔，一沓纸，一把剪刀。
>
> 眼前这方寸之地，几千年传播工具进化的成果正在桌上展现。笔、纸及一些比较软性的工具（如论文），问世已久。而电脑、程序，则不过是二三十年左右的新秀。
>
> 我和我书桌上种种传播器物在此时此刻的相遇，岂不正是文明历程的缩影？①

当我们看向腕上的手表，推推眼镜，端详刚刚敲下的文字，媒介的范围便又扩大了一点。此处说的不仅是这三种工具本身，倘若看透时空的背面，我们还能惊讶地发现——媒介早已与我们的观念紧密相连。钟表让人们有了分秒的观念，学会了漠视日出日落和季节更替，因为在一个由分分

① 钟蔚文．玩物之中见创意：以传播工具为例［J］．淡江人文社会学刊（五十五周年校庆特刊），2005：1-16.

秒秒组成的世界里，大自然的权威已经被取代。时钟永不停歇的滴答声，与日出日落这种模糊的测量方式相比，为我们带来一个用数字度量时间的世界。在这个世界中，我们能够准确控制每项工作的时间，实现一种标准化工作模式。美国著名城市规划理论家、历史学家刘易斯·芒福德（Lewis Mumford）甚至直接说，现代工业时代最大的功臣并不是蒸汽机、煤矿、钢铁，而是时钟。[①] 至于眼镜的发明，不仅使矫正视力成为可能，而且还暗示了人类可以不必把天赋或缺陷视为最终的命运，身体和大脑都是可以完善的，甚至说12世纪眼镜的发明和20世纪基因分裂的研究之间存在某种关联也不为过。[②] 对于文字，文学批评家诺思洛普·弗莱（Northrop Frye）认为，书面文字远不只是一种简单的提醒物：它在现实中重新创造了过去，并且给了我们震撼人心的浓缩的想象，而不是什么寻常的记忆。看来，传播媒介是隐藏在历史进程、社会组织和人们感觉意识的变化后面的重要动力。

技术是最经常被客观化的对象，在人们的常识中，技术通常被认为是一种工具，无所谓价值倾向。麦克卢汉在《理解媒介：论人的延伸》一书中提到一位大卫·萨诺夫（David Sarnoff）将军，他在一次演讲中说道："我们很容易把技术工具作为那些使用者所犯罪孽的替罪羊。现代科学的产品本身无所谓好坏，决定其价值的是它们的使用方式。"麦克卢汉显然对这一观点不屑一顾，"萨诺夫将军的话里根本没有什么东西，因为它忽视了媒介的性质，包括任何媒介和一切媒介的性质。"麦克卢汉想说的是媒介的形式有时比内容更重要："任何媒介（即人的任何延伸）对个人和社会的任何影响都是由于新的尺度产生的；我们的任何一种延伸（或任何一种新技术）都要在我们的事务中引进一种新的尺度。"[③]

媒介真的是中性的吗？媒介是如何渗入我们生活中的方方面面来影响

---

① 董晨宇．黑镜人生：网络生活的传播学肖像［EB/OL］.https：//m.douban.com/time/column/85/?dt_time_source=douban-web_time.

② 波兹曼．娱乐至死［M］．章艳，译．桂林：广西师范大学出版社，2004.

③ 胡翼青．论大众传播的历史性与意识形态性：基于技术的知识社会学视角［J］．南京社会科学，2018（3）：112-119.

我们的？在传播学发展初期，学者更多地聚焦于传播内容和影响方面的研究，媒介技术观真正走入主流学派的视野，还要从媒介技术学派的发展讲起。

二、媒介技术学派的思想脉络

（一）伊尼斯：媒介的时空偏向

哈罗德·伊尼斯（Harold Innis）原本是一位经济历史学家，他留给我们的是一种反映经济、道德与传播的超历史意义之间的张力的复合体——跨越到传播媒介的历史之外去思考传播媒介，探索新传播媒介如何改变我们的时间和空间观念。按照伊尼斯的观点，“一种新媒介的长处，将导致一种新文明的产生。”[①] 文明的兴起与衰落基本上都可以被理解为占支配地位的传播媒介的功能。所有的文明都在对空间领域和时间跨度进行控制这一基础上存在，因此我们可以通过有关的空间扩展和时间持续对文明进行反向评价。

伊尼斯这样描述媒介的时空特性影响文明的方式：强调时间的媒介是那些具有耐久性质的东西，如羊皮纸、黏土、石头，质量重的材料适合于发展建筑学和雕刻；而强调空间的媒介往往不那么耐久，比较轻，如纸莎草和纸，适合于经营管理和贸易的广泛领域……强调时间的媒介有利于分散和等级型的制度；而强调空间的媒介有利于集中和等级性质不强的政府系统。对大规模的政治组织如帝国必须从时间和空间两方面去考虑，并坚持克服强调任何一方面的媒介偏向。[②]

概括来说，便是媒介有“时间偏向的媒介”和“空间偏向的媒介”两种，而媒介偏向性会造成文明偏向性。时间代表与历史、传统、宗教及等级制度的发展的密切关系；空间则意味着帝国的兴起、扩张，与现实的世俗政治权力有关。二者一种为显性，另一种为隐性，辩证地看待文明与帝国的

① 伊尼斯．传播的偏向［M］．何道宽，译．北京：中国人民大学出版社，2003：43.
② 切特罗姆．传播媒介与美国人的思想［M］．曹静生，等，译．北京：中国广播电视出版社，1991：167-168.

兴起与衰落。

此外，伊尼斯认为，同一种文明只能在很罕见的历史时期内实现传播媒介的空间倾向和时间倾向之间的平衡。一个安定的社会离不开时空倾向的相对平衡，如古典的希腊、文艺复兴的意大利和伊丽莎白时期的英国，但西方文明现在就由于不能处理好时间持续问题而处于分崩离析的极端危险之中。当代社会过分偏重空间、忽略时间，在扩大空间的同时削减受众反馈能力，将文化同一性强加于人民，造成了文明停滞、动荡和衰落的社会危机。只有遏制现代技术的扩张倾向，创造民主参与途径、发展道德力量才能化解危机。[①]

（二）麦克卢汉：媒介即讯息

麦克卢汉无疑是媒介技术学派中最出名的一个。他是伊尼斯的门生，并对伊尼斯的观点进行了延续与革新。麦克卢汉借用了伊尼斯的媒介时空理论，将其扩展为一种无所不包的社会变革理论。按照何道宽的说法，麦克卢汉是一个“泛媒介论”者，各种技术性的工具和发明，如电灯、车轮、铁路、飞机等在他眼里都成了媒介，都成了人类感觉器官或身体功能的巨大伸延。[②]这也使麦克卢汉能够从研究被传播的信息飞跃到对传播形式本身的研究，开创了媒介环境学派——试图揭示媒介隐含的、固有的符号结构，揭示媒介环境对人的感知、理解和感情的影响，并试图说明我们对媒介的预设，发现各种媒介使我们扮演的角色，以及解释媒介如何给我们所见的东西提供结构。

但麦克卢汉不像伊尼斯那样将兴趣主要放在传播和社会组织之间的关系上，他的论点主要集中于传播媒介对人类感觉中枢的影响上。按照麦克卢汉的说法，新的电子技术“在发展倾向上是有机的、非机械的，因为它作为现世的大胆事业，扩展的不是我们的眼睛，而是我们的中央神经

① 丁梦琪．新媒体语境下对英尼斯传播思想的再思考［J］．新闻世界，2015（9）：220-222.

② 鲍立泉．数字传播技术发展与媒介融合演进［D］．武汉：华中科技大学，2010：6.

系统”。[①]

麦克卢汉还认为，传播媒介的影响并不是出现于有意识的意见和观念的层次上，而是在感觉比例和直觉类型的下意识层次上，与新的传播媒介连在一起的变化是环境性的。他的著名论断“媒介即讯息”，指出媒介的形式比它传播的内容更加重要，真正影响人类行为并借此制约社会变迁的乃是媒介本体的性质。因为作为人体的延伸，任何一种媒介都能给个人事务并通过无数个人给社会带来能力尺度、运行速度或组合模式的变化——这些变化均来自媒介的形态、性质而非内容。然而，新的电子媒介导致的“麻木”“恍惚”“下意识状态”“梦行状态”“麻醉”，也会使人们看不到它的真正意义，“那喀索斯的麻醉”与弗洛伊德的压抑类似，会对中央神经系统进行麻木或麻醉的自我保护。

而麦克卢汉的成熟理论基于一种新版基督教神话之上，他用部落文化（口头文化）、脱离部落文化（表音字母和印刷）、重返部落文化（电子媒介）来代替伊甸园、人的堕落和重返天堂。[②]

“地球村”便是麦克卢汉在此之上，于电视时代继承和发展伊尼斯思想产生的重要成果。麦克卢汉颠覆了伊尼斯对电子媒介的悲观看法。在分析电子媒介的特征时，麦克卢汉认为电子媒介是口头偏向的，具有口语传播的特性。电子媒介避开了印刷媒介的线性风格，在一定程度上体现了口语交流直白、迅速和同步的特点，削弱了印刷媒介的影响力，在人与人之间重新建立联系。在区域地理范畴内，移情式的交流再度出现，理性逻辑、学科分界、等级体系与代议制度亦不断衰微，取而代之的是对“强盗逻辑的厌恶情绪”及人们对“总体性”和“深度知觉”的渴求。“口头文化在电子时代复活了”，人类“重新部落化”——村落式的口语传播形态，村落覆盖整个地球。

① 切特罗姆．传播媒介与美国人的思想［M］．曹静生，等，译．北京：中国广播电视出版社，1991：191.

② 同上。

麦克卢汉将电视视为重归部落文化的进程中一种关键的新媒介，进行了深入研究。电视作为中枢神经系统最新近、最壮观的电力延伸，施予人的影响不仅与强调同一性、同质性的印刷媒介截然不同，而且与电影也不同。“看电影时，你坐在那里看屏幕，你就是摄影机的镜头；看电视时，你则是电视屏幕，你是透视中的消失点，像东方画里的消失点一样，画面在你的内心放映。看电影的时候，你向外进入世界；看电视的时候，你向内进入自己。”①

麦克卢汉还指出，电视是一种“冷”媒介——这种媒介所传达的内容含义不太明确，需要受众的更大参与，而电视恰恰需要观众来完成画面，填补空隙。“热”媒介，如照相、印刷物、电影和无线电广播，则极其明确地把一种单一的感觉加以扩展，留下需填补的空白很少。

除“媒介即人的延伸”外，“媒介的内容是另一种媒介”“媒介后视镜”也是麦克卢汉的著名理论。“媒介的内容是另一种媒介”即当人们使用一种新媒介时，往往将某种旧传播模式照搬为新媒介的内容；“媒介后视镜”意指人们倾向于穿越当下，直接进入未来，再通过后视镜往回看，亦即新媒介及相关现象往往是在旧框架中被我们接纳的。随着电子时代的到来，我们都生活在一个“虚构的整体”世界里，行动与反应往往同时进行，而“我们却总是按照前电子时代的陈旧时空观念思考问题”。

麦克卢汉的“媒介四定律说”在今天的新媒体时代也依然有效，其主要内容如下：

围绕任何一种媒介形式，我们都可以提出四个问题：（1）这个媒介提升或放大了文化中的什么东西？（2）它使文化中的什么东西靠边或过时了，又使什么东西凸现和增强了？（3）它再现了过去的什么东西，又使哪些基础性的东西得到恢复、成为新形式中所固有的内容？（4）当这个媒介达到极限之后，它的原有特征会发生逆转，而其逆转的潜能是

① 麦克卢汉，秦格龙．麦克卢汉精粹［M］．何道宽，译．南京：南京大学出版社，2000，中译本序．

什么？[①]

麦克卢汉无疑是现代传播学发展历史上最富特色的理论家，主要是因为他的理论完全打破了习惯大众传播媒介原有的观念，开拓了新的思维空间，却也具有内在的矛盾。[②]他在20世纪60年代避开标准的经验主义方法，提出了一套激进的传播媒介理论，在北美及全球掀起了轩然大波；80年代逝世前后，他在一般的学术界和社会领域悄无声息，淡出历史舞台；90年代，尤其是随着网络时代的崛起，他重新吸引了媒介、公众和各类研究者的目光。人们发现，麦克卢汉的种种预言竟在他过世十几年后统统变成了现实，社会的转型恰是按照他所“规划”的路线前进的：青少年的“重新部落化”在MTV和Woodstock音乐节得以验证，其指出的边界消解与社会体系变迁结果更随着柏林墙的坍塌和冷战的终结准确得令各类专家咋舌；人们开始通过他预言的方式与“虚幻”的网友交流，地球真正被连接成“地球村”……《连线》（*Wired*）杂志将麦克卢汉尊为“守护神”，学界开始高度关注赛博空间，一如刘易斯·莱潘（Lewis Lapham）在《理解媒介：论人的延伸》三十周年纪念版所写序言中说：“在1994年再看麦克卢汉的观点，要比1964年时更具解释力。”麦克卢汉深刻影响了当今人对“媒介”及“信息时代”的理解与接受，其著作后现代式的内容与形式尽管一度在风格上略显怪异，但抛开著作自身晦涩的外壳，麦克卢汉确实清晰并准确地预示了社会与世界激动人心的结构变迁过程——时空经验的变迁、边界与边境的变迁、公共与私人意识的变迁、媒介内容的变迁，而其独特的对于“工具”的思考，也对其后的数代学者有着深远的影响。

（三）波兹曼：媒介即隐喻

美国媒体文化研究者和批评家，《童年的消逝》《娱乐至死》的作者尼尔·波兹曼（Neil Postman）非常赞同麦克卢汉“深入一种文化的最有效

① 麦克卢汉，秦格龙．麦克卢汉精粹［M］．何道宽，译．南京：南京大学出版社，2000，中译本序．

② 郝朴宁．麦克卢汉悖论［J］．云南师范大学学报（哲学社会科学版），2001（4）：96-99.

途径就是了解这种文化中用于会话的工具”的观点，但他对电子媒介创造出的流行文化持批判态度。波兹曼继承并修正了他的老师麦克卢汉“媒介即讯息”的理论，提出“媒介即隐喻”的观点。

波兹曼认为，传播媒介从来都不是中性的，它本身有一套专门的代码和语法系统组建的符号环境。和麦克卢汉认为媒介对人的感官和社会变迁将产生决定性影响相比，波兹曼的观点虽然也强调媒介的社会影响，但明显更客观、更中立。“媒介即隐喻”的第一层意涵是“隐”：人们使用任何媒介，都会无意中适应媒介本身的这一符号环境，也就是人们从媒介本身所定义的符号世界中思考和感知这个世界的过程。换句话说，媒介的影响是潜在的，不自觉的。“媒介即隐喻”的第二层意涵在于“隐喻”（Metaphor）：隐喻是通过把某一事物和其他事物做比较来解释该事物的实质，媒介是一种认识的中介，通过隐喻作用为思考、表达思想和抒发情感的方式提供了新的定位，用一种隐蔽但有力的暗示来定义现实。“媒介即隐喻”的第三层意涵是媒介通过影响我们的会话（Conversation）形式，从而影响了文化，而非社会的所有层面，“我们的语言即媒介，媒介即隐喻，隐喻创造了我们的文化。”①

在论述电子媒介给美国本土文化带来的影响时，波兹曼认为媒介对文化的影响是无形的，但渗透是全面而广泛的。电视正在把文化变成娱乐业的舞台，所有的内容都以娱乐的方式表现出来，目光紧盯着电视画面的人们就像是一个“娱乐至死”的物种。和许多人想象的不同，波兹曼其实并不是完全批判电视带来的娱乐化，他自己也承认，“我对这些（电视）所谓的垃圾的喜爱绝不亚于其他任何人……而且在生产垃圾这一点上，电视的资历还远比不上印刷机。”② 波兹曼并不是在攻击电视，而是电视带来的认识论，“随着印刷术推至我们文化的边缘及电视占据了文化的中心，公众话语的严肃性、明确性和价值都出现了危险的退步。”③

---

① 波兹曼．娱乐至死［M］．章艳，译．桂林：广西师范大学出版社，2004：18.

② 同上，第 20 页。

③ 同上，第 36 页。

波兹曼认识到，电视只是更为巨大的技术系统中的一部分，计算机才是今天技术文化的表现、工具和象征。计算机是我们这个时代的统治性隐喻，它暗示了一种新的与信息（工作、权力和自然本身之间）的关系，并由此界定了我们这个时代。计算机所代表的新的传播技术神奇般地增加了我们文化中信息传播的容量，削弱了那些通过印刷话语所建立起来的秘密和私人的观念，导致了信息过载和无法加工、控制，从而也就使得信息防御系统的崩溃成为技术垄断在电子媒介时代最为突出的表现。在信息技术落后的时代，每一种信息都会给人们的行动甚至思想带来指引，为人类控制世界提供帮助。但是，当信息量远远超出我们的消费限度，并且对我们解决自身的问题毫无帮助时，信息就变成了垃圾，而我们成了垃圾的收集者。最严重的还在于，我们对技术所带来的信息过量毫无防御和控制之策，精神的安宁和社会意志面临崩溃。技术垄断使人们失去了中世纪思考和理性的传统，因为技术把价值观强加于我们，改变了我们文化中最基本的思考模式，同时也改变了我们置身其中进行思考的人类精神传统、理性和历史。他认为可以通过恢复人们关于家庭、宗教和西方文化的传统叙述，从而控制技术垄断。①

对于基于电脑技术的网络媒介，波兹曼保持了一贯的谨慎态度："我们要记住不用电脑的情况下能够做什么，这一点至关重要。要提醒自己注意，在使用电脑的时候可能会失去什么。"② 波兹曼认为面对一种媒介技术时，应该去主动质疑它——他提出了一系列的人性关怀的问题，来教导我们如何去理解和认识一种新媒介，在网络时代，掌握以下批判性看待新媒介的方法显然变得更加重要：（1）一种媒介在多大程度上有助于理性思维的应用和发展；（2）媒介在多大程度上有助于民主进程的发展；（3）新媒介在多大程度上能够使人获得更多有意义的信息；（4）新媒介在多大程度上提高或减弱了我们的道义感，提高或减弱了我们向善的能力。③

① 李晓云．尼尔·波兹曼与媒介生态学［J］．新闻界，2006（4）：84-85.

② 波斯曼．技术垄断：文化向技术投降［M］．何道宽，译．北京：北京大学出版社，2007：111.

③ 林文刚．媒介环境学［M］．何道宽，译．北京：北京大学出版社，2007：47.

（四）梅罗维茨：媒介情境理论

约书亚·梅罗维茨（Joshua Meyrowitz）师从波兹曼攻读媒介生态学，架构其传播理论的两块基石分别是麦克卢汉的传播媒介理论及社会学家戈夫曼的剧场理论。麦克卢汉曾经预测：当西方社会的主导媒介由书籍、报纸、杂志向广播、电视转变时，社会将随之发生激烈的变革。但梅罗维茨认为，麦克卢汉"没有说明电子媒介能够引起广泛社会变化的原理"，并决心弥补这一缺憾，具体解释社会主导媒介的变革如何改变人们的行为方式。在他看来，戈夫曼的"场景"因素可以作为一个中介变量，在媒介形态和行为方式之间架起桥梁。[①] 梅罗维茨进而提出了"媒介情景理论"：媒介的变化导致社会环境的变化，从而决定人们的行为。

梅罗维茨大量阐述电子媒介到底如何促成情境的变化，从而在人们行为变化乃至社会变化的过程中扮演决定性的角色。他注意到，由于电子传播媒介的普及，情境形式正在发生变化。

首先，电子媒介模糊了前后台的界限，并把特定场景内的表演暴露给了场景定义之外的观众。举个简单的例子，假如孩子通过电视知道了成年人的后区行为，父母也知道孩子知道他们的后区行为，可以推断，这些"秘密"的曝光会导致家长与子女之间的交往方式悄悄发生变化，至少会在一定程度上消解家长的权威性，他们的老生常谈也会一定程度上显得无效甚至愚蠢。梅罗维茨的结论是：电视使我们失去了以往的"方向感"，人们的社会行为变得不"前"不"后"，出现了大量具有"中区"特征的行为。

其次，由于电子传媒的传播具体生动且能展现事件过程，"公域"和"私域"的界限有时也难以界定。人们可以利用媒介观察到别人的私人行为，梅罗维茨称之为"公共情境"合并"私人情境"现象。这正如后来的学者所言："人们借助电视、视盘、电影可以窥视他人的生活乃至犯罪的过程、性与暴力的过程。人们的私有空间成了媒体聚焦之所，整个世界方方面面的事

① 李明伟．媒介形态理论研究［D］．北京：中国社会科学院研究生院，2005：28-29.

又不必要地展现在家里。”[①] 社会某种程度上处在一种“透明”的状态之中。

另外，电子传媒引起社会场所对自然场所的分离。电子媒介重新界定了社会“位置”和“地域”的概念，将体验和物质地点分离开来。[②] 在此基础上，梅罗维茨得出了这样的结论：旧有情境界限的打破，有关情境的一些旧有方式的连接、结合的消失和新的分离的产生，都使情境形式产生变化，出现了许多原本分开的旧情境、范畴合并的现象，导致了新情境的形成。与面对面交往融合的情形不同，电子媒介的混合场景持续时间相对要长且不可避免，所以其对社会行为有更大的影响。[③]

（五）莱文森：新新媒介

“1975 年至 1978 年，在纽约大学攻读博士的研讨班上，梅罗维茨与我邻座。这个博士点叫‘媒介生态学’，由波斯曼主持。我们逐渐建立了深厚的情谊，从细节问题的激烈争论发展到终生的友谊。我们认识到，我们对媒介世界的看法基本相似。我们核心的视野是从麦克卢汉学来的。”[④]

20 世纪末，随着数字时代的来临，媒介环境发生了巨大的改变，生活在数字媒介时代的保罗·莱文森（Paul Levinson）一方面承袭了麦克卢汉的学术思想脉络和修辞叙事风格。实际上，莱文森对麦克卢汉的解读无出其右，他也被誉为“数字时代的麦克卢汉”。在他看来，麦克卢汉至少给我们提供了一个理解数字社会的框架。但是，这些思想仅仅是“导航的线索、环境的轮廓”[⑤]，而非数字社会的细节和全部。莱文森结合数字媒介的传播特点，对麦克卢汉的思想假说进行了修正和发展。比如，他把麦克卢汉的“地球村”分为传统地球村和赛博空间地球村，又把传统地球村一分为

---

① 周宪．世纪之交的文化景观［M］．上海：上海远东出版社，1998：227.

② 莫利，罗宾斯．认同的空间：全球媒介、电子世界景观与文化边界［M］．司艳，译．南京：南京大学出版社，2001：178-179.

③ 梅罗维茨．消失的地域：电子媒介对社会行为的影响［M］．肖志军，译．北京：清华大学出版社，2002：4.

④ 莱文森．数字麦克卢汉：信息化新纪元指南［M］．何道宽，译．北京：社会科学文献出版社，2001：25.

⑤ 同上，第 2 页。

二——广播地球村和电视地球村。他说，广播地球村是儿童的村落，因为广播只允许听不允许说，电视是窥视者的村落，赛博空间是参与者的村落。莱文森认为，真正再现“地球村”之“声觉空间”特点的，是赛博空间而不是麦克卢汉所认为的电视。“因特网把‘地球村’变成了货真价实的比喻。换言之，它把‘地球村’从比喻变成了接近于现实的白描。”①

另一方面，与波兹曼的消极和麦克卢汉的克制相反，莱文森对媒介发展持积极的态度。他对人在电子媒介构建的传播过程中的主观能动性给予了充分的肯定与强调。麦克卢汉曾认为，人被电子媒介变成无形无象之人“发送”到世界各地。莱文森对此并不赞同，他认为是人在积极主动地驾驭媒介、发号施令、创造内容，他同时提出数字媒介时代传统“把关人”概念被淡化，用户兼具传者和受众的双重身份，拥有了更多的自主权和选择权，并因此乐观地认为，“因特网是传播的民主化。”②

莱文森提出的“人性化媒介”观点认为，媒介具有自身的演化的特性，其演进的方向和形态无一不是为满足人类的需求而改变，未来媒介的发展将越来越符合人性。所有这些都是因为，人类能够有意识地运用理性来控制媒介的演化过程，使之向着符合人性的方向前进。随后，更进一步从进化论视角切入，指出媒介的进化也是由人的需要和理性主宰、指导并加以选择的，“人决定媒介的演化”，“人性化趋势”是媒介发展的最终方向。

莱文森最著名的观点是对于“新新媒介”的概念划分，他提出了当代媒介的三分说，即媒介可分为旧媒介、新媒介及新新媒介。

互联网诞生之前的一切媒介都可划分为旧媒介，它们的空间和时间不会变动，比如书籍、报纸、杂志、广播、电视、电话、电影等。书籍里的知识锁死在一个地方，不去翻检就不能获取；报纸、杂志有周期，出版之前只能苦等；电影、电视有节目表，不到时候你就看不到。旧媒介的突出特征是自上而下的控制、专业人士的生产。

① 莱文森．数字麦克卢汉：信息化新纪元指南［M］．何道宽，译．北京：社会科学文献出版社，2001：97.

② 同上，第 21 页。

新媒介指互联网上的第一代媒介，其特征是：一旦上传到互联网，人们就可以使用、欣赏，并从中获益，而且是按照自身意愿的时间，而不是按照媒介确定的时间去使用。电子邮件、亚马逊、留言板、聊天室等都属于新媒介。

新新媒介则指互联网上产生于20世纪末、兴盛于21世纪的第二代媒介，其特征和原理是：（1）其消费者即生产者；（2）其生产者多半是非专业人士；（3）个人能选择适合自己才能和兴趣的新新媒介去表达和出版；（4）新新媒介一般免费，付钱不是必需的；（5）新新媒介之间的关系为既互相竞争又互相促进；（6）新新媒介的服务功能胜过搜索引擎和电子邮件；（7）新新媒介没有自上而下的控制；（8）新新媒介使人人成为出版人、制作人和促销人。①

莱文森认为："点燃技术发展的烈火往往来自技术之外，社会、经济、媒介甚至是物质条件汇合成为辅助技术发展的外部条件。"②据此，莱文森提出了"补偿性媒介"理论，即任何一种后继的媒介都是一种补救措施，是对过去的某一种媒介或某一种先天不足的功能的补救和补偿，这也是媒介发展的最大动力。印刷是文字对口头传播的补救和补偿，并可以跨越时空；广播是声音对文字和口头传播的补救和补偿，使即时性的远距离传播成为可能；电视是图像对声音、文字和口头传播的补救和补偿，又为广播无法看到图像的遗憾提供了补偿；而互联网的出现使媒介变迁开始"另起一行"，它不在过去媒介发展的延长线上继续，莱文森说，互联网"将一切媒介作为自身的内容，成为一切媒介的媒介"，它成了"母媒介"。③

上述学者都是媒介技术学派的代表性人物，通过回顾他们的思想，我们可以更为清晰地考察电子媒介，尤其是数字媒介的出现给整个媒介环境学理论体系带来的冲击与变化。尽管有着相似的理论重心和较为连贯的研

① 莱文森．新新媒介［M］．何道宽，译．上海：复旦大学出版社，2014：4.

② 莱文森．莱文森精粹［M］．何道宽，译．北京：中国人民大学出版社，2007.

③ 徐立军，王玉飞．2018年中国传媒的基本面与机会点［J］．现代传播（中国传媒大学学报），2018，40（1）：17-21.

究脉络，但就媒介影响的观念而言，他们相互间还是存在着明显的区别——就考察的被影响客体范畴来说，越来越关注从群体到个体的影响；就对各种影响所持的感情色彩而言，呈现由超然到悲观再到乐观的趋势，这与他们所处的时代及技术发展有密切联系。总体来看，可以将伊尼斯称为前电子媒介时代，麦克卢汉和波兹曼处于过渡时代，梅罗维茨和莱文森列入电子媒介时代。

总的来说，前电子媒介时期学者的视野较为宏观，侧重于考察一段时间内较大范围的人类集体，包括民族、国家或宗教团体，从整体上将媒介技术演变带来的社会影响阐释给读者，因其研究对象的历史性而使其所持的态度较为超然中立，更倾向于以一种冷静客观的方式将之前不被重视的关系提炼、呈现出来，其所总结出的影响范式也较为直接和概括。这既与其学科开创者的地位相关联，亦从一定程度上揭示了前电子媒介时代给身处其中的学者留下的刻印。

过渡时代学者的视野开始从宏观向中观转变，已经注意到社会层级、年龄阶段及与各类媒介接触情况的不同所带来的个性因素的存在：所研究的目标人群不再是笼统集合，而是按照不同标准划分的小群体；所研究的事例也由大的历史事件转向身边正在发生的现实。这种转移加上研究的进一步深入细化，使这个时期的学者对媒介的影响无法继续保持超然态度，他们感知到了电子媒介的巨大威力，对人的主观能动性有着深深的无力感。麦克卢汉在对电子媒介的热情支持背后潜藏了对其社会心理影响的不信任，波兹曼则更进一步，对电子媒介带来的社会文化后果持悲观和忧虑态度。他们试图通过对前后两个时代的对比提醒人们应该对媒介技术保持警醒，这既符合他们在学派中承前启后的历史角色，又同其所处的过渡时代电子媒介粗放且缺乏限制的发展状况密切相关。

到了电子媒介时代，学者的视野更为细致。莱文森的细致体现在新新媒介这一概念上，他没有遵循过去以物理技术形态命名媒介的传统，而是将互联网成熟后的一系列媒介应用形态用一个相对性的称呼包裹起来，并在具体阐释中不厌其烦地一一列举。梅罗维茨的细致则体现在其所关注的客体在前人的基础上进一步细分，更具个性化特征，甚至深入具体的社会人和日常生活。此外，梅罗维茨所提出的概念及采用的研究范式，更进一步将媒介环境学的理论体系延展至社会生活及变革的微观层面。这一时期的学者赞同软技术决定论，对人的理性更具信心，认为技术终须在人的参与下发挥影响，整体持技术乐观主义态度。这与他们对自己所研究的新媒介了解更多、切身体验更深刻是分不开的，也为他们成为媒介环境学的继承人和发扬者提供了必不可缺的条件。①

三、新媒介、技术与文化

我们在前文中从历史逐步走近当下，梳理媒介技术学派的思想脉络，尽管媒介技术学派对技术的发展和影响具有深刻的洞察，其观点也极富预见性。但今天的数字化、社会化媒体的发展依然具有自身的特性，本节我们将向前一步，梳理新媒体时代媒介研究的思考。

（一）屏幕文化、浅层与中介化②

英国泰特现代美术馆的媒体馆内树立着一件作品，艺术家切尔多·梅雷莱斯（Cildo Meireles）把几百个二手收音机搭成环形塔柱，把每个还能工作的收音机都调到不同频率和最低音量。不用说，这些声响会互相干扰、竞争。站在塔前，你能感受到刺耳、持续的声响带来的从未到达过的信息、音色和音乐。

在西方的文化里，通天塔（Babel）和人类的交流有关，而这部作品给我们展现的是：今天我们通过媒介来进行交流，无所不在的媒介既给我们带来沉浸式的体验，也给我们创造了新的世界和真实，我们受制其中，无所

① 张凌霄．媒介环境学派的媒介影响观变迁：以媒介技术为视角［J］．当代传播，2016（6）：37-40．

② 梵・迪克．网络社会：新媒体的社会层面［M］．蔡静，译．北京：清华大学出版社，2014：208-214．

遁逃。梅雷莱斯的作品仍然适用于今天，只是收音机变成了电脑、平板电脑、手机等各种屏幕——新媒体时代，屏幕或显示器在文化表达中日益占据中心地位。相比于文字或独立的音视频，屏幕包含的信息更多，展现的方式更逼真、更复杂。因此，在新媒体时代，屏幕文化并不会造成“阅读”和“倾听”减少，而应该担心的是“交谈”与“写作”，以及它们所要求的“行动”和“主动”。普遍存在的屏幕已经入侵工作和休闲，减少在其他场合放松和面对面交流的可能性。因为在休闲时间里，人们依然做着屏幕工作者的事。这是屏幕文化的第一个特点。

图 3–1　Babel（通天塔），作者 Cildo Meireles，2001 年，收藏于英国泰特现代美术馆

屏幕文化的第二个特点是信息被以一种适合（或部分适合）屏幕的短块方式压缩。大量长篇的背景信息并不可行，要点或摘要等适应屏幕的改造更受欢迎。为了阻止人们的注意力分散，屏幕尝试提供更短、更有力的刺激。短而令人深刻的新闻瞬间、微电影或者视频片段中快速的动作镜头和耀眼的表演秀受到青睐，背景分析和反思显得格格不入。为了吸引人们的注意力，传播内容在生产和传播前已经被设计好自动适应屏幕的特点。

屏幕文化的第三个特点是跨屏幕或融媒体带来确定情境的消失，人们在一个整合媒体里同时处理不同类型的交往，这可能产生认知失调或互动错位。例如传统时代，人们认为电视、报纸等大众媒体可信度很高，但相比于意见领袖或朋友来说，后者更可信。然而在屏幕整合的时代，电视、报纸、自媒体、朋友信息等都同时聚集在一个屏幕里，信息的类型和来源被模糊，人们可能难以判断该相信哪一类信息。

屏幕的普遍存在带来的最基本后果就是透过玻璃和摄像头来观看世界，旁人的观察视角及屏幕中介互动代替了直接的观察和互动。这恐怕是危险的，人们开始一种人造现实的生活，越来越依赖由媒体提供的影像，也就越来越局限在新媒体所塑造的赛博空间里。正因为如此，梵·迪克认为，屏幕不仅仅是面向我们世界的一扇窗户，而且是我们的第二道门——一扇离开和进入我们家的最重要的门。

（二）数字文化、碎片和拼贴

数字化既是新媒体的特征之一，也是其带来的一个重要影响。这一场数字革命，令上至整个人类世界的价值观和生存方式，下至不被留意的日常碎片等几乎任何东西都具有了转化为“0”和“1”的能力。这些单独的字节所构成的序列，可以非常轻易地以数据的方式转移、恢复、储存、销毁，它重构的图像、声音和文本等——我们称之为数字化的模拟源，也就可以无限制地分裂，或是依凭想象随意地分离与组合。①

首先，在上述典型的模拟源加工和数字化过程中，文本变得支离破碎。传统意义上，文本——即有意义的话语，被广泛理解为意义的载体，在修辞学和诠释学的意义上，往往与层状、网状及圈状形态的复合式结构紧密相连。新媒体颠覆了传统的话语结构与文字处理方式。原来，文本存在着既定的尖端结构，争论需要提前构建好，再被分成不同的主题、项目和段落。但数字载体上，段落却可以在以后被轻易地修改，而此类的增添或删减，

① 梵·迪克.网络社会：新媒体的社会层面［M］.蔡静，译.北京：清华大学出版社，2014:208，223-225;延森.媒介融合:网络传播、大众传播和人际传播的三重维度［M］.刘君，译.上海：复旦大学出版社，2012：93.

很有可能导致一些争论过程的缺失，越来越多片面的话语片段被截取出来广泛流传，可相对地，却很少有人愿意回归到原来的语境去探寻真实的意义。

其次，数字化改变了互联网的结构。在使用互联网的过程中，使用者不仅与文本本身进行交流，在数字技术的影响下，更结合成了一系列明确的、可操作的结构，出现了“超文本性”“超媒介”的形态——典型例子便是我们所熟悉的超链接。网址的内容在多个页面出现，将各种以计算机为中介的文本和应用相互联系。这打破了线性的内容处理方式，通过跳跃的、交互的链接，在思维、信息处理、记忆和学习上把它们转变为联想模式，使得组织与标记交互式故事或信息的索引、搜索及整合变得十分容易。

最后一点来自由互动程序处理的影音文化内容。如音乐，在数字媒介载体上，也不可避免地被解构了，它可视为由单独的、累计的层次和可以被轻易分离、操纵、抽样和重组的片段组成。在制造音乐的互动程序中，每个基础项目都是预先设计好的程序分块和运行系统，其分开与重组都能创造一个更区别化和标准化的文化。创造音乐从此不再是创意性的工作，而变成了模块化的拼贴。对很多传统艺术家、设计师和制造者而言，这无疑破坏了他们眼中艺术的独特性和创作的连贯性，瓦尔特·本雅明（Walter Benjamin）所谓的“灵韵”（Aura）在更深层次上被彻底瓦解了。不过，对于阅听人和非职业人士来说，这为他们创造自己的拼贴作品提供了机会。在艺术大规模机械复制的年代之后，我们正在进入一个鼓励人们用各种文化遗产的碎片拼贴出“自己的”艺术品的时代（如抖音、快手等短视频App），创造力被投入一个完全不同的视角当中。

（三）高速文化、流量与迭代

历史上，人类对速度的要求由两方面决定：一为经济动机——以实现资本主义社会里工作时间剩余价值的利益最大化；二为对组织效率和不断消费的追求——希望自身需求可以及时履行。这些由技术力量的快速增长所驱动的动机被称为“速度文化”。如今，数字技术的革新很大程度上促进了信息在生产、分散和消费上的增长。随着硬件的不断发展，“高速”已经成为当下最重要的字眼之一。高速计算机、高速线路（4G 乃至 5G 移动网络）、高速下载，我们对速度的渴望水涨船高，对时间的渴求也更加激进。我们在创造和满足新需要的同时，对节省时间也有着不懈的追求。

为了在有限的时间内吸引到用户注意力，如今越来越多的信息以更频繁、更快速的方式来进行传递，注意力被转化为流量。为了追求快速，生产者不可避免地需要使用预设的、模式化的产品，使得使用者能领悟到的文化十分肤浅。相应地，由于形象化的内容可以比言语、文字和数字被介绍和消费得更快，图形的、视频的模式便获得了日益上升的重要性，伴随着图像和声音的文本开始以牺牲口头和书写为代价获得地位，相对被动的感知模式也将会更流行。时下流行的短视频 App（如快手、抖音、梨视频等）正代表了这一趋势。

语言形式同样在追求快速高效的影响下发生了变化。我们使用越来越多带有无数省略的术语，它们以一种不连贯的形式出现，并由特定的情境与使用群体决定。句子结构被简化了，形容词和短语增加了，这导致了信息的分解，但至今仍未发展出为大多数人接受的标准。[①]

速度文化也会带来一定的社会压力，正如今天尽管没有人要求你的手机要 24 小时开机、微信要随时在线，但你依然会在非工作时间接到各种电话、信息和任务——你被默认是在线的。即使我们可以拒绝在线会话或即时回复，而选择不同步的回复，你依然会感受到对方对你即时在线的期待。当相关的人和设备无法实现这些期望时，交流的行为与效果便大打折扣。由于新媒体“随时随地都可用”，这种高速文化会带来时间上的紧张感，以及强制在线的无形压力，这也是为何人们会频繁不自觉地查看手机的一个原因。

速度文化还带来了迭代和遗忘。这是一个翻页的社会，公共事件的关

① 梵・迪克．网络社会：新媒体的社会层面［M］．蔡静，译．北京：清华大学出版社，2014：208-214.

注和讨论周期不会超过一周，甚至三天以内就会被另一个事件所“翻篇”，越来越多的“烂尾新闻”出现在我们面前——前期讨论热烈，后期无疾而终。“上头条”“争热搜”，为了配合热度，相关的讨论和分析也是匆匆写就、流于肤浅。公共事件在经过社交媒体的讨论和主流媒体的报道后，看似得到了平息，但这样的新闻往往只是一种表面上的共识，一段时间后类似新闻再次发生，又会重新引发讨论。新媒体在增加社会能见度的同时，也制造了遗忘。

（四）社交文化、控制与人机互动

交互性经常被当作区分“新”数字媒介和“旧”模拟形式的基准。传统的媒介以单向线性传播为主，受众在传播中始终处于“你登我读”“你播我看”的被动地位，信息的传送具有明显的实时性特征，受众没有选择的权利，也没有参与的自由。而新媒体的交互性则使得用户能够对和媒介之间的相互作用实现较高程度的控制，形塑媒介以适应个人的偏好，从而得到交互式的体验。这种交互可以划分为四个层次。

最基本的层次为传播中双方或者多种角度共存的可能性，亦即传播中的空间指向。最基本的例子便是用户在互联网上既进行下载操作，又进行信息上传。

第二个层次是共时性——时间指向。伴随着带宽的增长，大部分互动媒体都能实现流畅的实时沟通，但也有部分互动媒体在传播和接受上是具有异步性的。尽管牺牲了互动的即时性，但制作和收取信息的时间和地点都可以自主选择，人们也有更长的时间来考虑答复，最终完成互动。

当多维性和共时性得到保证后，便进入了第三个层次——互动控制。这也是媒介和传播研究中最重要的维度，其中蕴含着权力分配的问题。[①]新媒体比传统媒体更易于互动，这是因为新的沟通科技让我们越来越能掌控如何、何时及与谁互动——巴隆称之为“量控制”（Volume Control），

① 盖恩，比尔.新媒体：关键概念［M］.刘君，周竞男，译.上海：复旦大学出版社，2015：83-96.

这助推其传播模式从单向的训示模式转变为协商、注册和交谈模式，使得权力平衡向受众和需求方面倾斜。

人们宁可发短信而不愿交谈，是因为如此可以控制花费的时间——进而可以控制自己的时间表。当生活中有沟通时间和量的问题时，我们必须采取控制沟通的方法。因此，控制关系变成数字化沟通的一个重要主题。这就是有时候我们会感到孤单的原因——因为控制关系未必是让你感觉亲近的关系。①

互动的最高层次是包括所有参与者在内，在传播内容和理解上的互动。交互性以“善于制造类似人际交流的交互能力而著称”，这其中暗含将新媒介技术人格化的趋势，从某种意义上，是将新媒介技术理解为真实世界里人与人交互的镜像。这一精神指向对人机交流、人工智能领域有着重要的意义。

随着移动设备的增多，交互性进一步许诺把用户从传播的物理限制中解放出来。史蒂芬·格拉汉姆（Stephen Graham）将此称为“任何事情—任何地点—任何时间的梦想”——即交互性将能确保在任何条件下，用户和机器之间都能保持通畅、无限制的交互活动。

（五）融合文化、场景与感官统一

新媒体最重要的结构特征在于：它是电信传播、数据传播和大众传播在一个介质中的集成，这是融合的过程，因此，新媒体常被称作“多媒体”。通过对影像、声音、文本和数据在单一媒体中的整合，新媒体综合、汇流、集成的特征创造了以往媒介难以实现的功能。

但梵·迪克认为，这并不意味着数字媒体的完整融合及单独的旧媒体的消失。② 旧媒介只是逐步、部分地被新媒介取代，更多情况下，新旧媒介都在日益综合以下功能：信息、传播、交易、娱乐、社交、教育和身份

① 特克尔．群体性孤独：为什么我们对科技期待更多，对彼此却不能更亲密？［M］．周逵，刘菁荆，译．杭州：浙江人民出版社，2014.

② 梵·迪克．网络社会：新媒体的社会层面［M］．蔡静，译．北京：清华大学出版社，2014：208-214.

建设……在一定范围内，它们在功能上大致相同，相互参考对方内部的程序或服务，甚至直接进行结合，出现所谓“媒介融合”的现象。由于数字媒介技术具有明显进步性，传统媒介感受到生存的压力，于是自觉地开始引入数字传播技术体系，从内容制作、传播渠道和终端设备三方面展开数字化进程。

在新媒体时代，媒介自身特殊的传播能力反而变得更加重要，在信息和媒介形式泛滥的环境中，只有真正符合我们在特殊场景中的特定需要的媒介才能得到使用。例如，我们在起居室会使用家庭影院，而在厨房和汽车里更倾向选择广播作为背景设备；走路时使用便携通信工具，而工作时需要更先进的信息和计算机支持。

但这些特定功能的媒介实际上很少被单独使用，而是和其他媒介连接使用以实现多个任务的同时进行。智能手机出现后，多任务被完美地整合到单一媒介中，连接使用的麻烦也被技术成功解决了。各式各样的人工智能助手更试图跨越平台，使人只需要通过对其操作便能后台自动连接多个媒介终端来进行协作。这使媒介内容形态逐渐摆脱了与终端设备之间的固定对应关系，终端也逐渐具有了更贴近人类的聚合表达能力。今天，几乎所有的新媒体都强调构建“生态”和“云”的概念，便是对终端融合的重视和发掘。

媒介毕竟是从人类机能上发展出来的，而在人类自身感官系统中，所有的感知交融在一起。因此，如果说，人类先是通过发展科技把各种感官独立出来进行延伸，让人类的感知能力扩展到更大的范围和更久的时间上，那么从更宏观的角度上讲，媒介发展必然要符合人类感官的习惯，各种媒介的形态融合便也是媒介发展的必然趋势。[①]

（六）档案文化、标签与记忆

数字媒介时代的档案正日益呈现网络化结构，前所未有的大量数据得

① 鲍立泉．数字传播技术发展与媒介融合演进［D］．武汉：华中科技大学，2010.

以储存、获取和加速传播，新媒介技术改变了我们创造、访问和储存信息的方式。[①]

某种意义上，互联网可以被视为当代世界一个内含无限空间结构的独特元档案，绝大部分日益复杂的、用户生成的媒介应用都是在线的。在这个空间里，被储存其中的档案带有标签，并且彼此之间通过潜在的超链接进行连接。过去，档案一度与私密性、储存紧密相连，保管档案的场所由少部分特定人员控制，但今天的情况恰恰相反。普通用户能够以前所未有的便捷方式访问公共数据，也能将我们自己的生活实时记录下来。由于许多在线技术对公众开放，使得档案的“约束”被解除了，成为去中心化的存在。由此，任何人只要能够上网，就可以对档案内容进行消费、做出贡献，并在一定程度上实施监管。

从自传性的视频到社交网站上的个人心情与照片，档案所建构的公共与私人场所之间的关系也遭遇了深刻变革。由用户生成的个人化档案拥有了新的重要性，分享信息也成为一种生产和消费行为——信息在网络上的发布之际便自动借由关键词、元标签（Meta-tag）的形式建立起了与互联网上其他内容之间的联系，这便使搜索、获取和浏览这些相互联系的内容成为可能。其中一些内容正因此意外爆红，有时甚至吸引了大众媒介的注意，转化为公共性的舆论热点。

因此，档案的范围被显著延伸了，“涵盖了日常生活的整个世界”。[②]我们记录与分享的日常琐碎的生活、个人喜好、政治和宗教立场……在产生的那一刻均成为数字化的档案。我们很容易想象这一数据量之大，事实上，数字媒介上大量记录的这些超载信息破坏了提高内容质量的机会。大量不相干的信息被创造出来，而有用的信息、知识和智慧却被淹没。大卫·斯兰克把这一现象称为“数据烟雾”。他认为我们的信息提供因为无用和过

① 盖恩，比尔．新媒体：关键概念［M］．刘君，周竞男，译．上海：复旦大学出版社，2015：67-76.

② FEATHERSTONE M. Archiving cultures［J/OL］. The British Journal of Society. 2000，51（1）：161-184［2008-08-21］.https：//doi.org/10.1111/j.1468-4446.2000.00161.x.

剩的数据档案而被污染，以至于信息不再那么有价值，甚至过度丰富，让我们感到无可奈何。[①]

公开性的档案还衍生出了大量的抄袭者和侵权事件。安德鲁·基恩（Andrew Keen）抱怨道：在这样一个时代里，任何人都可以通过鼠标点击而实现内容的复制和粘贴，将其据为己有，这将导致“道德失序”；复制和粘贴的盗贼毫不尊重知识产权，他们将互联网上的一切内容视为共享财产，这显然令人警醒。

四、媒体等同下新媒介的“心智”

巴伦·李维斯（Byron Reeves）及克利夫·纳斯（Clifford Nass）在《媒体等同：人们该如何像对待真人实景一样对待电脑、电视和新媒体》一书中提出：人们会像对待真人实景一样对待媒体，即媒体 = 真实的生活（Media=Real Life）；人与电脑、电视和新媒体的互动，在本质上是社会性和自然的。[②]“媒体等同”在这里至少应包括两层含义：一是把媒体内容当真；二是把媒体当作人，而后者，正是这本书真正引起人们惊奇的地方。如果说第一种含义还能为媒介常识所理解的话，那第二种含义就不能不说是一种创见了，因为它突破了传统的媒介工具论、中介论或客体论的局限，有了新的视野，带有强烈的人文主义色彩，它努力追求的是使媒介回归到人本身。[③]从“媒体等同”的角度，新媒体在相当程度上充当了我们的外脑——外部记忆，甚至改变了人认知世界的能力，渗入个人、群体、社会的各个方面。钟蔚文从媒介的“心智”角度，探讨新媒体对个人、交往与社会的影响及改变，便是在“媒体等同”及媒介技术学派思想之下对新媒体进行的深入研究，以下从五个方面来探讨。

---

① 张梦晗．新媒体的速度文化与过度传播［N］．中国社会科学报，2016-05-19（3）．

② 李维斯，纳斯．媒体等同：人们该如何像对待真人实景一样对待电脑、电视和新媒体［M］．卢大川，等，译．上海：复旦大学出版社，2001：1-2.

③ 梅琼林，张晓．“媒体等同”：从效果研究到理论建构［J］．社会科学研究，2006（5）：193-196.

（一）媒介储存智能

在互联网发达的今天，信息、数据、知识都只需动动手指即可得到。与古人相比，我们不用辛苦背诵四书五经，只要懂得运用搜索引擎，就能取得几乎所有我们想要的。

换句话说，我们的记忆可以外放到各种媒介中。从百科式的搜索引擎，到只对一部分人可见的空间状态，或是物理式的储存工具及协同工作的云盘，都拥有远高于我们自身的记忆力与搜索能力。当代年轻人甚至开始利用数字科技记录生活中所思、所见、所听、所说、所做的一切。[①] 环顾四周便足以发现，如今的记忆不只是个人脑海中的事，进一步引申，环境中实际上储存着许多和认知工作有关的信息。[②]

“人类记忆本来就和人类发明的记录方法密不可分。”[③] 媒介作为物质实体支撑着人类记忆的“每一帧”，时至今日，个体的记忆仍旧被持续更新的技术媒介包裹着。哲学家、艺术家乃至科学家对人类记忆机制的不同描述实际都表达着关于记忆存储容器的隐喻：人类媒介由岩石、甲骨、蜡版、羊皮、竹简、纸张到电话、广播、电视、电影乃至网络、电脑、手机等的形态演进，事实上也改变了人类记忆的运行模式与内在机制。换个角度，这是否意味着媒介也拥有了记忆?

所谓媒介记忆是指：“媒介通过对日常信息的采集、理解、编辑、存储、提取和传播，形成一种以媒介为主导的人类一切记忆的平台和核心，并以此影响人类的个体记忆、集体记忆和社会记忆。”伴随人类记忆观念的持续演化，记忆不再仅仅代表一种存储功能或程序，在大众媒介大行其道的时代，记忆开始变成一系列功能的融合，其中就包括了编码、存储与

---

① BELL G.，& GEMMELL J. Total recall：how the e-memory revolution will change everything［M］. New York：Dutton Adult，2009.

② ROWLANDS，M.The new science of the mind：from extended mind to embodied phenomenology［M］.Cambridge：The MIT Press，2010.

③ 德拉埃斯马.记忆的隐喻：心灵的观念史［M］.乔修峰，译.宁一中，审校.广州：花城出版社，2009：21.

检索[①]等历程与功能。这便与智慧有了更加紧密的联系。

曾几何时，文字的地位高高在上，它凌驾于记忆媒介，并将超越时间的长期保存视为文化传承的终极目标，文字本身成为超越历史并且与人类精神等量齐观的媒介。人类记忆的发展历经了语言革命标榜的1.0时代、书写革命的2.0时代、电信革命的3.0时代，然而到人类记忆的4.0时代[②]，数字技术的革命性进展则改动了人类记忆历久弥新的原则，不断拷贝、再生与回忆重构成为数字时代记忆生产的新通行原则。因此在媒介技术与人脑结构的研究中，我们正经历着一场“对持久写入的想象被不断覆写的原则所取代”[③]的范式转换。

与此同时，人类也随时面临着一场数字时代的失忆危机，哈佛大学图书馆名誉图书馆员罗伯特·达顿（Robert Darnton）曾说：“我们的文化无法承受灾难性损失的风险，这一点上数字文本比印刷书更脆弱。”[④]数字存储有限而昂贵的空间及将信息编码为二进制的电荷的流失都有可能造成信息损坏与衰减，并最终将数量众多的媒介变得一钱不值。此时此刻人类又如何被记住？如果将媒介记忆的缺陷视为一种病症，那么记忆障碍、记忆失真、媒介失忆等问题又是否会逐渐吞噬人类的历史与文明？

（二）媒介促成发现知识的行动

媒介不仅本身储存智能，更进一步，我们在面对不确定的情境时，可以透过工具采取知识行动（Epitemic Action），以产生知识，理解环境，进而解决问题。[⑤]而在新媒体环境下，媒介又是如何服务于个人和社会的知识工程呢？

---

① 邵鹏．媒介记忆论：媒介作为人类文明记忆过程的研究［J］．中国传媒报告，2010（4）：74-85.

② 邵鹏．媒介作为人类记忆的研究：以媒介记忆理论为视角［D］．杭州：浙江大学，2014.

③ 史林．让记忆之流动无远弗届：评《媒介记忆理论：人类一切记忆研究的核心与纽带》［J］．中国传媒报告，2017（2）：126-128.

④ 任志方．未来我们将把数据存在哪里［N］．齐鲁晚报，2017-12-04（A11）.

⑤ KIRSH D，MAGLIO P. On distinguishing epistemic from pragmatic action［J］. Cognitive Science，1994（18）：513-549.

1. 个人层次

我们都能体会到，在个人心智处理之前，先使用相关工具对情境所产生的原始信息进行预处理（Preprocessing），能够提升后续个人认知处理的效率。正如加拿大认知学家大卫·柯什（David Kirsh）所说：我们在外部的组织工作（指信息重组）做得越好，我们大脑需要记忆的事物就越少。[①]

因此，在日常生活里，我们经常使用一些工具整理、分析、归类环境中的现象，以便完成认知工作。例如用便条纸写下备忘录，就可以提醒自己，不需凡事记在大脑以致遗忘。又如，当看问题的观念模糊混乱时，说出来或写下来，都有澄清想法的效果——这是因为利用声音或文字工具，我们能清晰地呈现出自己的思考，并使思想成为自己检视的对象，也就能帮助自己更清楚地知道自己究竟在想什么[②]。平时在老师布置研究问题时，我们通常会使用许多工具，进行大量的知识行动，好让概念现形，进而讨论和检视。倘若需要进行报告，运用 PowerPoint 准备时，借用其工具特性，也就能够帮助我们在此审视内容结构是否完整，并推敲逻辑、推论的漏洞。

新媒体对我们发现新知识的助力显然比汇报软件要大得多。智能算法推荐不断超越我们的想象，号称实现了“不可能完成的任务”——比你更了解你自己。由于在大数据时代，信息超载是人类需要面临的一大难题，如何在海量信息中找到有用的信息，是在进行数据挖掘与分析之前必须面临的一个挑战。由此，个性化推荐应运而生。通过对用户行为和关系的分析，挖掘用户对内容的偏好和潜在需求，通过信息聚合，自动生成符合其需求的信息，从而实现个性化的内容推荐[③]——人人仿佛都拥有一个极度了解自己的秘书来给自己提供信息服务，而这个秘书还永远确保这些信息新鲜有趣、对你胃口。

---

① KIRSH D.The intelligent use of space［J］. Artificial Intelligence，1995，73（1-2）：31-68.

② KIRSH D. Problem solving and situated cognition［M］//ROBBINS P，AYDEDE M. The Cambridge handbook of situated cognition. Cambridge：Cambridge University Press，2009：264-306.

③ 喻国明，李慧娟. 大数据时代传媒业的转型进路：试析定制内容、众包生产与跨界融合的实践模式［J］. 现代传播（中国传媒大学学报），2014，36（12）：1-5，11.

今天，我们在使用电商平台搜索或购买相关产品时，旁边一般都会有“浏览此商品的人最后购买了……”或“购买此商品的人同时购买了……”的推荐；使用影音平台时会习惯“猜你喜欢”或“私人电台”的功能；阅览相关新闻时会推送你感兴趣的相关话题……我们也许没有在意，这些没有经过搜索就进入视野中的产品、音乐、消息推送等其实都来自数据收集及推荐系统；也就更不容易意识到，以用户为中心、基于信息聚合的个性化推荐模式对内容生产机制其实是一种根本性的转变。

这些个性化信息推荐首先基于个性化的信息聚合，基于互联网生产逻辑的信息传播过程，借助特征分析语义网等技术，通过分析用户的注册信息、历史浏览记录、上网行为、社会关系等，挖掘用户的喜好和潜在需求，形成个性化信息集聚和推荐，以满足用户个性化的、动态的需求。[①] 随着当下社交网络和移动互联网的发展，为深入分析用户之间的联系、跟踪用户的使用习惯和频率变得更加便捷，使用的数据权限逐步拓宽，当然，信息推送也变得越来越精准。

不过，这种完全依靠机械的数据和机器的计算完成的推送内容，一步步将人带向了算法推送的圈套之中。凯斯·桑斯坦（Cass Sunstein）在谈及“我的日报”时提到了“信息茧房”的概念：“我们只听我们选择的东西和愉悦我们的东西的通信领域。”他认为生活在茧房里的人们“不可能考虑周全，因为他们自己的先入之见将逐渐根深蒂固”。算法推送的新闻内容其实就是一份“我的日报”，它将以用户个人特征为标准筛选过后的信息聚集起来再分发给用户，实质上就是将用户本身认同（感兴趣）的那些东西以不同的呈现形式重复推送给用户，形成一个坚固的“回音室”[②]。单一信息脉络的内容体系，无疑会令用户越来越沉溺于自己的回音，在信息茧房中越陷越深。[③]

---

① 钱蔚．政治、市场与电视制度：中国电视制度变迁研究［M］．郑州：河南人民出版社，2002.

② 回音室：相似观点的聚集地，能够放大和不断重复那些实际上是一种观点的地方。

③ 郝雨，李林霞．算法推送：信息私人定制的“个性化”圈套［J］．新闻记者，2017（2）：35-39.

2. 社会文化层次：集体的知识工程

个体会利用环境中的资源从事认知工作，习得知识；更重要的是，个体会进一步改造和设计环境，创造更适合心智运作的环境。这一环境进而分散作用与整体，最终实现集体层面的认识与学习。

整体看来，一切生物进化、文明进步、知识积累提升的过程，正是一个不断改变环境、创造利基（Niche Building）的过程。[①] 这个过程可以分为如下步骤：（1）改变物质环境，如筑巢或搭建类似的居所；（2）建立社会组织，如设置各种分工制度，使得有些资源比较容易取得；（3）改变认知环境（Epistemic Environment），生物必须认知环境以求生存，环境提供了许多认知的线索，生物也会主动改变环境以减轻认知的负担。例如狗以尿味建立路标，等于将记忆释放到环境里，分担了认知的工作；又如人类结绳记事，用文字语言呈现思考，用数字语言抽象思维，无不是透过工具建立了便利的知识情境。消极而论，这有助于减轻信息处理的重担；积极而言，这大大提升了问题解决的效率，扩大了问题解决的范畴，使人更聪明。

数字及网络科技的出现，无疑是有史以来最具规模的环境设计工程。在数字时代，我们下载（Off-load）相当数量的智能到计算机里，使用新一代互动信息工具（如 Tagging）从事知识工程，简化认知工作，再打造出更便利的工具。[②] 至于互联网，让人际网络的范围超出了传统时空的限制，使得藏智于情境成为可能，分散智能的现象更为显著。

分散智能的例证在去中心化的互联网上可谓不胜枚举，其中的一个经典案例是：2006 年，互联网杂志《连线》（*Wired*）的资深编辑杰夫·豪（Jeff Hawe）在《众包的崛起》（*The Rise of Crowdsourcing*）一文中提出了“众

① STERELNY K.Thought in a hostile world：The evolution of human cognition［M］. Oxford：Blackwell，2003.

② STEELS L. Collaborative tagging as distributed cognition［M］//DROR I E，HARNAD S R.Cognition distributed：how cognitive technology extends our minds. Amsterdam：John Benjamins Pub lishing Company，2008：93-97.

包”（Crowdsourcing）概念。[①] 所谓“众包”，就是把一个人或一个团队解决不了的问题，以公开招标的方式传播给未知的解决方案的提供者群体。[②] 它可被划分成集体智慧（Crowd Wisdom）、集体创造（Crow Creation）、集体投票（Crowd Voting）几种类型，其本质在于基于大数据时代的海量信息，搭建出对数据和信息进行重新聚合与价值挖掘的环境及万众参与的平台，并着眼于对这些分散的知识、创新和判断力的整合，运用集体的智慧从合力解决问题到最终创造内容。[③]

“众包”一词已经在各行各业落地生根，衍生出一系列服务：众包代码、众包物流、众包教育……其中，众包新闻可谓众包模式和集体知识工程在数字网络时代的典型，这一领域的先驱者应该要数英国的《卫报》。2009 年，英国国会传出丑闻，国会议员利用制度上的缺陷挪用公款报销私人账单，《每日邮报》在第一时间获得并陆续泄露了议员的花销明细。在被对手抢占先机的刺激之下，《卫报》想出了前所未有的一招：他们把泄露的总计 458832 份文件全部上传到网站上，并让读者以一种游戏化的方式来选择自己想要查看的议员的记录，然后汇报自己的发现，并将发现按“无趣”、“有趣”、“有趣但已知晓”和“建议调查这份记录”这四个类别来归类。在这场全民的“反腐游戏”中，网站访问者参与率高达 56%，80 小时内竟有 1770000 份文件被检查。这一事件成为众包新闻史上的里程碑。[④] 可见互联网作为新媒介，让曾经“闲置”的知识资本、人力资源和社会资源得以充分挖掘，并深刻影响着人们解决实际问题的习惯。

（三）媒介提供了生物心智无法提供的智能

传统的论点认为，不管有没有工具，人类仍然可以记忆、思考、决策、解决问题。认知科学近年来的研究则更进一步主张：外在智能提供了

① 陆地. 西方商业电视的经营意识［J］. 国际新闻界，2002（5）.

② 腾讯传媒研究院. 众媒时代［M］. 北京：中信出版社，2016：117.

③ 喻国明，李慧娟. 大数据时代传媒业的转型进路：试析定制内容、众包生产与跨界融合的实践模式［J］. 现代传播（中国传媒大学学报），2014，36（12）：1-5，11.

④ 腾讯传媒研究院. 众媒时代［M］. 北京：中信出版社，2016：117.

许多内部大脑做不到的事。加拿大认知心理学家梅林·唐纳德的研究指出，人类心智演化至今，仍不是十全十美的，工具或外部环境所提供的智能常比生物心智优越。[①] 他以记忆为例，对内存记忆（Engram）和外存记忆（Exogram）的系统做一比较，说明生物心智有以下的问题，如格式变化不大、容易失真、检索方式有所局限等。相对而言，人类文明发展的外存记忆系统具备了一些内存记忆系统缺少的特质，包括储存空间几无限制；组织记忆的方式更为多元和灵活，如透过目录、索引等方式来组织书中信息。此外，近年来网络的发展，进一步提供了连接不同心智的潜能，这些都是个人智能无法相比的。

表 3-1　内存记忆—外存记忆之比较[②]

内存记忆（Internal Memory Record，Engram）	外存记忆（External Memory Record，Exogram）
固定的生理存储系统	无限量的物理介质（媒介）
格式受限；取决于记录类型，并且不能被重新格式化	无格式限制；可以被重新格式化
非永久性，随人的死亡而消失	准永久性，人死犹存
容量有限，档案必须很小（如文字、名称、图像、叙述）	容量无限，档案可以很大（如小说、百科全书、报告、法律体系）
极易失真、恶化、退化	不容易失真
以接近的、相似的、意义化的线索来召回记忆	检索路径无限定；新的选项如编目、索引
对内存记忆仅为有限的知觉存取，视觉的内存记忆非常有限且不可靠	理论上能够透过各式各样的接口与外存图像记录进行直接知觉接触
记忆的组织以背景和时间作为框架，在形态和获取方式上尤其如此	许多可能的组织策略会利用目录、索引、标题、表格内容、分页等

① DONALD M.The exographic revolution：neuropsychological sequelae［M］// MALAFOURIS L，RENFREW C.The cognitive life of things：recasting the boundaries of the mind .Cambridge：Cambridge University press，2010：71-79.

② 同上。

（续表）

工作记忆受限于少数固有的系统，如自己默读或视觉想象	工作记忆被扩展到由 3D 时空环境所组成的外部器物上
只能从活动疲弱的大脑感知区检索出内在记忆；生动和精确的记忆是罕见的，往往有误	可以完全激活大脑感知区，甚至被认为看来比“真实”更清晰、更强烈

从某种意义上讲，人类历史在过去几十年中走过的历程要比过去数千年的总和还要长。标志性事件在于机器（Machine）对心智（Mind）的革命，这场革命的主要标志便是人工智能的崛起。

人工智能并不是什么新的概念，即使从 1956 年的达特茅斯会议（Dartmouth Conference）算起，它也已经有了半个多世纪的历史。但是，在很长一段时间内，人工智能的进展都十分缓慢。究其原因，主要是因为它的发展面临两个障碍：硬件和算法。在这些年中，这两个障碍都被突破了。一方面，遵循“摩尔定律”演化的硬件性能早已高出几十年前千万倍。以我们所熟知的 U 盘为例，在十年前，不过只有 MB 级别的记忆空间，逐渐成长为 GB，再到 TB——这为人工智能的发展奠定了硬件基础。另一方面，深度学习算法开始被应用，它让机器摆脱了以往穷举式的解决问题思路，从而让它们变得更加“智能”。利用先进的硬件，借助深度学习算法，通过对互联网发展所产生、积累的海量数据进行学习，人工智能十分迅速地进行着迭代和发展。

当人工智能获得充分发展后，它相对于人类心智的优势就会表现出来，其中的一个表现就是它能够比人类心智更理性地进行决策。诺贝尔经济学奖得主丹尼尔·卡内曼（Daniel Kahneman）曾指出，人类的决策依赖于两个系统：系统 1 和系统 2。其中，系统 1 是依靠直觉进行的判断，而系统 2 是依靠理性思考进行的判断。在很多需要在短时间做出判断的场合，人类心智会更倾向于调动系统 1，因此其判断往往不会那么理性；而人工智能却不会有这个问题——它们只有系统 2，对于所有的任务都会十分冷峻、理性地做出判断。

此外，人工智能在学习、记忆等方面都比人类心智有着先天的优势。这些特性加在一起，使得人工智能在很多领域已经开始超越人类。令人吃惊的是，目前人工智能占据优势的领域已不再局限于“蓝领”工作，在金融、法律、翻译、医疗等传统的“白领”工作中，人工智能也逐渐占据上风。[①]

（四）媒介改变个人、社会心智

当印刷传媒在社会传播活动中占主导地位时，人们自然而然会重视书面语言符号的使用技巧，重视文章的逻辑、修辞等；及至电视成为占主导地位的传播媒介，人们对书面语言符号使用技巧等的重视程度就有所减弱，开始转而强调声像效果、形象等；而当网络媒体普及后，人们便重视超文本、多媒体交互式的使用技巧。[②] 本杰明·康帕恩（Benjamin Compaine）认为，数字信息之特性是随机检索，应用这类工具必须具备全观（Holistic）的思维方式，以往传统注重逻辑和次序的习惯已不全然适用。[③]

网络技术的非中心化设置为网际互动的去中心、去等级的碎片性提供了技术支持。正如麦克卢汉所言：“处处皆中心，无处是边缘。”这一革命性的媒介特征塑造出了思维方式产生了巨大变化的个体群体——赛博族。

赛博族的特征是：他们并不依附在物理性的地理空间中，而是以议题、共识与认同感为基础建构的虚拟社会空间作为社区的空间形式。他们是人类社会有史以来第一次在数字化媒体环境下成长的一代，习惯以数字化的方式积极地学习、游戏、沟通、工作和创造社群。透过对互联网数字化技术的熟练掌握与操作，他们得以经由互联网络不断地汲取知识、提升个人素养及进行人际交往，从容地应付不断创新、改变的社会环境。这一新生的赛博族，不仅逐渐发展出一种全新的具有网络时代特色的生活模式与意识形态，而且对社会文化也将造成巨大的冲击，旧有的以理性、中心化、

① 陈永伟. 理解“三重革命”:《机器、平台和大众》介评［EB/OL］.（2017-08-15）.http://www.tisi.org/4950.

② 邵培仁，邱戈. 论当前中国媒体的身份危机［J］. 中国传媒报告，2006（1）.

③ COMPAINE B M. Issues in new information technology［M］. Norwood：Ablex，1988.

自主和确定性为特征的现代社会规范、社会秩序、社会价值与思维模式，将随着赛博族的逐渐成长而被一种以多元化、去中心、平面化、流动性为特征的新的后现代社会规范、社会秩序、社会价值与思维模式所取代。①

与“赛博族”契应的思想是后现代思潮：一方面，后现代主义者在网络上找到了后现代思想的“现实”场所和未来；另一方面，这些网络的拥护者也在一定程度上找到了他们行为的“理论根据”，网络的去中心、去等级的碎片性与后现代思潮不谋而合。不妨回溯后现代社会的五大特征：

第一，后现代的社会特征：后工业社会是信息和科学技术膨胀和泛滥的新时代，通过科技的力量，符号化、信息化、复制化的人为因素越来越压倒自然因素，社会生产是“人与人之间的斗争”，是信息的竞争和知识的竞争。

第二，后现代的知识特征：一切知识都被数字化、符号化及商品化，不能数字化、计算机化的知识几乎不能被看作知识，话语即权力，掌握信息成为权力的象征。

第三，后现代的文化特征：颠倒文化的原有定义，反对传统标准文化的各种创作原则，扬弃传统的语言、意义系统、形式和道德原则，走向零散化、边缘化、平面化、无深度，通过各种炫目的符号、色彩和光的组合去建构使人唤不起原物的幻象和影像，满足感官的直接需要。

第四，后现代的心态和思维模式特征：“后现代”所要表达的是一种“不确定性”“模糊”“偶然”“不可捉摸”“不可约化”等精神状态和思想品位，同时“后现代社会和文化的‘复制’性质及其机遇性，一方面并不要求人们费尽心思进行思考，另一面复制的高节奏和高效率也加强和促进了‘光看不想’的倾向。”②

第五，后现代生活方式的特征：游戏式的生活。③

① 刘丹鹤．赛博空间与网际互动：从网络技术到人的生活世界［D］．上海：复旦大学，2004.

② 海德格尔．海德格尔选集（下）：筑·居·思［M］．孙周兴，选编．上海：上海三联书店，1996.

③ 刘丹鹤．赛博空间与网际互动：从网络技术到人的生活世界［D］．上海：复旦大学，2004.

（五）媒介构成认知和行动的框架

前四个方面所讨论的聚焦在表达形态对于思维方式可能的效果，第五个方面则进一步讨论工具所构成的环境对于心智活动的影响。我们在前面提到，透过知识工程，人类创造了美轮美奂的知识环境，这个知识环境又会反过来构成从事认知工作时的框架。一方面，这个改造过的知识环境，使认知的阻力减到最小，正如柯什所说，“我们的环境都经过改造，来帮助我们活得更好”①；另一方面，工具的存在形塑了认知的习性，引导我们在认知的过程中，不知不觉地朝着某个方向前进。②

我们在一个关键点上高人一等：我们擅长组织所处之物质和社会情境，进一步从本无秩序的资源中衍生复杂的行为。我们使用智能组织情境，结果我们用比较少的智能就可以成功地解决问题。最有趣的是，我们的脑袋创造了一个聪明的环境，因此我们可以呆呆地平安过日子。换个说法，历代知识工程构成了认知工作的框架，使我们即使从事复杂的认知任务，因为有了聪明的环境，所以可以笨笨地过好日子。③

互联网作为有史以来最具规模的环境设计工程网络，这一“最聪明的环境”可以释放人的最大潜能，使人更全面地投入社会与自然中。但这一切的前提是，让互联网的认知语言与框架——数据的收集、识别、分析逐渐渗透人们的生活，影响甚至取代原有的知识生产方式和认识框架。

美国帕罗奥多研究中心（Palo Alto Research Centre，简称 PARC）的马克・韦泽（Mark Weiser）提出，人类最终将进入“普适计算”（Ubiquitous Computing）的阶段，即我们可以在任何时间、地点获取和处理任何信息④，无处不在的微小设备无时无刻不在采集、传输和计算，形成一个包罗万千

① KIRSH D. Problem solving and situated cognition［M］//ROBBINS P，AYDEDE M. The Cambridge handbook of situated cognition. Cambridge：Cambridge University Press，2009：264-306.

② NOË A. Out of our heads：why you are not your brain，and other lessons from the biology of consciousness. New York：Hill and Wang，2009.

③ CLARK A.Being there：putting the brain，body，and the world together again［M］. Cambridge：MIT Press，1997.

④ 涂子沛 . 大数据：正在到来的数据革命，以及它如何改变政府、商业与我们的生活［M］. 桂林：广西师范大学出版社，2003：50.

的信息网络。这与麻省理工学院的凯文·艾什顿（Kevin Ashton）教授在1991年提出的物联网（The Internet of Things）殊途同归。如今，普适计算很可能不再是预言，其中一个非常重要的趋势便是“量化自我”（Quantified Self）——它标志着社会化的个体开始主动运用数据的方式开展认识自我的实践，预示着人类认知领域全面数据化的开始。[①]

量化自我，由英文“Quantified Self”直译而来，是“运用技术手段，对个人生活中有关生理吸收（Inputs）、当前状态（Status）、身心表现（Performance）等方面的数据进行获取”[②]，也可称作“Self-tracking”（自我跟踪），“Auto-analytics”（自我分析）等[③]。该词来源于《连线》杂志主编凯文·凯利（Kevin Kelly）和加里·沃尔夫（Gary Wolf），他们在2008年提出这个概念，用来借指那些不断探索自我身体（Hack the Self）以求能更健康地生活的人们。

艾莉莎·夸特（Alissa Quart）在《The Daily Beast》上通过观察生活中的细碎事例，拼凑出量化自我运动正有燎原之势的事实：

> 今天，我打了4通电话，平均每通24分钟。据手机显示，最后一通电话我打了22分23秒。前天晚上，我搭乘火车去往布鲁克林，这趟旅途花费了我45分10秒，我手机上的秒表记下了这个数字。昨天，我跑了5000米，计步器显示平均每英里8分45秒。我还知道我的阅读量打败了45%的朋友，这是Kindle告诉我的。而我的iPhone跟我说，我锻炼时举起杠铃的时间只有54秒，比我估测的少了一些。然后，我昨晚进入最佳睡眠状态的时间是7小时20分钟，而一整晚我醒过来两次——我的腕带可一直在看着我。现在我终于明确：如果不服用Ambien（一种美国产的安眠药），我每晚只能进入浅睡眠状态。[④]

① 刘振声．“量化自我”：从数据化个体的角度重新审视“大数据”［EB/OL］．（2014-03-21）．http：//media.people.com.cn/n/2014/0321/c150620-24705386.html.

② WOLF G.QS&The Macroscope［EB/OL］．（2017-08-21）．http：//antephase.com/quantifiedself.

③ The quantified self：Counting every moment［J］.The Economist，2012（3）．

④ 苑伶．量化自我，一场二十年前无法想象的运动［EB/OL］．（2013-07-10）.http：//36kr.com/p/204479.html.

如果说狭义上的量化自我是“记录夫妻关系、学习、孩子的教育情况、身体及房子”，我们每天通过个人计算机、智能手机、信用卡等不断产生文字、照片、声音、视频、地理位置和消费记录，都是在构成这个大数据世界，个体把对自我的了解变成个人数据库，无数个体的个人数据库共同编织成“自我大数据”（DIY Big Data）①；就广义而言，量化自我绝不仅限于身体和健康领域，还包括个体的日常生活习惯、行为、认知等，即对个体生活（Hack My Life）给予媒介的探索，也意味着，个体可以被全面量化，数据正在深刻地改变人类知识生产方式和认识框架。②

本章主要考察了新媒体相关的媒介研究，媒介技术学派通常更加关注媒介技术对社会的影响，而无论是“媒介的时空偏向”“媒介即信息”“媒介即隐喻”，还是媒介情境理论，这种影响作用的中介变量都聚焦在对话形式（Conversation）和认识论（Epistemology）。本书认为，新媒介创造了一种新的对话形式——屏幕中介、外部记忆、人工智能、去中心等，从而形成了特定的认识论——碎片化、非线性、量化一切、关系思维等，进而带来了后现代式的社会文化——屏幕文化、数字文化、高速文化、社交文化、融合文化与档案文化。理解新媒体，尤其需要从认知与心智的视角切入。

我们都恰好置身于一个急剧变动的新媒体时代。按卡尔·曼海姆（Karl Mannheim）的说法，既有激烈的横向社会运动，又有激烈的纵向社会运动。总体而言，网络时代的人类正在改变着原有的生存方式，我们切身感受着人性更大的解放，更加平等、民主的社会。③在这个与以前颇为不同的时空下，新媒体也必然揭示出一系列颇为不同的权力资本关系和社会关系，我们在下一章将对新媒体的社会影响进行深入研究。

---

① QUART A. The body data craze［N/OL］. Newsweek Magazine，（2013-06-26）［2019-05-09］.https：//www.newsweek.com/2013/06/26/body-data-craze-237656.html.

② 刘振声 .“量化自我”：从数据化个体的角度重新审视“大数据”［EB/OL］.（2014-03-21）. http：//media.people.com.cn/n/2014/0321/c150620-24705386.html.

③ 刘益娟 . 麦克卢汉媒介理论在 e 时代［J］. 新学术，2007（1）：113-114.

第四章　新媒体与网络社会研究

网络社会随着互联网及其兴起而成为认识当代社会的重要概念。梵·迪克敏感地认识到技术对于社会的影响，认为现代社会正处于转变成网络社会的过程中：一种逐渐强化媒介网络关系的社会模式，逐渐取代或填补面对面沟通的社会网络。[①] 这是关于网络社会较早的论述。同时，曼纽尔·卡斯特（Manuel Castells）在他的信息时代三部曲里，也将网络社会阐释为一个新的社会结构，一个正在“崛起”的新的社会形态。

一、从大众社会到网络社会

2018年，我们可以在家阅读谷歌图书馆里千年前的电子版拉丁语古籍；我们能够在没有现金和银行卡的情况下在百货商场购物，只要你没忘带手机；如果你在北京的大学读书，而你的闺蜜远在哈佛大学，你们可以照常每天“见面”；即使你觉得身边没有任何人理解你对于哥特建筑和巴洛克音乐的热爱，你也可以在网络社区中找到同好；早上从睡梦中苏醒，你可以用声音唤醒某台可爱的机器，让它为你播报目前的天气、路况及播放歌曲；晚上入梦之前，你和深爱却不在身边的人互道完晚安，无视枕边刚翻几页就许久未动的书，转而进入充满信息和喧闹的屏幕世界；凌晨3点，你发了一条朋友圈，说感到无尽的空虚和深深的孤独，没想到还收获了30多个赞。

① 麦奎尔．大众传播理论［M］．陈芸芸，译．台北：韦伯文化事业出版社，2002：167-168.

这也许是我们现在大部分人的日常生活，而这一切生活样貌的主要来源正是互联网。互联网具有开放的结构，能够无限扩展，只要能够在网络中沟通，分享相同的沟通符码，就能整合入新的节点。互联网造就了一个以网络为基础的社会结构，这一具有高度活力的开放系统自从 20 世纪诞生起就逐渐改变了我们的信息交流、社会交往、认知结构甚至宏观的社会结构。

梵・迪克认为，当代社会已经在信息和传播技术影响下从大众社会转向了网络社会（Network Society）。[①] 较早提出网络社会概念的卡斯特说："历史上头一次，经济组织的基本单位不是一个主体（如企业家、企业家庭等），也不是集合的（如资产阶级、公司、国家等）主体……这个单位是网络，它组合了许多的主体与组织，并且不断地修正以成为支持环境及市场结构的网络。[②]"

处于网络社会之前的大众社会，是指社会等各个层面都以群体、组织、社团为社会深层结构的社会；而网络社会强调的是信息传递的形式和结构，它预示着社会和媒体的深层网状结构。因此，网络社会可以看作"个体、群体和社会等各个层面上都以网络为社会深层结构的社会，无论是个体的、群体的还是组织的，其要素都通过网络联系在一起。与大众社会相比，网络社会的基本单位是与网络相连的个人，而非传统的本地团体（如家庭、社区、组织等）"。

表 4-1 大众社会和网络社会的特征比较 [③]

	大众社会	网络社会
主要成员	集体（群体、组织、社区）	个人（与网络相连）
成员本质	相似的	相异的

① 梵・迪克．网络社会：新媒体的社会层面［M］．蔡静，译．北京：清华大学出版社，2014：20.

② 卡斯特．网络社会的崛起［M］．夏铸九，等，译．北京：社会科学文献出版社，2003.

③ 梵・迪克．网络社会：新媒体的社会层面［M］．蔡静，译．北京：清华大学出版社，2014：33.

（续表）

	大众社会	网络社会
程度	扩大的	扩大的和缩小的
范围	本地的	全球的和本地的
连通性	成员内部连通性高	成员之间连通性高
密度	高	低
中心化	高（少中心）	低（多中心）
包含性	高	低
社区种类	真实的和统一的	虚拟的和多元的
组织种类	官僚主义的融合	受信息支配的不同平面
家庭的种类	大家庭	多种关系的小家庭
主要交流方式	面对面	逐渐间接交流
媒介种类	大众广播媒体	窄播互动媒体
媒介数量	少	多

梵·迪克比较了网络社会与大众社会的不同特征。大众社会的基本单位是家庭，尤其以多代同堂的大家庭为代表，其连接纽带是血缘和物理接近性，特点是外部连接性较少而内部的连接性非常高，甚至呈现出高度中心化特征。例如以父权作为主导力量的家庭，子女后代要随父亲姓氏，父亲也在家庭决策中拥有绝对地位；在更大的社会集团，如政府、公司、学校、医院等的内部组织里，等级则更加森严，官僚主义模式的组织形式占主要地位。此外，大众社会对应的传播结构是单一且单向的，传播的主要媒介为大众媒体，比如一家当地的和一家全国性报纸、极少的广播节目和电视频道等，数量相对较少。

在网络社会，社会连接的基本单位更加碎片化和个人化。在国际化和民族化的文化背景中，人们生活在更狭小的生存和工作环境中，从而传统的家庭、官僚集团等变得碎片化，追求自由的个体更加愿意选择超越本身的初级群体或自然社区，转而在网络中寻求新的单位，由此个人之间的交流差别和大众媒体的分化程度开始加剧。网络社会的结构并不是完全的去中心，也并不是只有单一的中心，而是存在着多个彼此合作竞争的中心。从传播结构来看，网络社会的传播更加复杂，其媒介渠道更强调互动窄播——满足特定人群的定制化需求，因此媒体的数量也相对较多。

卡斯特还对网络中的“自我”给予了社会学家的关怀。技术的网络为网络社会中的最小节点——个体（自我）提供了信息传播的路径，为自我身份的建构提供了多种可能。在后期出版的著作《传播权力》（*Communication Power*）中，卡斯特还阐述了网络社会中媒体和权力的互动。[①] 卡斯特站在宏观角度审视网络社会的演变过程，在他的理论基础上，“网络个人主义”等概念建立起来。

二、网络社会的时间与空间

本书导论部分在讨论新媒体究竟带来何种改变时，便提到了时空的扩展和压缩。若要认识网络社会、考察互联网络对于社会基础结构的影响，最基本的维度便是空间和时间，本节将进一步深入讨论这一话题。

对于网络社会的时间与空间特征，学者之间存在一定的争论。“永恒的时间”和“流动的空间”是卡斯特网络社会思想的关键概念，他认为这是“全球化”在时间和空间上的表征。也有人认为“距离已死”[②]，但实际上，如果考虑主体传播行为和新媒介技术的局限性，更客观冷静的视角告诉我们，如今时间和空间正经历着“时空距离化”的过程，两者的扩张与压缩是同时进行的。

在农耕社会，人们判断时间主要依据自然现象——昼夜更替、月圆月缺、四季变换等，并以此来决定每日的工作和生活，这种自然时间能够指

① 谷俊明．曼纽尔·卡斯特网络社会思想起源探析［J］．现代传播（中国传媒大学学报），2013，35（5）：153-154.

② CAIRNCROSS F.The death of distance：how the communications revolution is changing our lives［M］. Boston：Harvard Business School Press，2001.

导日常却又不免粗糙。从工业社会开始，自然环境被人类构建的社会环境所取代，或者说互相交织在一起；同时，作为有重大意义的自然时间也败给了由社会建立的时钟时间。[①] 于是，在这一层面上社会和媒介时空拓宽了自然时空的意义，丰富和充盈了被自然时空框定的社会生活与生命。

时间的障碍被打破，信息可以在任何时间存储、发送和接收；空间的障碍被打破，很多人把“地球村”视为理所当然。基于微电子学、数字化及存储和前馈调节原理等技术的网络社会，能够利用只包含 0 和 1 的比特将海量的数据在任何时候精准地存储与传播至任意不在场的空间。空间的极度压缩使每个人所处的现实位置正变得无关紧要，地域、场景的空间真实存在逐渐淡化。在越来越多的交往中，身体可能是缺位的，但人们却可以享有共同的体验。我们早已不需要烽火狼烟、驿马传信，交流的共时性已变成必然，物理的共在性离我们越来越远。

不过，时空限制的打破并不一定让我们变得更亲近。随着空间的社会化，个体环境正变得越来越不重要。我们身边充斥着各种声音、图像、视频，告诉我们那些正发生在别人身上的事。我们看着媒介为我们建构起来的一切，无论是新闻事件、娱乐八卦还是电影电视，无论是虚构的还是真实存在的，不管和我们有无直接联系，却长时间地占据了我们的视线，甚至有可能让我们忽略了眼前的现实生活，横穿时空成为另一场人生的看客。由于场域的消失，远距离的事实能够侵入非利益相关者的日常经验当中，这是现代经验传递的方式。[②] 换句话说，以前我们能够到达的地方非常有限，但只要关心身边的人事就好了；而我们今天即便可以转瞬到达地球上任何一个角落，却活在别人的世界里。

信息技术的进步使我们随时可以了解环境，从而准确地把握机会、遵守约定，但同时也让现代人成为分秒的奴隶。一方面信息爆炸，另一方面

① BOLTER J D. Turing's man：western culture in the computer age［M］. Chapel Hill：University of North Carolina Press，1984；RIFKIN J.Time wars［M］. New York：Holt，1987.

② 刘仲蓓，颜亮，陈明亮．数字化生存的人文价值与后人类中心主义［J］. 自然辩证法研究，2003（4）：63-67.

又是宣称信息就是价值的时代，于是我们更加快速、饥渴、紧张地投入对信息的捕捉之中。新媒体对传播时效的不断追求也使得交往向“即时在线”转变。人们的零碎时间被最大限度地整合，新媒体侵袭着人们的时间，使社会时刻处于即时在线的紧迫感中。[①] 正如本书第三章中提到的，新媒体的高速文化会带来时间上的紧张感，以及强制在线的无形压力。因此，尽管时间上的压缩可以更高效地获取信息，但我们今天并不会感到轻松，甚至感到时间更不够用。

时间和空间是人类生活物质的根本向度，两者在自然与社会中是相互纠缠的。但在网络社会，互联网一方面缩短了信息传播的时间，大大拉近了人们之间的距离；另一方面又加强了对时间的追逐和紧张，以及物理空间拓展后对身体在场的分离。总之，时间和空间的压缩和拓展是同时进行的，而时空的改变自然会影响人们对世界的认知。

三、流动的网络社会

（一）流动的现代性

“流动的现代性”是鲍曼对当今西方发达社会的本质特征所做出的一个诊断性结论。这里的“流动”并非指作为一个“整体的社会”的发展或变化，而特指“生活政治”的流动，亦即人们的生活方式“在流动”，并且这还是一种不可控制的“强迫性流动”。流动的现代性具体表现为：工作变得越来越不具有稳定性，所有稳定性的规则、规范都在迅速失控；结构性失业和灵活的劳动力市场使人们普遍缺乏对现在的把握；以追求瞬间满足为特征的“瞬时性文明”取代了以连续性、累积性为特征的“持久性文明”；流动性成了社会分层的决定性因素。鲍曼形象地说，当代人的生活犹如滑冰，要想不跌倒就必须保持高速度，结果人变成了“没有联系的人”，社会也成了“原子化的社会”。

① 陈力丹．新媒体的发展趋势与悖论［N］．人民日报，2015-10-11.

接续上节关于时间和空间的讨论，现代社会时间和空间的分离使资本摆脱了空间的束缚，以近似光速实现了其在全球的无障碍流动。资本前所未有的自由（亦即资本的全球化）恰恰是全球失序、社会解体和生活脆弱不稳定的最主要根源。[①] 对此，鲍曼有一段描述现代性的话，有助于我们更好地理解流动性的概念。

> 现代性犹如液体一般具有轻盈的流动性。它无法长久地保持同一种形状，遇到对抗性压力后就会发生变幻……同时，这一流动性包含着对于稳定结构的液化的过程……如韦伯所说将资本逻辑从家庭和民族传统等枷锁中解放……这种分裂导致了工具理性的入侵和主导，现代生活不再坚如磐石，而是袒露、缺少保护、没有支持的……流动性的权力已经从“系统”转移到“社会”，从政治转移到“生活政治”，或者从“宏观”到“微观”。[②]

田启波、陶日贵认为，流动的现代性思想的内涵包括：在表层，鲍曼从生存方式的流动性、思维方式的碎片性和行为方式的失范性三个方面描述了流动的现代性社会中人的生存状况；在中层，鲍曼从资本的逃逸性、政治的消退性和文化的多元性三个方面分析了流动的现代性社会的结构；在深层，流动的现代性思想的方法论基础是以矛盾性为核心、以个体性为基点和以批判性为动力三者有机结合的“现代性的辩证法”。[③]

（二）网络社会的流动性

鲍曼尤其强调，现代社会的资本是全球性的，而政治仍停留在地方。这种政治与经济的不对称，从根本上损害了民族国家的主权，割断了资本与劳动力的联系，使当代人面临着前所未有的生存危机。而导致资本自由

① 陶日贵．鲍曼“流动的现代性”的当代意义［J］．社会科学辑刊，2007（2）：33-36.

② BAUMAN Z.Liquid modernity［M］.Cambridge：Polity Press，2000.

③ 田启波，陶日贵．鲍曼“流动的现代性”思想的三个层次［J］．马克思主义与现实，2009（1）：60-63.

流动的关键因素，正是来自互联网等通信技术的进步及新自由主义经济在全球的蔓延。互联网的出现无疑加速了信息和资本的快速自由流动，因此鲍曼的流动性概念同样适用于网络社会。

以肌萎缩侧索硬化症（ALS，又称渐冻症）引起的社交媒体的“冰桶挑战”传播为例。20 世纪 30 年代，美国的明星棒球运动员卢·贾里格（Lou Gehrig）患上了渐冻症，人们第一次知道了这种罕见的疾病，并且将其称为“卢贾里格症”。20 世纪 60 年代，霍金使这种疾病再一次获得大众的关注，但是人们更多的只是将此病与这位全身瘫痪却伟大的物理学家联系在一起。2014 年 7 月，曾是波士顿大学棒球队队长的渐冻症患者皮特·弗拉特斯（Peter Frates）参加了 2013 年流行开来的“冰桶挑战”，并且在 Facebook 上号召人们通过此活动为渐冻症研究组织募捐。越来越多的名人和公众加入了这场公益慈善和娱乐交织的活动中，Facebook、Twitter、微博等社交媒体上关于“冰桶挑战”的动态在短时间内呈爆炸式增长。“冰桶挑战”不仅让渐冻症这一罕见疾病人尽皆知，而且让人们短暂体验渐冻症病人受到的痛苦，成为健康传播的一个经典案例，而这只有在社交媒体时代才能成为可能。

在网络社会，流动性不仅指的是信息和资本的自由流动，还指多元化带来主体的消解和不确定性，网络社会的流动性是全球化背景下的一个表征和缩影。传统核心价值正在消解甚至沦丧，传统观念与美德也在逐渐瓦解。网络文化凌驾于过去、现在和未来，任何继承下来的关系形式、行为规范和价值理想都成了怀疑和重构的对象。外部风险和异质价值不断渗透，导致内部不言自明的信条面临合法性危机；人们处于不确定和不稳定的状态，并且大众的工具、欲望、利益都被无限放大，而价值理性却遭到了祛魅与放逐。

同时，由于现代社会新媒体的移动智能化和媒介融合，信息渠道越来越多元，信息生产成本越来越廉价，注意力经济逐渐成了主角，这也造成了冗杂海量信息的内容肤浅，人们的信息接收也越来越呈现碎片化趋势。

在这个过程中，人们对于信息的消化几乎等同于“快餐消费”，再加上生活规则的变幻无常、未来的不确定性及终极意义的模糊与遥远，人们对于永恒而深刻的准则与追求慢慢淡化，而是越来越倾向于一种当下的、立即的、瞬时的、不假思索的追求。一种对于未来不确定性的恐慌弥漫在大多数人心中，正如莱昂纳德·科恩（Leonard Cohen）在一首歌里所唱：The ponies runs, the girls are young, the odds are there to be（小马疾奔，女孩们正青春，前途充满不定与变数）。在这样的流动时代，人们如同陀螺一般不停地旋转、变幻，要寻求心灵的安放似乎更容易，但又似乎越来越困难。

当然，新媒体加剧了生活的不确定性，同时也带来了更多的选择性。比如电子商务催生了更多的共享经济，自媒体的兴盛也诞生了更多自由职业者，更多的人选择对“坐班通勤、朝九晚五”的生活说不。工作流动性增强，逃离“北上广”，说走就走的旅行……越来越多的人不再定居一处，阶层之间的流动性也因此提升。

黄厚铭采用“既隔离又连接”一词，说明互联网的流动特性。一方面，网际网络相当便利，随时可以联机接上整个虚拟世界各个不同空间；另一方面，网友随时脱机就可切断在线所有关系，具有某种筛选隔离的作用。事实上，网络不但脱机方便，其匿名特性让网友不必承担在真实世界中，诸多因互动而产生的人际负担与社会责任，个人在角色扮演上的自由度相当大；网友可以依不同的化身（Avatar）在不同窗口中扮演不同角色，尝试角色扮演的乐趣，并在不同窗口之间任意切换，满足高度自由所带来的喜悦。由于网络的去中心化及多元化特性，网友在不同的虚拟空间，可以经营不同的割裂式心理认同。这时，“真实生活”对沉迷于其间的网友而言，不过是其中的一个窗口，“甚至还不是最好的一个”。多重人格过去在心理学研究中，多以负面态度视之，然而，在网络时代，分心多用已经成为常态。人们在切换不同人格过程中，回避所可能面对的心理压力及困扰，逃避到网络空间中，已经成为人们日常生活很重要的部分。①

① 黄厚铭．虚拟社区中的身份认同与信任［D］．台北：台湾大学社会学研究所，2001.

四、网络社会批判

（一）数字化生存的黑镜

你还记得租借录影带、光碟或买磁带、听随身听的时光吗？那时的音乐影像需要租还或购买，需要你拥有实体承载物才能去欣赏它们的内容。然而，当人们可以把信号数字化，再将数字还原成信号的时候，任何影像内容得到了电子化的“进阶”，成为无形的存在。我们不用再去录像带或录音带的商店，而只需坐在家里的沙发上，打开电脑浏览器进行搜索，就可以沉浸在任意的电影和音乐中消磨时光。

不仅仅是娱乐影像不再需要实体承载物，也不只是厚重的书本资料变成了 Kindle 里薄薄的界面，所有的图像、声音、文本和数据都可以转化为 1 和 0 这些字节所组成的序列，比特成为信息的数字化基本单位。当我们掌握了对于各种形式且规模庞大的信息进行数字化的存储、传输、压缩、解压、编码和解码技术时，人类也正式进入了一种新的在世形态——数字化生存。

数字化生存即以数字化形式显现的人类的社会生存状态。互联网上有我们的一切，Facebook、微信、微博、支付宝、淘宝、百度、谷歌、今日头条、滴滴出行、运动手环等，记录着我们的社交动态、身体数据、消费行为、出行轨迹、资产情况、兴趣喜好等。对于那些掌握着用户数据的商业公司来说，他们并不需要看到鲜活生命的个体，只需看到各种类别、各种组合的数据。除此之外，数字化技术展开的生物识别、人工智能、生物医疗等领域更丰富了我们数字化生存的形式。

早在 20 世纪末，就有人对于这种生存状态做出了预言：互联网通过赋予个体更多的（信息、话语）权力而达到去中心化的效果。每个人都生活在更加多元的“地球村”一般的环境中，更加强调认同感和追求一致，这就是尼古拉斯·尼葛洛庞帝（Nicholas Negroponte）提出的四个特征：分散权力、全球化、追求和谐、赋予权力。[①]

① 尼葛洛庞帝．数字化生存［M］．胡泳，范海燕，译．海口：海南出版社，1997.

但是也有学者并不保持乐观，认为这种先用“量”度“质”，再以“量”表“质”的数字中介形式，会使抽象的符号系统和数字系统占据了人们的中心视线，封存了我们每个人的日常生活经验，最终人类思想和意识可能被技术理性所控制。[①]梵·迪克也认为数字化下这种拼贴接合的文化比“机械复制时代”更失去了灵韵。[②]

人、自然与技术的关系向来是STS（Science，Technology，Society）研究讨论的核心问题。一方面，人类在试图与数字化和算法构建起来的智能网络尝试建立良好的关系，并企图让他们帮助人类生活得更好；但是另一方面，人类时常会陷入恐怖谷的境地，创造出“弗兰根斯坦”这样失控的“新生儿”。美国著名导演史蒂文·斯皮尔伯格（Steven Spielberg）的许多电影作品中对数字化生存未来的反思都具有超凡的想象力。人们喜欢并谈论这些电影，不仅因为其中的科幻元素，更是基于数字化技术所建构起来的世界观。比如他在2001年导演的作品《人工智能》（*A.I.: Artificial Intelligence*），就讲述了一个未来世界人们终于可以利用人工智能技术，创造出懂得爱的机器人小孩，却因为“它”过于真实而将其丢弃，最终造成了一系列家庭伦理问题的故事。

同样，在斯皮尔伯格2002年导演的《少数派报告》(*Minority Report*)里，设想数据和智能达到了能够监测人类脑电波的境界，这种技术被运用于在犯罪发生之前逮捕产生犯罪想法的“罪犯”。然而，在这种唯技术真理的情况下，这一犯罪预测系统却存在一定的漏洞，被人隐藏了那一份少数派报告从而改变了事实真相。实际上，《少数派报告》中用人工智能读取人类意识再也不是遥远的幻想。日本科学家已经发表了利用人工智能中的深度神经网络来“解码”思想的研究成果，并且认为这一研究的潜在前景无可限量，甚至可以在未来让人类通过脑机接口进行想法的直接交流而不再

① 刘仲蓓，颜亮，陈明亮．数字化生存的人文价值与后人类中心主义［J］．自然辩证法研究，2003（4）：63-67.

② 梵·迪克．网络社会——新媒体的社会层面［M］．蔡静，译．北京：清华大学出版社，2014.

需要通过语言的中介。[①]

在斯派克·琼斯（Spike Jonze）导演的电影《她》（*Her*）中，人类不再与人类相爱，而是通过一个智能机器与人工智能相爱，在无限孤独中寻求虚拟的亲密关系。最终，当人类已经完全依赖于数字化的爱情后，人工智能却离开了人类，将冰冷的智能时代仅存的温情从人们心中抽走，让人类陷入无尽的空虚与寂寞之中。

英剧《黑镜：方舟天使》（*Black Mirror: Arkaangel*）同样给出了一个数字化生存的悲剧。母亲玛丽为了方便监护 3 岁的女儿萨利而给后者的大脑里植入了纳米芯片，这一芯片不仅可以让玛丽实时看到萨利的身体数据、定位、所见所闻之外，还可以过滤任何引起萨利不良情绪的内容。可想而知，萨利被技术接管的成长过程是不健全的，最后不光是萨利，玛丽的心理也变得痛苦而扭曲。

2018 年斯皮尔伯格导演的作品《头号玩家》（*Ready Player One*）则是对近年来兴起的虚拟现实（Virtual Reality）技术的深刻思考。电影设定在 2045 年，大部分的人们为了逃避现实世界的混乱而投入虚拟的网络游戏“绿洲”（Oasis）。与现实世界相比，游戏玩家穿上 VR 设备可以做任何事、获得身临其境的真实体验，当然，这个世界和现实世界一样，同样会受到资本势力的侵袭。而给主人公韦德·沃兹屡次带来人身危险的，正是他天真地以为游戏世界和现实世界并无区别，在游戏中不仅说出自己的真实姓名，同时还爱上了女玩家阿尔忒密斯。影片最后虽然韦德通过玩游戏的初心成功找到“彩蛋”，接管了“绿洲”，而且让游戏强制每周关闭两天，意图使人们必须在现实世界中投注更多时间。但我们不免要问的是，人们真的可以既沉浸在游戏的虚拟世界，同时在现实中也有温暖的拥抱吗?

不能说这些科幻电影的未来想象全部会实现，但至少，我们离真实的“黑镜人生”并不是那么遥远。而默默引爆着一个又一个巨大变革的技术

---

① 日本科学家的 AI 读心术，解码脑电波，还原人眼所见［EB/OL］.（2018-03-22）.https://baijiahao.baidu.com/s?id=1595610021572580698&wfr=spider&for=pc.

究竟会不会带我们走向这些悲观的电影结局，或许只能让时间给我们答案。

（二）大数据的双刃剑

大数据（Big Data）泛指（超）大规模的数据采集，“大”包含5个特征：数据体量大（Volume）、处理速度快（Velocity）、数据类别大（Variety）、数据真实性强（Veracity）和商业价值高（Value），其数据来源包括人类活动、计算机、物理世界①，具体表现为网络日志、音频、视频、图片、地理位置信息等，多类型的信息对数据的处理能力也提出了更高的要求。

拜数字化技术的普及所赐，人类第一次可以抓取全面的、细致的数据进行完整的分析，以获得关于这个世界更加深刻的洞见。人们不再拘泥于以往的抽样与因果思维，而是在海量的数据中寻找相关关系。于是，谷歌成为2009年甲型H1N1流感爆发时美国疾病预防控制中心的重要信息源和防控依据；计算机专家奥伦·埃齐奥尼（Oren Etzioni）利用行业机票预订数据库监测系统成功预测机票价格的趋势，其创立的Farecast拥有惊人的2000亿条飞行数据记录，为消费者购买机票省了一大笔钱。这种意义上，大数据提供了宝贵的信息，同时也创造了新的价值。②

然而，大数据也威胁着信息安全、隐私、平等、公正等人类的终极价值③，带来诸如“结果预判挑战自由、隐私披露挑战尊严、信息垄断挑战公平、固化标签挑战正义”等道德伦理问题。④试想你心仪的工作机会因为社交网站上展现的形象而被拒绝？你的朋友有犯罪记录，所以你可能会成为屡犯者？凯茜·奥尼尔（Cathy O’Neil）指出，在美国，大数据创造了一个危险的贫困循环，其不透明、可扩展性与不公平的特点存在着性别与

---

① 方巍，郑玉，徐江．大数据：概念、技术及应用研究综述［J］．南京信息工程大学学报（自然科学版），2014，6（5）：405-419．

② 迈尔-舍恩伯格，库克耶．大数据时代：生活、工作与思维的大变革［M］．盛杨燕，周涛，译．杭州：浙江人民出版社，2013．

③ 宋吉鑫，魏玉东，王永峰．大数据伦理问题与治理研究述评［J］．理论界，2017，521（1）：48-54．

④ 王永峰．对大数据道德悖论的思考［J］．人力资源管理，2016（1）：201-202．

种族偏见，加剧了美国财富分布的鸿沟。[①] 此外，社交网络服务掌控着我们的个人偏好，越来越控制着我们的消费习惯，我们在资讯 App 上看到的信息也只是机器的算法推荐。[②] 又如，通过深挖消费者的浏览和消费记录，互联网平台可以让算法更加明晰消费者偏好，从而在同一时刻对同一产品进行差别定价，以获得灰色超额利润，“大数据杀熟”的事件屡见不鲜，让人不禁产生忧虑。

（三）关于隐私，你真的在乎吗

2018 年 3 月 17 日，《纽约时报》和英国《卫报》共同发布深度报道，曝光 Facebook 上超过 5000 万用户信息数据被一家名为“剑桥分析”（Cambridge Analytica）的公司不当获取，并用在 2016 年美国总统大选中，针对目标受众推送广告，从而影响了大选结果。尽管 Facebook 本身称对此事并不知情，而且在发现问题后已经提升了对数据的保护级别，但美国联邦贸易委员会（Federal Trade Commission，简称 FTC）仍然认为其构成潜在违规。这一事件引起了社交网络上“delete Facebook”（删除 Facebook 账号）的浪潮，首席执行官扎克伯格向用户道歉。一时间，大数据时代的隐私安全问题在全球广泛讨论。

大数据时代下的隐私危机存在着一个悖论：一方面，我们产生的数据本身具有很大的竞争价值，数字经济不仅意味着经济活动本身的数字化，更意味着离开数据的支撑，产品和服务无法得以优化，从而无法形成核心竞争力；另一方面，隐私的泄露让我们在互联网上变得越来越透明，也越来越不安全，而我们对此却并没有太多的办法，大多数社交媒体或智能服务的使用前提便是让渡部分个人隐私。[③] 虽然大多数互联网公司都声称会

---

① RAWLINS A. Math is racist：how data is driving inequality［N］.CNN，2016-09-06.

② Facebook 事件后还有哪些 AI 危机等着我们？［EB/OL］.（2018-04-12）.http：//www.ebrun.com/20180412/272097.shtml.

③ TADDICKEN M. “The Privacy Paradox” in the social web：the impact of privacy concerns，individual characteristics，and the perceived social relevance on different forms of self-disclosure［J］. Journal of Computer-Mediated Communication，2014.

对用户的数据保密，但拥有用户就拥有了数据，拥有数据就拥有变现的价值，因此这些平台都希望掌握尽可能多的个人数据，以便在智能服务行业占据有利位置。

换个角度来看，深深依赖着互联网的用户对个人隐私真的在乎吗？或者说，网络时代隐私泄露背后是否也有我们自己的责任呢？很多研究表明，几乎所有的 App 或社交软件在注册账号时，都会要求用户阅读相关的隐私条款（Private Policy），而大多数的用户对此并不关心。这些隐私条款字小且篇幅长以外，为了能够顺利安装并使用，除了同意也别无选择，以至于我们到后来看都不看就翻到底部，直接点“同意”。2016 年中国互联网信息中心（CNNIC）所发布的《中国手机网民安全状况报告》中指出一个令人担忧的事实：超过四分之一的用户在遭遇手机信息安全事件后不会采取任何处理措施。①

据 2014 年一份基于德国社交网站用户的研究报告显示，社交网络的用户会因为回报社交规范或感知压力等原因而自愿透露诸多个人的详细信息，也会通过发布私人信息的方式来使自身在社交网络更受欢迎。该研究表明，在社交网站上披露个人基本信息的用户占 88%—93%，有 67% 的用户在社交网站上提供照片，45% 的用户没有额外的访问限制。此外，大约一半的用户在社交网络上分享个人经验或表达自己的想法，大约 18% 的用户在社交网站上表达了自己的担忧。而这些披露敏感信息的用户 30% 都在社交网络上公开，没有访问限制。②

尽管有人质疑，由于网络世界的无孔不入，用户基于数据的隐私权实际早已不复存在，不过我们还是应该思考，数据收集与隐私暴露的边界到底应该在哪里？应该用何种技术或法律来限制这些非法使用数据的行为？

① 徐敬宏，段泽宁，侯伟鹏，胡世明. 移动互联网商业模式下的数据共享与隐私保护［J］. 情报理论与实践，2018，41（1）：50-54.

② TADDICKEN M. “The Privacy Paradox” in the social web：the impact of privacy concerns，individual characteristics，and the perceived social relevance on different forms of self-disclosure［J］. Journal of Computer-Mediated Communication，2014.

（四）网络谣言及其管控

英语语境的谣言（Rumor）一词是指没有经过官方证实的话，它并没有褒义和贬义之分；而在中文语境里这一词分化出了两种意涵：流言和谣言。流言是没有得到确认、信息源模糊的信息，谣言则是具有主观恶意的虚假信息。在互联网时代，流言和谣言的界限变得模糊，大多数在传统观念上被视为流言的话语，因为能够追溯到信源头，而被划分为谣言。

社会学家 G.W. 奥尔波特（G.W. Allport）和 L. 波斯特曼（L.Postman）于 1947 年提出了谣言公式：$R=I \times A$，即谣言的杀伤力 = 信息的重要度（Importance）× 信息的不透明程度（Ambiguity）。根据这一公式，谣言以前一般只通过人际传播、口语传播而扩散，在互联网时代，则是以更快的速度、更大的影响力、综合人际传播和大众传播的方式在网上进行裂变式扩散，从而损耗了信息的准确度，因此信息的重要度比以往更强，信息更加模糊，可见谣言公式在互联网时代仍然适用。

互联网时代谣言盛行的第一个原因是信息传播变得更加容易，造谣和传谣的成本大大降低。新的媒介形式为人类带来了信息资源享有最大自由度的新希望，被赋予更多话语权的公众在媒体平台上渴望传递信息，制造认同。刘海龙考虑到互联网时代的传播成本大大降低这一因素，从而提出 $R=I \times A/C$，即流言传播取决于其对相关人员的重要性（Importance）乘以信息的不透明程度（Ambiguity）除以传播成本（Cost）。①

互联网时代谣言盛行的第二个原因是传播过程中语境的丢失。例如，微博上的流言或谣言主要围绕着热点事件生发，由于互联网文本复制粘贴的便利性，大量的流言或谣言通过环环相扣的弱关系以很小的歪曲程度得到传播。但是，许多文本都是在原有的语境下才能表达正确的意涵，而当信息已经传遍网络，语境却留在原地，“流失的信息、流放的语境”正是新媒体环境变化对谣言传播带来的另一影响。

互联网时代谣言盛行的第三个原因是社会集体记忆或对权威解构的

① 刘海龙 . 从传播学角度看：微博流言的特征［J］. 新闻与写作，2012（5）：20-23.

一种体现。流言的产生反映出公众对于某个热点事件的关注，其中往往体现出对权威的戏谑或解构，成为公众意见表达的一种方式。在这种情况下，流言或谣言甚至成为舆论的新形态，成为一种特殊和畸变的舆论。[①]流言中表达的深层意义往往与社会集体记忆存在一定的关系，其中比较突出的就是与群体历史的联系及与当下的不满或关注之间的联系，而广泛传播并得到认同的流言或谣言甚至可以构建某一群体的集体记忆和集体信念。[②]

有研究者认为，虽然互联网时代更容易产生谣言，但谣言的自净机制也比以前更强。诸如"谣言粉碎机""权威发布"等机制的出现，都可以有效澄清谣言。同时，对谣言的管控手段似乎也更加多元。因为互联网用户看似拥有信息自由，实际只有对信息的选择性接触权和使用权，而掌握平台运营和信息安全的公司或政府则能通过技术从根部移除个人所拥有的少许表达优势，这即所谓的网络传播的硬控制。[③]因此，我们可以看到在公共事件的网络传播中，一些机构会采用"删帖""封锁账户"等管控的做法来制止谣言的传播。不过，这种硬控制并不能一劳永逸地解决问题，更有甚者，反而会丰富谣言的内容，加重谣言的传播速度。

互联网上言论的自由空间使得政治经济力量逐渐从硬性控制转向对话式的软性控制[④]，越来越多的学者认为构建公共领域、进行有效对话是更加合适的做法。刘海龙认为，微博的流言不能只靠禁言，只有靠提供更多的相关信息和增加信息发布者的透明度才能消除。[⑤]喻国明认为，面对内容生产和分发的多元格局，消除谣言的关键对策不是"堵"和"删"。[⑥]胡百精认为，互联网天然就是开放、平等的对话平台，创造了更加透明的公共舆论空间，重新分配了社会话语权，人们相信并倾向以对话的方式解

① 王润．互联网环境下流言与谣言概念刍议：基于 Rumor 词源的分析［J］．社会科学论坛，2015（3）：238-243.

② 刘海龙．从传播学角度看：微博流言的特征［J］．新闻与写作，2012（5）：20-23.

③ 陈力丹．论网络传播的自由与控制［J］．新闻与传播研究，1999（3）：14-21，93.

④ 同上。

⑤ 刘海龙．从传播学角度看：微博流言的特征［J］．新闻与写作，2012（5）：20-23.

⑥ 喻国明，李彪．双因机制：移动互联网时代的谣言生成［J］．新闻与写作，2018（3）：45-48.

释和解决问题，既往处于支配地位的权力、系统及其代理人逐渐接纳对话的观念、原则和方式，谋求理解、信任、情感共通。[①]

（五）网络行为失范

“失范”最早由社会学家埃米尔·涂尔干（Emile Durkheim）提出。他认为，失范是一种反常的状态，是一种社会病态的现象，它的发生是在社会转型过程中，由于社会分化的加剧和维系人们的集体意识被消解时所产生的状态；是集体意识对于个体的约束力逐渐减弱，个体意识和欲望萌发并企图抽离于传统和控制时产生的混乱与不确定。这种状态会为社会的团结与整合带来破坏性的影响。[②]

李一指出，网络行为失范即网络行为主体违背了一定的社会规范和所应遵循的行为准则要求而在虚拟空间里出现行为偏差，以及因不适当接触与使用互联网而导致行为偏差的情况。[③]由于互联网的兴起，我们从传统的精英传播和职业传播时代走向了一个任何人都可以作为自媒体的公民传播时代。公民不再被动地接收信息，而是能够自己进行信息的溯源、生产和传播、互动。但是，由于其受教育程度、职业、年龄、性别等不同，再加上社会转型和互联网技术条件下集体和个人的生活、思想的不稳定性，部分的传播行为便发生了伦理失范的现象。

盛凤归纳了自媒体传播伦理失范的主要行为表现，包括散布谣言、传播虚假信息、散布不良信息、泄露个人隐私、谩骂攻击他人、传播虚假广告、出卖粉丝和关系、发泄社会怨气、制造社会恐慌、无节制展示私生活、无底线恶搞等。

近年来互联网失范的现象越来越普遍，突破道德和理性的案例层出不穷，如微博上炫富、直播平台乱象、打着亲情旗帜营销、表情包大战等。再如在公众讨论中，媒介审判或公民审判越来越严重，公共事件背后“真相”

① 胡百精，李由君．互联网与信任重构［J］．当代传播，2015（4）：19-25.

② 涂尔干．社会分工论［M］．渠敬东，译．北京：生活·读书·新知三联书店，2000：14.

③ 李一．网络行为失范［M］．北京：社会科学文献出版社，2007：92.

不断发生着反转，事实未明前急于进行价值判断，在众声喧哗中离真相越来越远。

尽管新媒体传播失范行为造成了很多荒诞与危机，但也有研究者认为，失范对规范具有反向建构功能，是各方通过具体实践重建一致性与秩序的重要途径，也是网络社会发展成熟的助推器。①

五、“1984” or “美丽新世界”

吉登斯认为，现今社会，占主导地位的风险已经不是外部风险，如地震、海啸等自然灾害，而是人类自己制造出来的风险——现代性的风险。人类在追求社会进步与科技发展的同时，新的风险也被制造出来并且开始在各个领域蔓延扩张，而人类对于风险的感知也使其产生了恐惧与失落。在我们享受科技进步和社会发展带来的舒适时，全球变暖、恐怖主义、信任危机、核武器等一系列的风险问题进入了我们的视野。② 这让我们不由得以同样的视角反思，网络社会将为我们带来怎样的风险。

首先，多个中心的网络结构能够弱化传统社会的政治权力和文化权力，传统的集中性权力越来越难以控制互联网上的个体化行为、言论和活动，而个体化的行为言论很容易通过传播和裂变上升到社会甚至政治层面。

其次，变幻的信息、资本和社会观念的流动形态，如同疾病传染一般，能够快速地不断裂变、演化，并且形成涟漪效应。比如某种宣传、某种时尚或某个谣言都有可能飞速传播、感染人群，甚至这些信息和观念变得超过了我们的需求，成为超载的信息负担和障眼的信息烟雾。

再次，虽然随着时间的推移，技术补丁会不断修正和完善其自身的安全性和稳定性，但是技术本身在目前的时间周期内仍然会存在很多裂缝，而隐形的裂缝就像黑天鹅现象一般，并不是不存在，而是在某一个技术能力周期之内我们无法发现。危险时刻存在，如同黑客时时刻刻威胁着国家、

① 李文波．网络公共事件中的失范现象研究［D］．兰州：兰州大学，2014.
② 丁秀丽．吉登斯风险社会理论研究的哲学审视［D］．北京：首都师范大学，2008.

政府、公司、家庭和个人的隐私安全甚至生命安全。

在波兹曼《娱乐至死》一书的前言中，他提到了关于未来世界预言的两个版本，一个是乔治·奥威尔（George Orwell）的《1984》，另一个是阿道司·赫胥黎（Aldous Huxley）的《美丽新世界》。奥威尔警告人们将会受到外来压迫的奴役，而赫胥黎认为，人们失去自由、成功和历史并不是“老大哥”之过。在他看来，人们会渐渐爱上压迫，崇拜那些使他们丧失思考能力的工业技术。

奥威尔害怕的是那些强行禁书的人，赫胥黎担心的是失去任何禁书的理由，因为再也没有人愿意读书；奥威尔害怕的是那些剥夺我们信息的人，赫胥黎担心的是人们在汪洋如海的信息中日益变得被动和自私；奥威尔害怕的是真理被隐瞒，赫胥黎担心的是真理被淹没在无聊烦琐的世事中；奥威尔害怕的是我们的文化成为受制文化，赫胥黎担心的是我们的文化成为充满感官刺激、欲望和无规则游戏的庸俗文化。正如赫胥黎在《重访美丽新世界》里提到的，那些随时准备反抗独裁的自由意志论者和唯理论者“完全忽视了人们对于娱乐的无尽欲望”。在《1984》中，人们受制于痛苦，而在《美丽新世界》中，人们由于享乐失去了自由。简而言之，奥威尔担心我们憎恨的东西会毁掉我们，而赫胥黎担心的是，我们将毁于我们热爱的东西。

波兹曼研究的是电子时代文化，他认为可能成为现实的是赫胥黎的预言而不是奥威尔的预言。在电子时代，一切公众话语都日渐以娱乐的方式出现，并成为一种文化精神，就连政治家原本可以表现才干和驾驭能力的领域已经从智慧变成了化妆术。而进入数字化时代，我们既可以看见赫胥黎批判的娱乐文化大行其道，又可以看见《1984》的影子。

在赫胥黎看来，政府会鼓励娱乐公司的发展，以转移人们对政治议题的关注度。其中一个例证便是美国传媒业通过并购缔造一个又一个媒体巨头，而美国联邦通信委员和司法部的反垄断调查最后都无疾而终，如2011年美国最大的有线电视运营商Comcast对最大的广播公司NBC环球的280

亿美元收购案，2018 年 AT&T 以 854 亿美元收购时代华纳，迪士尼以 660 亿美元收购 21 世纪福克斯，等等。同时，赫胥黎认为，人们沉湎于娱乐将会大大降低对真正知识的渴求。比如，2019 年 2 月，美国最大的名人八卦娱乐新闻网站 TMZ 的日均访问量就突破了 4500 万人次，远远高于时代周刊网站（Time.com）的访问量。

互联网及数字技术使我们从大众社会进入了网络社会，它改变了我们的时间与空间，改变了人与人的交往频度和交往方式，信息的快速传输带来了资本的自由流动，从而创造了巨大价值。今天我们任何对互联网的批判都不应该否认这一点。然而，无论是《1984》里的言论控制，还是《美丽新世界》中的娱乐至死，在网络社会都能找到对应物。大数据、隐私、谣言、失范、风险等对网络社会的批判越来越受到人们的关注，这些问题到底可不可控，并且将带领我们走向哪一种结局，有何解决办法，上述的忧虑也会逼迫人类不得不对现代性、对技术与社会进行更多的反思。

第五章　新媒体与网络文化研究

一、虚拟社群研究

（一）从传统社群、现代社群到虚拟社群

德国社会学家斐迪南·滕尼斯（Ferdinand Tönnies）在1887年发表的《社区与社会》一书中，真正对礼俗社群（Gemeinschaft）和法理社会（Gesellschaft）做了区分。在社群/社会的清晰划分下，社会学才真正诞生。“社群”（Community）是指通过血缘、邻里和朋友关系建立的人群组合，相对于人为的“社会”（Society）关系，社区是一种基于自然意愿结合的人际关系。

法国社会学家涂尔干在《社会分工论》中，用机械连带（Mechanical Solidarity）和有机连带（Organic Solidarity）的概念，将社群研究更进一步。他认为，传统社会靠机械连带组织在一起，集体意识和个人意识没有太大差异，因此只有社会和集体，没有“个体性”存在，这是传统的部落社群的重要特征。工业社会以来，文明不断扩张，社会职能也日益扩大，日趋复杂精密的社会分工，将各集团的人们纳入其中。透过分工，不同集团的人亦逐渐相互依赖。依照涂尔干自己的比喻，人们就像身体的各个器官一样相互依赖，社会也因而转入“有机连带”。集体意识逐渐现实化、世俗化，只有有机连带社会才有真正“个人”的概念。于是，传统以血缘、亲缘或地缘等机械连带方式组成的部落社群，逐渐向以社会分工等有机连带为核心的现代社群转变。

20世纪80年代末，一群电脑科技迷在美国加利福尼亚州北部创立了源泉（The Well），这是最早的虚拟社群。虚拟社群发展到今天已经成为社会化媒体最核心的组织方式之一，从传统的网络聊天室、BBS论坛、线上游戏，到近年来兴起的社交网络SNS、微博、微信等，虚拟社群的形式更加多元，也逐渐模糊了虚拟与现实的界限。

虚拟社群（Virtual Community）又称网络社群（Network Community）或在线社群（Online Community），由美国互联网研究学者霍华德·瑞格德（Howard Rheingold）于1993年提出。他认为，虚拟社群的本质是一种网络上的社会集合（Social Aggregation），“当数量足够的人们抱持充足的情感，在一段时间内持续进行公共讨论，就能够形成基于网络空间（Cyberspace）的人际关系”。瑞格德认为虚拟社群有四种特质，即“表达的自由、缺乏集中的管制、多对多的传播、成员出于自愿的行为”。[①]

互联网的兴起既整合了现代社群，又复兴了传统社群。它带着数字环境中的站点和讨论组将人们重新集结于这片虚拟的土壤之上，形成了一个个交叉相连又相异的在线社区。许多研究表明，虚拟社群在某种程度上能够让社群成员产生心理上的影响，这与传统社群的影响并无区别。但是在形式和构成上，电脑中介传播提供了机动性和互动性传播的可能性，而这些特性从大众媒介或直接的实体环境中是得不到的。[②]

南希·贝姆（Nancy Baym）总结了虚拟社群区别于传统社群的四个特点[③]：

（1）虚拟社群创造了不同的意见表达与沟通形式（Forms of expression）：由于电脑沟通媒介以文字为主，无法展示双方的情绪或表情，于是社群内

① RHEINGOLD H. The virtual community：homesteading on the electronic frontier［M］. Cambridge MIT press，2000. 转引自：吴筱玫．网路传播概论［J］．台北：台湾智胜文化事业有限公司，2003.

② 麦奎尔．大众传播理论［M］．陈芸芸，译．台北：韦伯文化事业出版社，2002：182-183.

③ BAYM K N. The emergency of community，cybersociety：computer-mediated communication and community. Professional Development Computer and Education，1994，24（3），247-255.

产生一些特殊的符号来弥补这方面的不足。

（2）虚拟社群中个人的身份（Identity）之取得或认定方式独特：由于网络的匿名性，个人身份的认定需经由信息中的称呼、签名档、角色的扮演及交往中的自我揭露，在长时间沟通中才能建立，且这种方式已广为成员所接受（虚拟社群的“匿名性”更准确来说应称为“化名性”）。

（3）成员彼此之间的关系（Relationship）建立之多样性：虚拟社群成员之间的关系有很多种形式，有些是原本在真实世界中就认识，有的则是透过电脑才连接，有的属于强关系，有的属于弱关系。

（4）建立行为规范（Behaviornorms）：在沟通的网络平台上，管理者与使用者会建立一套管理社群的行为规范，用以控制不适宜出现的内容。[①]

（二）虚拟社群的关系特征

网络社群突破了以往基于血缘、地缘和业缘的群体组织方式，亦即突破了一定物理空间和熟人圈的限制，突破了传统社会学研究中建立在传统社会组织基础上的社区，而强调由社会行动者的选择和战略构建的网络。分享意义和采取群体行动是其核心特征。[②]

黄厚铭、林意仁指出，过去关于虚拟社群的讨论，强调的是使用者之间如传统社群一般的情感连带，并力图证明此种群体关系的持续长久。而这恰恰未能反映虚拟社群的人际关系本质，“流动多变、随聚随散”才是虚拟社群的关系特征。[③]正如今天的微信用户大多都会加入数十个聊天群组，而且能在不同的群组中快速自由切换身份；又如微博上可以迅速对公共事件进行围观与表达，往往还没等到事件结束便抽身而退，兴致勃勃地投入下一个事件中。

贝姆也认为，虚拟社群的人际关系特征是“既隔离又联结”：既被电

① 万荣水，梁瑞文．虚拟社群形成之意义及其衡量指标之探讨：以网路书店为例［J］．资讯社会研究，2007，13：295-317.

② 张华．网络社群的崛起及其社会治理意义［J］．编辑之友，2017（5）：50-54.

③ 黄厚铭，林意仁．流动的群聚（mobility）：网络起哄的社会心理基础［J］．新闻学研究，2013（115）：1-50.

脑中介阻隔，又创造出表情符号、配图等多样的表达方式；既要隐瞒个人身份，又重新建构或维持在社群中的身份；既注重自我表达和个性，又渴望一定的群体归属感；既对成为“共同体中的一员”有强烈的依恋，又可以随时进入和退出。[①]用社会学家鲍曼的话来说，“自由”与“安全”是人类“同等迫切而不可或缺的需求”，虚拟社群就是在这两种需求间不断摇摆——虚拟社群成员既渴望加入群体来获得归属与安全感，又无法放弃对自由个性的追求。[②]这种对自由与安全、个人与社群、隔离与联结的爱恨交织，体现出虚拟社群中流动的个体性和集体性，而这正是其交往互动的本质。

虚拟社群的这种“流动多变、随聚随散”的关系特征，深刻影响着社群的集合方式、隐私暴露及信息分享等方面。

首先，从虚拟社群的集合方式来看，一方面，早期的虚拟社群（如BBS论坛、网络聊天室等），主要依据“兴趣”或“主题”而建；而如今的社交网络、微博、微信等近用率最高的虚拟社群，则几乎围绕人的“关系”而建，从“兴趣”为中心到以“关系网络”为中心，体现出个体性对虚拟社群的影响。另一方面，在美国及中国台湾等地关于Facebook社交网络的研究表明，虽然虚拟社群有助于拓展人际关系网络，但这种网络多以强化原有的人际关系为主，即便是新建的朋友关系，仍然体现出观念与态度上的相似性（Family Resemblance），这又反映出集体的共感共应对持续参与虚拟社群的影响。

其次，从隐私暴露来看，一方面，目前多数的社交网络（如Facebook、微信等）越来越要求以真实身份注册，并鼓励成员使用真名在网络上分享个人信息，这虽然大大强化了人际互动与信任关系，但也一定会损害到个

① BAYM K N. The emergency of community，cybersociety：computer-mediated communication and community［J］. Professional Development Computer and Education，1994，24（3），247-255.

② BAUMAN Z. Community：seeking safety in an insecure world［M］.London：Polity Press，2001.

人隐私。这种以牺牲个人隐私来换取群体互动和集体信任的行为，反映了成员对社群情感的依恋。另一方面，伦敦政治经济学院社会心理学教授索尼娅·利文斯通（Sonia Livingstone）对社交网络的隐私设置研究发现，使用社交网络的年轻人并非对隐私毫不在意，但他们会自己划定界限，根据沟通模式和目的做调整。这意味着，虚拟社群上的隐私权已不是传统意义上对特定私密信息的拥有权，而变成一种控制"他人如何认识你"的方式。①社群成员可以自由控制在不同群体中的隐私暴露程度，来建构自身在群体中的个人形象——印象管理。

再次，虚拟社群的信息分享行为也体现出自我形象与集体形象的流动性。一方面，个人愿意提供有价值的信息给社群成员，这一行为并没有明确的预期回馈对象，而只是要通过礼物的交换，得以确立社会关系，增加个人在社群中的影响力和认同度。②另一方面，对于虚拟社群的使用者来说，在社交网络上发布和分享任何信息都会在朋友的动态公告栏中显示，也就是在信息分享行动之前，发布者不仅确信朋友会看到，而且已经想象了可能引发的结果，这实质就是一场个人的展演，故丹娜·博伊德（Danah Boyd）认为，社交网络上的"朋友"其实与现实生活中的朋友概念并不同，社群网站中的"朋友"提供了一种脉络，一种想象观众的存在及行为的指导。③因此，虚拟社群的信息分享更像是一种"礼物经济"——信息分享就和礼物交换一样，既强调信息交换产生的价值，同时又非常明确在交换前的信息选择。

（三）虚拟社群的参与动机

如今，虚拟社群已经是社交媒体的基本功能之一，甚至成为人们使用

① LIVINGSTONE S. Taking risky opportunities in youthful content createon：teenagers' use of social networking sites for intimacy，privacy and self-expression［J］. New Media and Society，2008，10（3）：393-411.

② RHEINGOLD H.The virtual community：homesteading on the electronic frontier［M］.MA：Addison Wesley，1993.

③ BOYD D M，ELLISON N B. Social network sites：definition，history，and scholarship［J］. Journal of Computer-Mediated Communication，1993，13（1）：210-230.

社交媒体的首要原因。不过，我们需要注意的是，任何一种新的传播科技在社会结构中发展、扩散及为人们所普遍使用，最后渗透日常生活中，成为你我视为理所当然的样貌，绝非自然而然地发生。换言之，当我们今天通过微博、微信等社交平台分享心情、发表评论、联络感情、维护关系时，我们需要思考一个根本性问题：人们为何会参与虚拟社群，其背后的动机和持续影响因素何在？

目前已有较多学者用使用与满足理论对虚拟社群的参与动机进行研究。如约翰·哈格尔（John Hegal）和阿瑟·阿姆斯特朗（Arthur Armstrong）认为，人们参与虚拟社群主要是为了满足人类的四大基本需求：兴趣（Interest）、人际关系（Relationship）、交易（Transaction）和幻想（Fantasy）。[①] 网络用户会基于兴趣而参与虚拟社群，并借由虚拟社区发展出自己的人际关系，透过虚拟社区完成各种互动与交易，以及利用网络中“虚拟”的一些特性满足自己的幻想。相应地，他们将虚拟社群分为四大类型：兴趣型社群（如豆瓣、知乎、果壳），人际关系型社群（如QQ群、人人网、微信朋友圈），幻想型社群（如网络游戏的“工会”），交易型社群（如淘宝）。

张美君（Christy Cheung）和李国安（Matthew Lee）认为，虚拟社群能满足使用者以下不同层次的需求：目的性（Purposive）、自我发现（Self-discovery）、人际联结维系（Maintaining Interpersonal Interconnectivity）、社会促进（Social Enhancement）、娱乐（Entertainment）等。[②] 范懿文等进一步将虚拟社群分为资讯交换型（如知识社群、兴趣社群、交易社群）与社会互助型（如关系社群）。[③] 其中资讯交换型社群更注重个人需求的功能，强调

① HAGEL J，ARMSTRONG A G. Net gain：expanding markets through virtual communities. Boston［M］. MA：Harvard Business School Press，1997.

② CHEUNG C M K，LEE M K O.Understanding the sustainability of a virtual community：model development and empirical test［J］. Journal of Information Science，2009，35（3）：279-298.

③ 范懿文，方毓贤，吴政杰，刘昌辉. 虚拟社区持续参与因素之探讨［J］. 电子商务学报，2011（2）：413-434.

"目的性价值"和"自我发现价值"，而社会互助型社群则更强调"人际联结价值"与"社会促进价值"，娱乐性的功能则普遍存在于两种社群之中。

将这类研究的结论放在一起比较就可以发现，无论是动机的四因说、五因说还是其他，研究得出的参与动机大体仍未超出使用与满足理论的一般框架，相关研究也只是在此基础上的修正或验证而已。因此，从使用与满足理论研究虚拟社群的参与动机似乎难以再有突破。这里尝试跳出使用者的主观动机角度，跳出"虚拟 / 真实"的二元对立，将虚拟社群视为一个新的社会组织，回到虚拟社群关系的社会本质来探讨虚拟社群的参与动机。正如史蒂芬·琼斯（Steven Jones）提到，虚拟社群最关键的不是构建者，也不是使用者，而应该是在使用过程中所发展的网络互动的整体现象；同样，若要真正理解虚拟社群的参与动机，既不能仅从媒介技术的功能满足，也不能仅从受众的使用动机，而是要从社群的互动关系中去寻找。①

以上提到的虚拟社群的关系特征是"流动多变、随聚随散"，从中可以看出个体彰显和集体归属之间的摇摆，这实际上为我们理解社群成员的参与动机提供了新的路径。个体性与集体性的角力实际上是人类社会从部落社群、现代社群到虚拟社群演进的根本动力。如果说传统社会部落社群强调集体性，工业社会现代社群强调个人主义与理性，虚拟社群则在其中找到了一个平衡。

在后现代或者"现代性之后"的当代社会，人类的交往虽然更倾向一种部落式的回归或社群主义的复苏，但个体性的表达和呈现亦必不可少，因此虚拟社群不再是传统部落那样机械连带关系，而表现出更强的临时性和流动性——个体性与集体性的自由流动。第四章提到，"流动性"（Mobility）是社会学家鲍曼用来形容我们如今所处的时代的关键词：当下社会被人们认识为包含各种随意性的联结和分离的矩阵——一个可能出现

① JONES S G. Information，internet，and community：notes toward an understanding of community in the information age［M］//JONES S G.Cybersociety 2.0：revisiting computer-mediated communication and community.Thousand Oaks：Sage，1998：1-34.

无数排列组合方式的矩阵。[①] 这种随意性的联结和分离—流动性——才是虚拟社群区别于传统社群的本质。

事实上，虚拟社群具有如同初级团体般的亲密性，又有如同次级团体般自由选择进出的权利，因此，比起有机连带及机械连带都更吸引人。鲍曼认为，自由与安全都是人的生活不可或缺的元价值，但问题在于，有结构意味着行动的不自由，没有了结构人会感到不安全。事实上，这两者很难做到协调一致。人们成长到一定阶段，就不希望被初级群体（First Group，如原生家庭等）般无所不在式的关怀所笼罩；相较而言，次级团体（Second Group，如公司、组织等）虽然可以提供选择的自由并尊重个人所要求的权限来互动，可是总没有那种初级团体所带来的安全感和亲密感。而虚拟社群所提供的选择是一种可以满足初级团体及次级团体互动时的需求，给予使用者一种全新的感受。

如果同意把“流动的个体性与集体性”视为虚拟社群的本质，也就不难理解虚拟社群的参与动机：当代人一方面经历过现代化进程中个人理性的洗礼，而渴望伸张其个体性；另一方面却又本能地想追求与他人在共同体的群聚中，体验情绪上共感共应。正因为虚拟社群的形式和功能能够同时满足这两方面的需求，让参与者在个体性和集体性之间自由流动，才成为吸引人们参与的根本动力。倘若虚拟社群只能满足个体性或社交性单方面的需求，恐怕并不能与传统社群真正区隔开来，也不能解决社群参与的“现代性困境”，因为只有在个体性与集体性之间自由流动，才是“现代性之后”的社会所追求的理想社群关系。

（四）虚拟社群的文化研究

虚拟社群研究已经成为新媒体研究的一个热门领域，尤其是在虚拟社群的文化研究方面。

---

① 鲍曼.流动的时代：生活于充满不确定性的年代［M］.谷蕾，武媛媛，译.南京：江苏人民出版社，2012.

1. 虚拟社群的符号互动

虚拟社群中的交流方式间接而单一，大多数的交流都是通过特定的屏幕文本来进行的，这就缺少了很多有机社区中非语言表达的丰富表现力。为了帮助人们更好地表达情感，人造的副语言大量出现，如 emoji 表情包、语音、图片等。这种中介化和符号互动是虚拟社群的一个重要特征。尽管没有在传统社区中面对面交流的表情、神态等可供进行协助理解与判断，但网友们在虚拟社群中通过独创的网络语言和表情包等特定符号进行交流，并借此判定对方的语气、情绪，以及预测对方的反应并进行调适。乔治·赫伯特·米德（George Herbert Mead）称这种能力为角色领会（Role Taking）——一种视他人态度和部署而行动的能力。互动论的学者强调这种角色领会的过程是互动行为发生的基本机制。可以说，某种程度上，人们在虚拟社区中正是使用符号进行彼此之间的沟通和交往，通过对他人姿态的解读和解释调适互动行为，从而建立起虚拟自我的观念和形成群体规范。

考察虚拟社群成员的发帖、回帖等互动行为是虚拟社群研究最吸引人之处。根据符号互动理论，互动（即仪式）是社会动力的来源，个体在与他人的互动中逐渐构建和呈现自我形象，而对组织和群体而言，互动能够产生集体情感，并将这种情感与符号联系起来，从而构成组织信仰、组织思想、组织道德规范和组织文化的基础。互动所产生的情感能量和符号又会引发之后的社会互动，这种循环固定下来之后形成一定的互动仪式。

随着传播技术的进一步发展，虚拟交流更加真实地还原着现实交流，苗笑雨将网络虚拟即时交流介质划分为了四类：含蓄而富有逻辑的文字介质，随意直白表达情感的语音介质，直接、形象、高度表达的视频介质，抽象、情绪化的图标介质，并且认为网络虚拟即时交流能够体现出多元、开放、自由的价值观念，呈现更多的非主流和亚文化元素，透露出后现代意味的呈现方式。[①] 但是，由于中介化表达及编码译码的开放性，不同群体的人们不一定能从约定俗成的文化中接收新符号的意义，从而无法建立起共通的意义空间，成为使用表情符进行交流的一个重要障碍。

2. 虚拟社群的关系网络

虚拟社群的本质是人际关系组成的网络，“其互动活动的核心是社区参与者发生的各种人际沟通活动，通过虚拟空间符号的交往与互动，进而构建出人们的虚拟身份与角色”。[②]

早期的虚拟社群主要以兴趣为基础而建立，如今的社群越来越围绕个人关系而建立。网络社群建立出分散社交网络的链接，可以将真实世界的弱连带关系透过媒合社会资本而加以整合[③]，进一步实现了格兰诺维特（Granovetter）所谓的“弱连接”关系整合进来，弱关系可能变成强关系。在社交网络中，人们因为原有的类似性而结合在一起，更因为彼此分享，让人与人彼此认识而将自己调适纳入共同接受的价值网络中，产生共识，进而强化了原有的类似性。[④] 由于社交网络具有匿名性、方便性、去中心等特点，虚拟社群的成员可以轻易进行许多身份实验，以不同的化身（Avatar）来长期经营自己的身份、建立与其他化身之间的互动关系，虚拟社区成为人们的心理实验室。

3. 虚拟社群的身份认同

虚拟社群的产生立足于其中的使用者能够形成人际互动与交往，不过并非所有互动都能形成社群。卡拉・萨莱特（Carlar Surratt）认为，互动要形成社区需要满足两个条件：第一，这种互动要能够帮助成员形成自我，

---

① 苗笑雨．虚拟与现实：大陆网络虚拟即时交流主体行为与心理机制研究［D］．北京：中国传媒大学，2009.

② 楼天阳．虚拟社区成员联结机制研究［D］．上海：复旦大学，2008.

③ ADKINS A M. Myspace，facebook，and the strength of internet ties：online social networking and bridging social capital.［EB/OL］. http：//Etd.Ohiolink.Edu/Send-Pdf.Cgi/Adkins Angela.Pdf?Akron1239389919.

④ CRANDALL D，et al. Feedback effects between similarity and social influence in online communities.［EB/OL］. Http：//www.Cs.Cornell.Edu/Home/Kleinber/Kdd08-Sim.Pdf.

获取个体身份；第二，这种互动要能够帮助维持社区的存在，而要能够维持社区的存在就必须建立起成员的共同的价值观和行为规范。[①] 因此，社群的建立必须依赖一定的身份认同与社群归属，否则难以维系。

社会认同理论认为，自我观念（Self-concept）由包含异质特征（Idiosyncratic Characteristics）的个人身份（如身体特性、能力、心理特质、兴趣等）和包含显要群体类别的社会身份（如职业、群体角色等）组成。[②] 个人身份指人们作为个体如何看待自己，而社会身份指在其归属的群体之下其他成员如何看待自己。在虚拟社群中，通过构建出虚拟 ID 进行浏览、回复、私信交流等一系列互动活动，人们在虚拟社区中同样可以确立起自己的个人身份和社会身份。网民在网上活动所构建的虚拟 ID 或角色、身份是网民参与网上活动的一个最重要的入口与桥梁，是网民在网上识别和交流的基础。[③]

在虚拟社群的身份取得上，互联网经历了从匿名、化名再到准实名的阶段。由于网络空间的匿名性，网友一开始在虚拟社群的角色扮演中拥有相当高的自由度。个人可以在不同的网络社群中以多个代号或昵称等虚拟 ID 建立不同的身份，以不同的化身（Avatar）扮演任意角色，并在其间切换，创建出虚拟的自我。借助于此，使用者可以暂时隐匿自己的现实身份，这是许多人以匿名性（Anonymity）来描述网络人际关系的原因。

互联网的匿名身份阶段并没有维持太久，事实上，"真正的匿名性应该是个代号背后随时更换着使用者，同时，个人也随时更换着代号"。然而，虚拟社群的使用者在交往的过程中往往会长期固定使用某个代号，并通过设计自己的个性签名、经营自己的空间等为该代号塑造自己的特点。换言之，这个代号慢慢地有了自己的身份认同。因此，"网络上的

---

① SURRATT C G. Netlife：internet citizens and their communities［M］. New York：Nova Science Publisher，Inc.，1998：199.

② TAJFEL H.Differentiation between social groups：studies in the social psychology of intergroup relations［M］. Oxford：Academic Press，1978.

③ CARLSON B D. Brand-based community：the role of identification in developing asense of community among brand users［D］. Stillwater：Oklahoma State University，2005.

人际关系并不是许多人想象的那样因匿名而导致任意与不确定。我们或许可以将这种隐匿部分身份，重新经营另一个身份的使用方式，称为化名（Pseudonymity）。”而实际中，人们在塑造个体身份的角色特点的过程中也无法完全切断与现实身份之间的联系，通常会无意识地透露出自己本人的个性，或本人想象中所期望成为的自我。

发展到现阶段，社交媒体账号大部分人用的都是真名或准实名——虽然这背后有很多社交媒体平台的安全考量，但社交媒体的使用者在选择性分享部分或全部个人的标签以获得社交权利并建构个人形象时，通常愿意把个人隐私欣然让渡的行为，实际反映出个体对于集体社群情感的依恋。

霍普·邵（Hope Jensen Schau）和阿尔伯特·穆尼兹（Albert Muniz）证明，在虚拟社区中个体身份与所在的群体身份是一个协商的过程。个体身份与所属社群身份的显要性在不同的社区参与者中会不同。[①]从避免暴露、主动自我暴露再到控制暴露，反映了人们在虚拟社群身份建构上的重要变化。

4. 虚拟社群的亚文化

虚拟社群建构背后还伴随着系列文化规则。美国马里兰大学的戴维·西尔弗（David Silver）将1990年至2000年间西方的网络文化研究分为三个阶段。第一阶段为网络文化的大众化（Popular Cyber Culture Studies）阶段，它起源于新闻界，主要任务是对网络这样一种新兴媒介进行描述与前瞻，其特点是好走极端，要么将网络视为乌托邦似的神话，要么就是完全将它视作反面乌托邦。第二阶段为网络文化研究阶段（Cyber Culture Studies），这一阶段主要关注的是虚拟社区和网上的个体身份认同。第三阶段为批判性网络文化研究阶段（Critical Cyber Culture Studies），这时的网络文化研究扩展到四个领域：网络中各种因素的相互作用（Online Interactions），即政治、经济、文化、社会等各种因素在网络中是如何共同发生作用的；关于电子空间的话语方式（Digital Discourse），即对于网络的描述方式是

① SCHAU H J，MUNIZ A M. Brand communities and personal identities：negotiations in cyberspace［J］.Advances in Consumer Research，2002，29：344-349.

如何影响到人们对网络的认识的；使用网络的障碍（Access and Denial to the Internet），即哪些因素阻止人们上网；网络空间的界面设计（Interface Design of Cyberspace），即网络界面的设计方式如何影响人们使用网络及在网络中的互动。这一阶段的研究也往往关注以上四个领域间的相互交织和相互依赖关系。[①]

虚拟群体内部具有一套共享规范，并建立出彼此可理解的象征符号系统。由于使用特定语言的风格，成员能够分享共同价值，并会逐渐形成彼此间的关系、认同及角色扮演。虚拟社群的成员会遵守一套共同的群规，若违反社区规范者会受到某种程度的限制和制裁。

（五）越入群，越孤独

似乎再没有某一个时代会比现在更加强调社交的重要性，人们无时无刻不在交流，却也再没有某一个时代比现在更加深切感到“群体性孤独”。互联网造就了大量的网瘾少年、宅男宅女，造就了属于这个时代的社会隔离与孤独，人与人之间的面对面交流越来越少，真诚深刻的交谈更加难得，情感也越来越淡漠。

陈泳华从网络人际传播的角度，讨论在互联网中的网民呈现出种种分裂的心态，如隐匿和自我披露、怀疑与信任、沉醉与飘逸，这些心态可以造成人格分裂、道德失范、情感冷漠等一系列的负面效应。[②] 郑路鸿通过对于湖南中学生在家互联网使用情况的实证研究分析得出，互联网使用与亲子关系具有相关性，网络的使用会间接地影响家庭关系，而且影响最大的是亲子亲密度。[③] 类似的实证研究还有很多，研究的结论都昭示这样一个趋势：多重中介化的交流模式使得人机交流逐渐代替了人际交流。当然，

① 吴瑾 .1996—2004：中国大陆网络传播研究的历史和现状［D］. 武汉：华中科技大学，2005.

② 陈泳华 . 网络人际传播中网民的分裂心态及自我调适［J］. 河北师范大学学报（教育科学版），2003（1）：100-104.

③ 郑路鸿 . 互联网使用对城市家庭亲子关系质量的影响：来自湖南长沙的调查［J］. 湖南社会科学，2015（3）：100-104.

也有声音认为网络最终会对人际传播产生怎样的影响与作用，根本上还是取决于使用者的使用方式。[①]

梵·迪克认为，在未来，随着技术的进步，虚拟社区并不会完全取代有机社区，两者反而是相依相存的。在今后的社会生活中，虚拟社区会作为有机社区的有效补充，弥补有机社区的很多不足之处，如时间、地点等自然条件的限制，进行实时交流和传输；而传统有机社区也会弥补虚拟社区的不足，为共同体注入更多的价值理性与群体归属，从而虚拟社区和现实社区之间能够更进一步地相互交融和相互提升。

瑞格德认为，“每当沟通的媒介降低了解决集体行动困境的成本，可能就会有更多人将资源聚集起来，与他人分享。而文明的历史，用一句话简单地归结就是：更多人以新的方式聚集、分享资源。”[②] 作为首先实现了个体性与集体性自由流动的社会组织，虚拟社群已经超越了“虚拟/真实”简单的二元对立，它既不是传统社群的网络延伸，也非脱离现实的虚拟建构，它可以说是全新的，与以往任何时代的社群都不相同。从这一意义上，虚拟社群凭借自身的交往方式和人际关系，提供一种新的资源聚集方式，使得社群成员间即使没有特定的血缘、地缘、利益关系，也能持续参与并沉浸其中。

互联网的虚拟社群具有诸如实时性、交互性、匿名性等一系列传统媒体所没有的特征，可以在个体性和集体性之间自由切换，因此人们越来越依赖新媒体进行工作、娱乐、生活……人们几乎无法离开网络而生存。研究者将之称为媒介依赖，在微观层面指个人在满足需求的问题上对于媒介的重要性的感知，这种感知会极大地影响人们的心理状态。近年来，学界对于互联网依赖、网络成瘾等文化研究越来越关注，但大多研究工具以心理测量为主，强调了互联网依赖所导致的心理问题，如孤独感和疏离感，而未从互联网的流动性等根本层面入手，因此很难真正找到新媒体依赖的

① 谢新洲，等.网络冲击：从心理到价值观［N］.光明日报，2010-08-05（11）.

② RHEINGOLD H.Smart Mobs：The next social revolution［M］.New York：Basic Books，2003：31.

原因。

在液态现代性和后现代之间出现的这种流动的群聚，人们重视的是群聚在一起的共感共应，并以非理性的美感、情感、消费及社群促成链接。它超越了社群主义与个人主义，人们一方面感觉到自身对于社群的需求而与人交往接触，另一方面又充分意识到个体化趋势的影响，希望保有随时从群体性跳脱出来的自由，因此在网络上形成一种流动、多变、时聚时散的群聚。然而，真实性和义务感的缺乏，削弱了“社群”这个术语固有意义的主张。波兹曼曾经批评网络社群、虚拟社群中“社区”暗语的采用，因为缺乏了基本的责任和相对义务的成分。尽管电脑中介传播的确为跨社会和跨文化传播提供了新的机会，但是它也可能间接地强化了社会与文化的藩篱。那些想要归属于一个网络社群的人，必须顺从社群的规范与规则，以便得到承认与接纳。①

二、粉丝社群 / 粉丝文化 / 迷研究

2015 年 8 月 18 日，人气偶像鹿晗于 2012 年 9 月 10 日发的一条微博被粉丝刷出了一亿的评论量。这条微博在 2014 年 8 月曾经因获得上千万评论，成为“微博上最多评论的博文”。之后，这条微博一直没有沉寂，在 2015 年 4 月 20 日鹿晗生日的时候，粉丝们贴心地为其刷出了 4200 万评论量；8 月 18 日，鹿晗粉丝成功达成一亿评论的目标。

这种看似疯狂的行为，在时下新晋偶像的粉丝群中并不鲜见。粉丝现象已逐渐成为一种有鲜明特色的迷文化。大众对明星粉丝的印象是疯狂、敏感甚至有攻击性的，而鹿晗的粉丝具有两种看似矛盾的特质：面对偶像时显露出狂热高涨的情绪，而其组织性、纪律性及运作能力又出人意料。鹿晗粉丝秉持“粉丝行为，偶像买单”的口号，规范自己行为以维护鹿晗的最大利益。② 这个例子说明，在新媒体时代，网络粉丝社群以其组织的

① 麦奎尔 . 大众传播理论［M］. 陈芸芸，译 . 台北：韦伯文化事业出版社，2002：183.

② 王倩 . 虚拟社区“鹿晗吧”的“迷群”身份认同建构研究［J］. 教育传媒研究，2017（2）：80-83.

高生产力、高凝聚力和高执行力成为众多网络社群中最引人注目的一个分支。

（一）粉丝社群的组织方式

关于粉丝社群或粉丝文化，学界主要存在两种经典理解范式。第一种是以法兰克福学派与早期的伯明翰学派为代表的合作抵抗范式。这一范式认为，尽管粉丝社群表面上具有一定的自主性，但其最终仍是作为维持或对抗文化工业霸权的工具。第二种范式是以斯图亚特·霍尔（Stuart Hall）和约翰·费斯克（John Fiske）为代表的文化研究范式。这一范式认为，面对商业资本及文化、政治意识形态的介入，粉丝不是盲目、被动接受的个体，而是对大众文化中各种力量博弈有着清醒认识、有自主理性思维能力的个体。费斯克就认为："粉丝是民众中最具有辨识度、最挑剔的群体；粉丝们生产的文化资本也是所有文化资本中最发达、最显眼的。"[①] 文化研究范式摈弃了粉丝社群与文化霸权二元对立的观念，认为商业资本与粉丝社群之间有着更为复杂的互动关系。这一范式更侧重于研究粉丝社群是如何表现群体的自我认同并获取愉悦的，以及着重于粉丝社群内的互动研究。以下就以 2018 年火爆的综艺节目《偶像练习生》为例，介绍粉丝群体内部的组织方式。

粉丝打投组织（打榜组和投票组），通常直属于后援会话语权最大的站，一般都会有严格的管理机制。如《偶像练习生》中，按照节目规则，练习生是否能够出道与粉丝投票密切相关，为了给自家偶像迅速建立优势，各个粉丝群都积极建立了打投组专门进行"刷票"。粉丝组织通过集资购买投票账号后，会将账号分发给各个打投群管理，然后再分给参与的粉丝。投票账号分为固定号和流动号，领了固定号的粉丝需要每天投票，而没有时间每天投票的粉丝可以当天领取流动号。发号的管理者每天会抽查投票情况，一旦有领号不投或者投其他练习生的情况出现，就会直接公开点名。

① 沈忱，骆正林．参与式文本创作：字幕组"神翻译"［J］．浙江传媒学院学报，2017（3）：63-69.

另外，打投组拥有较成熟的运作机制。为了提高投票效率，打投组一般都会有快速投票教程，如开发小程序或者运用某个浏览器的插件，这些投票方法会在打投组中分发给粉丝，借助流程化工具和进行精细化管理。打投组的精细化管理和流程化工具，是粉丝得以“指哪儿打哪儿”的关键，也是偶像们网络数据的基础，所以实际可能是 20% 的粉丝带来了 80% 的热度和价值。投票如此，控制评论、刷转发评论点赞数据、制造热门话题等都是如此。①

粉丝社群的另一组织化行为表现为“控评”。所谓控评，就是指粉丝在提及自家偶像的相关社交话题下占领评论高地，避免“对家”或“黑粉”的评论影响“路人”感受。如粉丝非常重视占领的舆论阵地“微博广场”：当偶像某个相关词条登上热搜时，粉丝需要迅速发博，以保证他人点进热搜或对偶像进行相关搜索时看到的内容都是正面的评价或美图、视频。这些微博一般由追随数众多的大粉发出，众多关注大粉的粉丝点赞，达到一定热度才能登上热搜广场。如果遇到两家粉丝对战时，也会点赞转发“黑对方”的微博，以登上对方广场为荣。

此类控评流程通常都会由粉丝内部的“反黑组”一类的粉丝站组织。“反黑组”会专门对“黑帖”进行梳理搜集，如果有需要控评的微博，及时在粉丝群内通知，并带领其他粉丝按照详细的规范流程进行举报等操作，力求在第一时间内“控制局面”。

此外，粉丝后援团中通常还有专门的线下应援、生日应援、杂志集资等行为。当粉丝的活动从线上延伸到线下时，饭圈的应援活动不止出现在生日这种特殊场合。在偶像出席的一些品牌活动中，也时常出现粉丝制作或投放灯箱广告、商业中心 LED 屏投放、机场广告等，花篮、广告墙、易拉宝、灯牌、手幅等一应俱全。这种应援活动的目的在于借偶像的名义，给工作人员和主办方留下良好印象，也有明星进行“逆应援”，为到场粉

① “明星资本论”微信公众号．“卧底”偶像练习生饭圈：集资 2000 万应援全记录．[EB/OL]．(2018-04-08)．https：//mp.weixin.qq.com/s/izv0r8XqU0p_F0zwGJtLWA.

丝提供食物饮料。

在内容运营方面，后援会一般设置专门的资讯组，追踪网络中偶像的各种痕迹，只为了将最新的资讯奉献给粉丝们。而这些努力，也让各大后援会本身成为偶像第一手信息的集散地。借助网络平台，粉丝社群进行文本的创造和再生产。

以上的内部组织表明粉丝社群实际上具有很强的规范性。以 2017 年 10 月鹿晗突然在微博公布恋情事件为例，百度鹿晗吧作为鹿晗粉丝圈中的重要意见领袖之一，其一举一动都在该群体中起着“带节奏”的作用。在公布恋情微博发出 10 分钟后，鹿晗吧官方微博便点赞转发此条微博，表明后援会官方态度，在震惊慌乱的粉丝群体中给出了态度引导。这条转发的微博下方还刷起了有组织的“祝福”留言与转发，引导其粉丝社群对偶像行为的态度和看法。

在两个小时之后，鹿晗吧官方微博又发布了鹿晗以往采访的截图，引用了偶像曾经关于恋情的表态，再次表明了其对此事件的态度，并顺势塑造了偶像耿直的形象，以此转移公众对问题的关注点。对于随之而来的各种谣言，鹿晗吧也迅速用截图方式给出澄清，并以法律的名义给出强硬的态度。之后后援会便回归了日常运营，资讯、话题一切依旧，并没有过分渲染此次事件。鹿晗吧扮演着联通不同鹿晗粉丝网络社区的作用，促进有关鹿晗的信息更快、更优质地传播和使鹿晗获得更多正面评价。[①]

（二）粉丝社群的主要特征

麻省理工学院媒体比较研究中心的创办人亨利·詹金斯（Henry Jenkins）在其著作《文本盗猎者：电视粉丝与参与式文化》一书中，对“迷群”特点进行了详细阐释。詹金斯认为，迷群拥有一种特别的接受方式。粉丝们专心致志地收看电视节目，但却与文本保持着情感投入和批评性的混合式距离，他们把接收的过程放入社会性的互动中与其他迷们分享。费

① 王倩．虚拟社区“鹿晗吧”的“迷群”身份认同建构研究［J］．教育传媒研究，2017（2）：80-83.

斯克区别了两种生产：一种是符号性的生产，主要指在接收时意义的建构；另一种是明显实在的生产，主要指通过着装、表演和绯闻之类体现的清晰的意义。对于迷们而言，这个在其他方面具有理论有效性的区别就不复存在了，因为通常情况下，接受的时刻也就是阐释的时刻。建构意义包括分享、阐明和争论意义，对于迷们而言，收看电视连续剧不是结束而是一种开始，它是一个媒体消费的过程。①

迷群拥有一套特殊的批评性和阐释性的实践活动。要想成为一个迷，就要学习这个群体中首选的阅读方式。迷们在自己的生活和连续剧的事件中寻找相似之处，迷批评多半是幽默的、推理性的和主观的，他们批评性的工作是为了消除差异和分歧、揭示过多的细节和没被发现的潜在可能性。这种阐释方式使得迷们远远超越了现有清晰的信息，朝着创造和建构元文本的方向发展，而这个元文本比原始剧集更大、更丰富、更复杂、更有趣。同时，这个元文本也是一个协作式的事业，它的建构淡化了读者和作者之间的区别，并且通过受众把节目据为己有。

迷群促进了消费者能动性的产生和发挥。迷群的产生，至少在部分情况下，与文化生产和流通强有力的制度相比，它是作为一个对消费者软弱无力的回应。有些批评性的言论表示，迷群相当于一个市场的延伸，而这个市场是被文化工业创造出来的。迷群创造了一个平台，在这个平台上，迷们可以谈论他们的文化喜好，为了可选择的发展坚持自己的诉求。

迷群拥有一些特殊的文化生产、审美传统和实践形式。迷艺术家、迷作者、迷视频制作者和迷音乐家根据自己迷群的特色和爱好创作，他们的作品从商业文化中提取原料，并以此作为当代民间民俗文化创作的基础。迷群产生自己的风格，发展另一种生产、发行、展览和销售的方式。迷群认为艺术家与消费者之间没有明显的界限，所有的迷们都是有潜力的作者，只是这些作者的才能需要被发现、培养和促进，并且他们虽然谦虚，但却

① 詹金斯．文本盗猎者：电视粉丝与参与式文化［M］．郑熙青，译．北京：北京大学出版社，2016.

能为创造整个社区的文化财富做出贡献。

以中国各大美剧分享网站的美剧迷为例。首先，他们拥有一个统一却十分特别的收看美剧（国外录制和转译）和分享美剧（网盘和 BT 种子）的接收方式；其次，他们在美剧论坛上有一整套完整和丰富的实践活动，制作字幕、发弹幕、电视剧与原著对比、各种梗背后的解读等；再次，美剧论坛这个平台促成了美剧迷群的形成，并且调动了每个成员或者说迷们的能动性和积极性，他们在论坛中非常主动和活跃；最后，美剧论坛中的迷们的一系列实践活动部分地创造了文化产品，他们的创造力在这里得到了极大的发挥。从社会学角度来看，美剧论坛是另外一种意义上的社区，一群有着共同爱好的美剧迷们在这里互相作用，形成他们自己的文化风格，分享他们共同统一的价值取向和追求目标。

（三）粉丝社群的身份认同

粉丝社群的组织规范性和强烈的情感投入源于对社群的身份认同。詹金斯认为，迷群实际上构成了一个空间，一个被定义为拒绝平凡的价值观和实践性的空间，一个崇尚被情感、激情和快乐包围着的空间。迷群的存在和生存方式呈现了一个对传统消费文化方式的批判，然而迷群还是提供了一个可以让迷们清晰地表达其关注的议题的空间，这些观点可能在日常生活中并没有太多的机会表达。虚拟社区中的迷群以归属感为中心，通过以下几个方面不停强化联系：一是迷群成员之间的互动行为；二是其他迷群成员间的志同道合；三是对迷群品牌的自信和依赖；四是主动参与迷群社区的建设和发展。简而言之，粉丝社群的身份认同主要依靠情感投射与参与性文化来实现。

首先是情感投射。投射是个体无意识地将自己的心理活动内容转移到他人或其他客观存在的事物的心理过程。苏富忠指出："意向投射是人把自己的意识倾向投射到相应外部对象上去的内容型投射，意向是人们心理上期求的具有特定方向和目标的观念，包括需要、目的、理想、价值观等。"①

① 苏富忠．投射研究［J］．广西民族学院学报（自然科学版），2000（2）．

从这一角度来看，粉丝本质上是一种“自恋”（Narcussus）。

詹金斯借用米歇尔·德塞都（Michel de Certeau）的“盗猎者”的概念，揭示粉丝在缺乏充分的媒介接触条件的情境下，须通过“盗猎”的方式接近媒介文本，快速阅读文本并从中发现和猎取自己所需要的“材料”，然后以此为原材料再生产新的文本。虽然这一过程暗含着某种被宰制力量压制倍感无奈的意味，但其中已经显露出一定程度的“参与性”。[①] 以此为基础，他在后续的研究中，延伸了“参与性文化”这一概念的内涵，来解释文本、自我身份及粉丝社群之间的互动关系。

历经20多年的研究与深入，“参与性文化”这一基础性理论概念所蕴含的潜在解释力得以逐步验证。从电视媒介的发展历程及其受众对电视媒介使用行为的变化，可以清晰地显露媒介发展的普适性规律，即以受众的个性需求为传播依据，不断增强受众的“参与性”程度。新媒体语境下亦是如此。

“参与性文化”对于我国迷与迷群的电视媒介消费行为有切实的解释力。大众文化伴随社会的文明进步及互联网等新媒体的迅速普及在我国蓬勃发展起来，在此宏观语境下，多元的价值诉求及大众文化语境的浸润成为平民阶层成长的动力和沃土。如果没有文本的盗猎和社群的参与，粉丝恐怕难以有如此高的身份认同。这尤其体现在近年来的《偶像练习生》等综艺节目中，粉丝为了自己支持的偶像不惜花费巨大的财力、精力让其“C位”出道的现象。

克里斯汀·普伦（Kristen Pullen）认为与传统迷研究相比，网络扩大了迷群的范围，允许更多的人参与到迷文化中，并且可以展开他们认为值得的迷活动。例如在粉丝文化传播中担任重要角色的各类字幕组成员，大多数是通过网络途径在贴吧、豆瓣、博客等社群网站上发帖招募而来的，成员可能分布在世界各地，他们之间的联系也是通过各种社交软件自愿集合。

---

① 王强．“参与性文化”对电视受众的解释力：亨利·詹金斯的粉丝理论透视［J］．青年记者，2015（29）：14-15.

网络技术的发展方便了迷群的聚集与交流，允许更多的观看者参与到通常为那些边缘文本感兴趣的社区保留活动中。① 由于迷在网络上随处可见，因此以前认为“着迷的孤独者”或“狂热的脑残粉”等陈词滥调已经逐渐被“作为一个普通网络使用者的迷”所代替。

三、新媒体时代的社会化阅读

2018 年发布的《第十五次全国国民阅读调查报告》显示，2017 年我国成年国民图书阅读率为 59.1%，数字化阅读方式（网络在线阅读、手机阅读、电子阅读器阅读、Pad 阅读等）的接触率为 73.0%，超过六成（63.4%）的成年国民通过微信阅读。由此可见，数字化阅读的发展提升了国民综合阅读率和数字化阅读方式接触率，整体阅读人群持续增加，但也带来了图书阅读率增长放缓的新趋势。

随着社交媒体的出现，阅读不再仅仅是个人化的行为，而成为强调知识、观点、价值的分享方式。阅读作为人类特有的一种基本活动，从传统阅读到数字阅读再到社会化阅读，改变的不单是书籍的形态、阅读场景及阅读体验。陈崧认为，移动化阅读不仅是载体的改变，而且引发了阅读的一场深刻而彻底的变革：阅读正在向“内容碎片化”“功能社会化”“形式多媒体化”的趋势转型，其中的关键是“社会化”。钟雄把社会化阅读定义为：以读者为核心，强调分享、互动、传播的全新阅读模式，它是相对传统以书为核心、以内容为主的阅读模式提出来的，更加注重人，注重阅读的社交（关系），倡导 UGC、共同传播和共同盈利，在多方位的互动基础上，实现阅读价值的无限放大。② 徐媛也认为社会化阅读是以读者为中心、以社交关系为纽带的阅读模式。③ 近年来，一些社会化阅读软件如

① 沈忱，骆正林．参与式文本创作：字幕组“神翻译”［J］．浙江传媒学院学报，2017（3）：63-69.

② 钟雄．社会化阅读：阅读的未来［EB/OL］．（2011-05-08）.http：//socialbeta.com/t/the-future-of-reading-social-read.

③ 徐媛．基于用户黏性的社会化阅读社区盈利模式分析［J］．科技与出版，2014（3）：49-52.

ZAKER、LOFTER、Kindle、微信读书、豆瓣读书、网易读书、即刻等，以及移动有声 App 等听书软件，不仅普及了社会化阅读的习惯，同时也使移动阅读在新媒体时代成为竞争越来越激烈的场域。

（一）阅读活动：共在阅读，交互性强

社会化阅读的最大特点是强调读者间阅读经验的共享，注重交互性。一方面，如豆瓣读书等社区网站，通过标注、提问、分享读书笔记、加入阅读小组等行动，读者可以参与社群内部的交流活动，基于阅读文本进行信息的传递、沟通、反馈的动态交流过程；另一方面，即使不主动加入此类活动，读者仍然可以在阅读时通过添加摘抄、评论、标签（如豆瓣的“看过、在看、想看”）等，展示自我的阅读图景和兴趣，成为社交媒体上自我呈现和品位表演的一部分。

与传统阅读强调自我省思、慎独及囿于私人领域不同，社会化阅读把阅读推向了广场式的公共空间，用户的阅读痕迹都被记录或公开。如在微信读书上，好友近期读过的书会在主页展示；在读某一本特定书籍时，能看到微信好友甚至陌生同好的阅读情况和发表的阅读感受；人们可以评论、回复、转发、分享、点赞等一系列的互动行为，还可以看到别人标注最多的句子，以此来提示阅读的核心内容。阅读在某种程度上从私人空间转移到可以被看到、被查阅的公共空间，共在性成为社会化阅读的重要体验。

在共在性和交互性的基础上，随时随地、碎片化的社会化阅读能创造出更多传统阅读所不具有的价值。一方面，读者在共同兴趣之上产生的想法与创意，在群体分享交流中形成的共鸣，既能帮助读者更好地理解作品，也能产生个人思考所无法达到的碰撞，这是社会化阅读在交流中生产出的增值内容。另一方面，注重交互性的阅读，强调共在的仪式，围绕阅读而展开的品位表演，往往能跳出书本的内容，在此基础上产生更多的关系信息，创造更多的交往价值，这是传统阅读所不能提供的。

（二）阅读内容：读者所需，个性推荐

以读者为核心的社会化阅读，在内容上实现了从“给读者看”到“给读者想看”的转变，不仅在阅读内容的推荐上更符合读者的兴趣，在内容生产环节还嵌入了读者的需求和创作，使阅读不再成为被动的接受行为。

基于兴趣图谱的社会化阅读能收集用户标签、评论、习惯等，了解用户的阅读特点，阅读内容变得更细分、更精准。传统的阅读内容一般按照文学、历史、网络小说、诗歌、虚构/非虚构等大领域进行分类，而如今仅幻想小说一类就包括玄幻、修仙、科幻、魔幻、奇幻等不同类型，就连穿越等原来比较小众的类型也拥有越来越多的受众群。基于大数据的人工智能服务能精准预知个体需求，降低获取内容的时间成本，算法推荐读者喜欢的内容；在分享、互动的阅读模式下，共同爱好、标签的读者还可以聚集在一起，形成由阅读而产生的兴趣社群，增进读者之间的交流。

同时，新媒体下的社会化阅读内容更加丰富，形式更加多样，文字通常搭配图片、视频、背景音乐、评论等多形态的内容。现在的书，不仅可以看文字，还可以听书，可以看静态和动态的画面，可以随时查阅生词，可以触摸、交互，可以链接到别的图书……阅读的数字化尽管失去了纸质版的那种厚重和书香，但也为阅读带来了更多的可能性。

（三）阅读参与者：读者作者界限模糊

梅罗维茨在《消失的地域：电子媒介对社会行为的影响》一书中指出，相较于印刷媒介，电子媒介打破社会场景间的隔离，从而模糊角色。[①] 在社会性阅读中，读者与作者的身份经常发生转换，读者不再是被动的信息接收者，作者也不是信息的单向传递者；读者与作者在双方的信息交流中可能发生角色的互换，表现在读者能根据作者原有的文本进行再创作、添加评论等，作者也会根据读者的反馈调整文本创作，甚至让读者投票来决定剧情发展方向，形成“作者—读者”共同创作的模式。

① 梅罗维茨．消失的地域：电子媒介对社会行为的影响［M］．肖志军，译．北京：清华大学出版社，2002.

社会化阅读衍生了一系列原始阅读文本的众创内容，根据衍生内容对原始文本产生新的看法，形成新的观点，进而影响作者对原始内容做出修订。从这一点上来说，社会化阅读的内容往往呈动态发展的趋势。例如维基百科等 Wiki 模式的内容，因为其开放、协同编辑的特点内容不断被扩充，在这种补充和修订的过程中，读者充分参与其中，体现了用户间的知识交流过程。

此外，社会性阅读之中，读者在豆瓣等网站发表书评，同时也查看他人的书评，并根据自己的兴趣加入不同的豆瓣阅读小组；在搜寻书籍时，“想看”等标签也将不同用户按照兴趣划分为基于不同兴趣与阅读内容之上的不同群体。而通过私信或在不同社交媒体上进行互动等交流方式，读者之间最后形成共同体，这种将阅读、交流、协作式的再生产的阅读方式通过交流与合作提高了读者间的协作意识，加强了阅读共同体之间的亲密感、认同感与归属感。

（四）阅读行为：关系的内容化

社会化阅读拓展了阅读的内容本身，促进了新内容的产生，而其核心除了传统的内容之外，关系成为其更加关键的因素。社会化阅读的关系不仅包括用户与内容之间的关系，更是用户与用户之间、内容与内容之间的关系。“关系”在社交媒体的阅读环境中连接着读者与作者之间进行互动，读者与读者之间进行分享、互动、传播和社交。一项对青少年社会化阅读动机的研究表明，阅读时好友之间通过对文本的点赞、分享、评论等行为，实现彼此之间的互动和沟通，在某种程度上能够起到补充甚至替代现实社交的作用。① 可见，社会化阅读的社会性就体现在阅读关系的拓展和重构上。

关系的拓展倡导用户生成内容，在传播内容之上进行二次建构与创造，以实现该内容阅读价值的最大化。在新媒体的环境中，内容的传播效果不仅取决于其质量的优劣，能否到达及被传播等渠道变得更为重要。在资讯

① 李武．青少年社会化阅读动机研究：以上海初高中生微信阅读为例［J］．中国图书馆学报，2014（6）：115-128.

传播的过程中，信息整理者的出现成为社会化阅读的关键一环。

传统阅读是线性的，社会化阅读则具备了超链接和打包合集的特点，整理者在其中发挥了信息的重新梳理与再现的桥梁关系。通过收藏与分享对资讯进行重新梳理，使资讯在自己的关系网中进一步传播。收藏会更偏向于自己的个人爱好和品位，而分享则带有表演意味。对于整理者来说，收藏可能是更加私人的行为，其收藏的资讯可能是自己爱好或感兴趣的内容——但并不一定想让别人所知道；而整理者转发分享出来的内容大多都是希望别人能够看到，尽管自己不一定感兴趣，这些所分享出来的资讯则属于构建其虚拟角色的一部分。在阅读及分享的过程中，资讯的传播得以重构。微博上“大V”的点赞转发可以让一条点赞量不过几十的微博瞬间收到上万关注，此时其受到关注并不仅仅与其内容的质量高低有关，更多地则要归功于其整理者依托自己的关系网在传播渠道做出了关键一步。内容整理者改变着资讯的传播路径，一条微博的传播效果并不由内容生产者决定，而由内容整理者决定。

蔡骐认为，从媒介与文化的角度观之，网络社群是在新媒体环境下，人与人之间从技术连接到情感共振的结果，而社会化阅读的兴起与之具有同源同构的关系。① 社会化阅读作为一种文化行为，常阅读的人会给人留下教育程度高、有内涵、有文化的形象，如果还能发表自己的观点，更是有思想的表现。社会化阅读强调社交行为与用户的个性，使用户展示品位与自我形象，或者与熟人讨论、分享，维护社交关系，或者与陌生人建立新的社交关系。

以豆瓣读书为例，一些来自天南海北的陌生人，因为同一本书或读书这个爱好加入同一个小组。这个小组可以看作一个网络社群，社群成员之间拥有明显的同质性和紧密的互动关系，相较于随机网络，网络社群的聚合度更高。网络社群的聚合是一种以兴趣和情感为核心的亚文化传播现象。个体对某一文本产生兴趣，然后选择主动加入社群，在兴趣的驱使下，社

① 蔡骐．网络社群传播与社会化阅读的发展［J］．新闻记者，2016（10）：55-60.

群成员们围绕相关主题进行频繁的社交互动，包括信息分享、话题讨论及其他层面的交流等。在这一过程中，价值观是否契合决定了兴趣能否转化为情感上的连接。社群成员通过贴上相同标签在内心强化各自的身份认同，形成想象共同体、价值共同体，网络社群由此从技术层面的连接变成文化层面的情感与价值认同。在这一情境中，阅读也从传统的私人化行为演化为一种以互动和共享为核心的社会化行为。

（五）社会化阅读的隐忧

新媒体的发展对阅读产生了颠覆性的影响，其所创造的低成本的社会化阅读模式在移动互联网时代已是大势所趋。我们大可不必为传统阅读的式微而感到惋惜，同时应当为社会化阅读的普及感到一些担忧。

首先，内容生产的门槛和成本大幅下降，各种自媒体发布的信息由于对流量和用户的追求而忽略原创性和客观性；算法推荐导致内容质量低下或同质化，成本较高的原创优质内容反而得不到回报；流量至上带来大量内容只是做简单的整理汇总加耸动标题的工作，造成阅读内容良莠不齐。

其次，新媒体时代下阅读碎片化、社交化，同时也不可避免地走向浅层化、娱乐化。由于社会化阅读努力收割用户的碎片化时间，阅读也越来越成为一种品位表演，势必会造成“浅阅读”的大行其道，多媒体的内容形态也更具趣味性和娱乐性。2017 年，我国成年国民人均纸质图书阅读量为 4.66 本，人均电子书阅读量为 3.12 本，只有一成以上成年国民全年纸质图书阅读量在 10 本以上，且深度图书阅读行为的占比偏低，超过半数成年国民倾向于数字化阅读方式。近四成的成年国民认为自己的阅读数量较少，城乡居民不同介质阅读率和阅读量均存在明显差异，国民对当地有关部门举办阅读活动的呼声较高。[①] 这个调查告诉我们，电子化阅读对纸质图书并非完全的取代关系，阅读方式和习惯的培养能促进电子阅读和纸质阅读的共同增长，但今天人们对优质内容阅读的需求随着信息的极大丰

① 中国新闻出版研究院．第十五次全国国民阅读调查报告［EB/OL］．（2018-04-25）．http://www.199it.com/archives/715946.html.

富不降反增。

再次，阅读的其中一个重要功能是拓宽视野，跳出所谓的个人局限，探索更多的可能性。而社会化阅读基于个人兴趣和同质内容推荐，基于兴趣建立起来的阅读社群可能会忽略其他议题，从而可能造成“信息茧房”的加剧。国内如亚马逊、当当网、京东图书等图书销售网站的各类榜单之间都是惊人的相似，畅销书无可厚非，但文史哲、社科等图书亦是如此，便是阅读视野局限的一个例证。

社会化阅读不仅改变了传统内省式阅读的方式，也扩展了阅读的内容，有利于群体间阅读的思想交流。然而，新技术背景下的这种阅读发展到何种程度，如何促进读者间的思想交锋是值得关注的问题，对内容又会产生怎样的影响，值得进一步讨论。

第六章　社会化媒体与日常生活实践

一、社会化媒体概述

“社会化媒体”一词源于英文的 Social Media，在中文中也被称为“社交媒体”“社交网络”等。美国学者安东尼·梅菲尔德（Antony Mayfield）在其著作《社交媒体是什么》（*What is social media*）中，将基于 Web2.0 系统的一系列新兴的在线交互媒体形式统称为“社会化媒体”，归纳出社交网站、维基百科、博客、播客、论坛、内容社区和微博七大基本形态，分别解释了这些形态的运作方式，并指出社会化媒体具有如下特征：参与、公开、交流、对话、社区化、连通性。社会化媒体赋予了每个人创造并传播内容的能力。①

德国学者安德烈亚斯·卡普兰（Andreas Kaplan）和迈克·亨莱因（Michael Haenlein）在此基础上把“每个人创造并传播内容”具体化，给出社会化媒体的定义：“社会化媒体是指建立在 Web2.0 的思维和技术基础之上，允许创造和交换 UGC 的基于互联网的应用（Applications）。”②

“社会化媒体是人们用来创作、分享、交流意见、观点及经验的虚拟社区和网络平台。社会化媒体和一般的社会大众媒体最显著的不同是，让用户享有更多的选择权利和编辑能力，自行集结成某种阅听社群，并能够

① MAYFIELD A.What is social media?[M].Spannerworks，2008.

② ANDREAS M. KAPLAN M H. Users of the world，unite! The challenges and opportunities of social media [J]. Business Horizons，2010（53）：59–68.

以多种不同的形式来呈现，包括文本、图像、音乐和视频。”[①]

彭兰总结出社会化媒体的两个主要特征：一是内容生产与社交的结合；二是社会化媒体平台上的主角是用户，而非平台的运营者。[②]

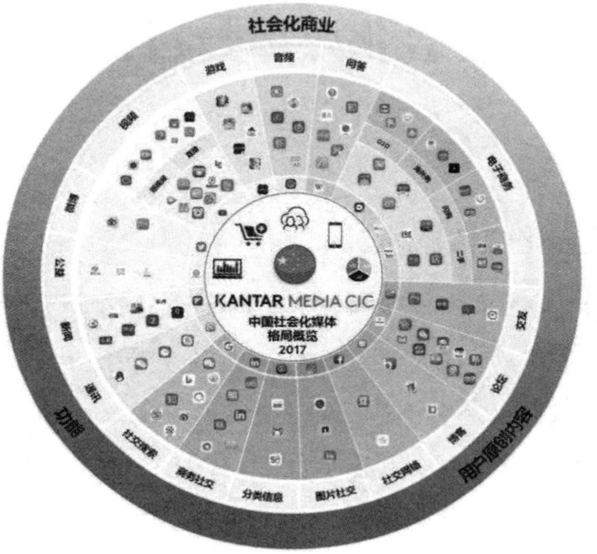

图 6–1　Kantar Media CIC：2017 中国社会化媒体格局图[③]

以上可以看出，社会化媒体是一个宽泛的称谓，学者对于其概念的界定和特征的归纳也各有不同，但皆承认其核心属性：内容生产和消费的“社会化”。从本质上讲，社会化媒体就是由广大网民进行内容的生产、分享和消费，从而在网民之间形成某种或松散或紧密的社会网络联系的工具和平台。[④]社会化媒体通过给予用户极大的参与空间，除了满足网民对个人资料的编辑、存放，更重要的是满足了陈列和展示从而“被发现”“被崇拜”的心理满足和建立新型关系、发挥个人影响的社交需求。[⑤]

① 维基百科：社会化媒体，https：//zh.wikipedia.org/wiki/%E7%A4%BE%E4%BC%9A%E5%8C%96%E5%AA%92%E4%BD%93.

② 彭兰．社会化媒体、移动终端、大数据：影响新闻生产的新技术因素［J］．新闻界，2012（16）：3.

③ Kantar Media CIC. 2017 中国社会化媒体格局图［EB/OL］.http：//www.cicdata.com/landscape/Landscape-cn.html.

④ 徐煜，金兼斌．社会化媒体的发展及其社会影响［J］．传媒，2013（6）：10-13.

⑤ 闵大洪．传统媒体的网络社会化媒体使用［J］．南方传媒研究，2009（6）.

本书在第一章中提到 Web 2.0 时代的标志是内容为中心发展为用户为中心，UGC 的概念兴起，社会化媒体便是其突出表现。传播媒介自身在一定程度上失去了对内容和用户注意力的控制，而内容的生产、传播、影响都极大程度地取决于用户的选择。即便并未在场或即时参与的人，也在日常生活的人际交流中受到媒介的影响，每个人都处在社会人际网络的关系中，信息的产生和传播路径都与传统媒体时代大相径庭了。①

UGC 同时还融入了更多标签元素，文字、图片、声音、视频、空间（Locations）、时间（Timeline）和人物（Social Relations）之间无缝结合，人们可以据此判断何种信息与自身相关，以及是否感兴趣。以时间、空间或主题为主线把 UGC 的内容串起来，从而了解更多的背景，把现实的社交关系融入社交网络中，这也让社会化媒体不仅停留于网络空间。社交网络的演变会与真实的人类社会逐渐进行匹配和融合，互相促进和改变，创造新的社交方式。②

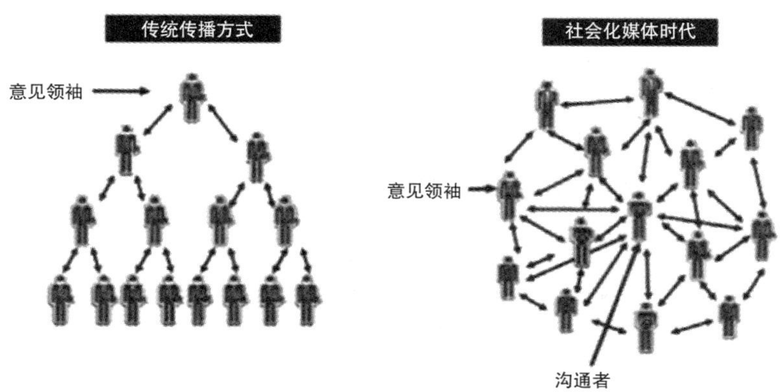

图 6–2　传统传播方式与社会化媒体时代

社会化媒体的概念更接近莱文森所谓的“新新媒介”，但其本身的发展也在不断变化之中，正如麦克卢汉那句警语：“如其运转，则已过时。”（If

① 覃芹．社会化媒体时代的日常生活：媒介环境研究的应然层面［J］．中国出版，2015（12）：16-20.

② 社会化媒体的发展方向是什么？［EB/OL］．https：//www.getit01.com/p20180106619573613/.

it works，it's obsolete.）莱文森也在其《新新媒介》一书中谈道："新新媒介的出现和演化都很快，其相对重要性的变化也快……当你读到本书的时候，我所论述的新新媒介的重要性可能或多或少有所变化，而这时不存在的新新媒介却有可能扮演重要角色了。"①

二、社会化媒体中的自我呈现

（一）戈夫曼：拟剧理论与印象管理

莎士比亚在《皆大欢喜》中说："这个世界是一个舞台，我们都是演员。"戈夫曼很喜欢这个比喻，他认为日常的人际交往中也可分为社会生活的"前台"（Front Stage）和"后台"（Back Stage）。在《日常生活中的自我呈现》一书中，戈夫曼强调，前台是一种"集体表象"和"自身独立"的事实，会随着他人眼光的期望而渐渐固定为一种惯常的模式，具有一种制度化的稳定性，进而会制约演员想要扮演的角色；而后台是与前台相对的概念，是属于表演者自身的、与舞台相隔离的、观众不能进入的场所。②这样的概念倒与中国传统的"人前人后"一说异曲同工，可见人进行日常生活的表演和呈现一直存在着前台自我约束和后台视角隔离的特点。

例如，当我们在高级餐厅用餐的时候，服务员在顾客面前总是笑脸相迎。对于服务员来说，客人就是观众，大厅就是舞台，后厨则是他们作为演员卸妆的后台。因此，当他们举着餐盘，走到大厅的那一刻，就立即从后台步入了前台，于是他们会马上打起精神堆出笑脸。印象管理的实现需要前台与后台的有效配合，精心策划自我的外表、行为和态度。③

日常生活中的表演行为并不是在真空中进行的，它们其实都是社会文化的产物。在戏剧理论中，前台表演受到各种社会规范的影响。因此，我

① 莱文森．新新媒介［M］．何道宽，译．上海：复旦大学出版社，2014.

② 戈夫曼．日常生活中的自我呈现［M］．冯钢，译．北京：北京大学出版社，2008：70.

③ 董晨宇．黑镜人生：网络生活的传播学肖像［EB/OL］.https：//m.douban.com/time/column/85/?dt_time_source=douban-web_time.

们都尽力在前台表演出自身所期待的自我和社会规范要求的自我。印象管理即要求表演者和观众之间存在“彼此可进入性”“心灵的共通性和共享性”。[①] 表演的主体只有认识、理解并认同某些共性的社会规范和要求，并将这些约束内化为个体的认知，以此体现个体的存在，才能与观众共享意义、获得表演的成功。[②] 在社会化媒体中，前台和后台的界限更加分明，观众不容易闯入后台从而导致其他信息的曝光，但由于互联网的开放性、多元化特征，社会规范更加复杂，观者的年龄、性格、受教育水平等结构也相对日常生活更加复杂，因此前台表演达到主体间意义的共享就更为重要。

社交网络中的人际交流还涉及戈夫曼的另一个理论——印象管理（Impression Management）。戈夫曼认为每个人都在扮演一个“行当”（Line）。行当是一套细致的对言语行为和非言语行为的选择系统。社会生活本身就是各种事件的戏剧性展现，每个人都通过人与人之间的符号互动在前台面向观众表演，从而管理自身在他人心中的印象。印象管理的本质就是对自我形象的挑选型展示。

对于自我和自我形象的构建，已经有不少著名的社会学家、心理学家进行了大量的、广泛的研究，如乔治·米德（George Mead）的主我和客我，威廉·詹姆斯（William James）的物质自我、社会自我和心理自我，西格蒙德·弗洛伊德（Sigmund Freud）的自我、本我和超我，卡尔·罗杰斯（Carl Rogers）的真实自我和理想自我等概念。而在自我形象的呈现中，大体上可分为三种自我形态：真实自我，即我们本来的样子；规范自我，即社会角色规定我们应当成为的样子；理想自我，我们自身梦寐以求想要成为的样子。印象管理的实质就是隐藏真实自我，尽量去表现规范自我和理想自我。套用戈夫曼的理论，就是每个人掌控自身的“前台”和“后台”，将符合自身或社会期待的一面在前台尽情表演，将真实自我隐藏在后台。“进

① 巴尔特．符号学原理［M］．王东亮，等，译．北京：生活·读书·新知三联书店，1999.

② 周梅，李桂平．人际互动中的戏剧理论：解读《日常生活中的自我呈现》［J］．经济研究导刊，2010（12）：210-211.

入互动中的个体必然会通过自己的言行举止投射出某种社会自我，放弃其他类型的自我或角色，这种投射自我或情境定义将意味着个体在互动中始终坚持这一自我，同时在场他人也必须尊重该个体的这一自我，否则将会陷入困窘。”[①]

戈夫曼认为，我们的自我呈现可以分为两类：给予和流露。所谓给予，是我们有意传达的那部分信息，而流露则是我们不经意或无意识传达的信息，如眼神、体态、语气等。在面对面的沟通中，如果我们很难把握自己流露了哪些信息，印象管理就相对困难。而在社交网络中，每个人都隔着屏幕建立联系，我们的语气、表情、神态等信息都隐匿到了后台，留在舞台上的信息，如文字、图片甚至视频，都可以通过技术手段加以美化，个体所给予的信息是确定的，而不会造成多余的流露。[②]从这一角度来看，社会化媒体更有利于每个人进行印象管理。

不过，与日常生活相比，社会化媒体虽然可以更好地掌握流露的信息，但由于新媒体上信息的碎片化和语境的不断转换，容易带来断章取义和语境坍塌等问题，反而增加了我们被误解的风险。同时，在互联网的印象管理中，对表演者来说，通常没有办法预料观众是谁，观众隐身也会对印象管理产生影响，下文将进一步做详细讨论。

（二）阿帕迪：媒介景观与观展 / 表演典范

以往关于受众的研究主要侧重于意义生产（如接收分析），忽视了受众的空间生产面向。近年来受众研究“向实践转”（Practice Turn）的趋势下，才将日常生活作为空间建构的实践领域，同时将媒介与媒介使用置于更广阔的框架下，强调“媒介文化”对受众的影响。“景观”（Landscape）的概念正是关注受众的空间面向，詹姆斯·海（James Hay）指出，“景观概念不仅强调身为受众占据一定位置，还暗指一个场域，这个场域包含了传

① 戈夫曼．日常生活中的自我呈现［M］．冯钢，译．北京：北京大学出版社，2008：70.

② 董晨宇，丁依然．当戈夫曼遇到互联网：社交媒体中的自我呈现与表演［J］．新闻与写作，2018（1）：56-62.

播与受众，并部分建构了他们”，之所以是“部分建构”，是因为景观具有流动性，会不断形成、变化和重组，因此在此之下的受众也不是稳定真实的全貌。①

美国人类学家阿晶·阿帕迪（Arjun Appadurai）提出了媒介景观（Mediascape）的概念，他认为媒介景观是因应全球化造成的文化流动现象，今天由印刷品、影片、电子荧幕和看板形成的复杂且相互结合的整套内容已经完全将我们包围，我们沉浸在其中，浑然不觉。② 正如我们今天对无所不在的监控摄像头非但不反感还觉得理所当然，人们甚至还会面对想象的镜头（如路人的目光、街头的相机）进行表演。

英国学者尼古拉斯·阿贝克隆比（Nicholas Abercrombie）与布莱恩·朗赫斯特（Brian Longhurst）据此提出了“观展 / 表演典范”（Spectacle/Performance Paradigm），很好地契合了今天网民在社会化媒体中的自我展演与身份建构行为。他们认为，由于今天的阅听人（受众）生活在媒介浸泡的社会，媒介与日常生活已密不可分，再加上我们的社会是“表演的社会”，因而人们既是台下的观众也是聚光灯下的表演者，表演并不是一个分离的事件。阅听人从无所不在的媒介景观汲取想象力所需的资源，透过自恋与奇观的循环过程，建构与再建构身份认同。③ 观展 / 表演典范凸显受众的主体性是一再建构的过程，因此受众的主体性不单是被社会建构，而是也能透过主体的能动性再形构其身份认同。此外，观展 / 表演典范强调受众接收跨地域的媒介景观，这比定点的文本更能在全球化时代描绘资讯、影像越界的流动及阅听人在日常生活浸泡于媒介的意象。

除了出于自恋的身份认同而展演外，全球化让受众有了丰富的跨地域视觉经验，通过想象力进行连接、互动，从而产生“想象社群”，如“有

① HAY J. Afterword：the place of the audience：beyond audience studies［M］//HAY J，GROSSBERG L,WARTELLA E.The audience and its landscape.Boulder: Westview,1996：359-377.

② APPADURAI A.Disjuncture and difference in the global cultural economy［J］.Public Culture，1990，2（2）：1-24.

③ ABERCROMBIE N，LONGHURST B. Audiences：a sociological theory of performance and imagination［M］. Thousand Oaks：Sage，1998.

问必答，有求必应”的问答社区（知乎、果壳等）。社群也是网民进行自我呈现的动因，由于网络上有众多的“潜伏者”（Lurkers），使得网络上的迷社群正如戈夫曼所谓的“剧班”（Team），而且他们以各式社群互动来凝聚且维系剧班。

（三）布尔迪厄：默会知识与惯习

当我们把社交媒体的使用看作一种日常生活实践，就进入了实践研究的范畴，这方面有许多社会学的理论资源可供借鉴。例如大卫·斯特恩（David Stern）指出：“实践是人们在例行基础上所做的事，也就是实践并非涉及推论能力，而是我们置身于某个生活形式中，是我们天天遵循的规则，我们不是从心理层面（如社会认知）来解释实践，而是后面有很多实践在支持我们的实践，这些背后的实践往往是我们浑然不觉、反射的行为，这就是我们置身的生活形式使然。”[①] 安·斯德勒（Ann Swidler）也指出：“实践是无意识、自动且不假思索的特质，并非有意识选择的行动。”[②] 这些观点都说明“实践乃是一种在世存有，主体在日常生活世界中是处于浑然未觉、自然反应状态”。[③]

实践理论常用“默会知识”（Tacit Knowledge）一词来表述实践只能在做中学，很难将其中运用的知识、理论清晰地表达出来。哈里·科林斯（Harry Collins）指出：“默会知识包括我们知道如何做但不知道如何跟别人解释的事情，而且我们有可能是不知道如何解释，甚至是根本不知道我们知道。”[④] 简而言之即行动者置身于生活形式中，耳濡目染“默会”而来的成套知识或文化工具。“默会知识”提醒我们研究社交媒体实践中一些约定俗成却又不可言说的知识，如发布朋友圈的频率——如何足够展示

① STERN D. The practical turn［M］//TURNER S P，ROTH P A. The blackwell guide to the philosophy of the social sciences. Malden：Blackwell，2003：185-206.

② SWIDLER A.Culture in action：symbols and strategies［J］. American Sociological Review，1986（51）：273-286.

③ 王宜燕 . 阅听人实践转向理论初探［J］. 新闻学研究，2012（10）：39-75.

④ COLLINS H M. What is tacit knowledge?［M］//CETINA K K，SCHATZKI T R，SAVIGNY E.The practice turn in contemporary theory. London：Routledge，2001：108.

自己丰富多彩的生活却又不至于引起反感，点赞的艺术——何时可以点赞何时应该手动评论点赞，在网络社群中如何通过发言和表情包迅速建立自身形象，等等。

皮埃尔·布尔迪厄（Pierre Bourdieu）的实践理论立基于“惯习 / 习性”（Habitus）概念：“由一套套可以持久运作、可以转换的禀性组成，是一套套结构化的结构（Structured Structure），其功能即在构造结构，也就是充当实践和再现据以产生、构造的原则。”① 布尔迪厄在此强调习性是一种“结构化的结构”，显示其具有结构的恒常性，而且行动主体在相当程度上受到社会的影响，但行动主体也具有转换结构的可能性，因此布尔迪厄强调习性具有创造性：“习性深刻存在于性情倾向里，作为一种技艺存在的生成能力，这是完全基于对实际作为的掌握，可看成某种创造性技艺。”②

布尔迪厄所谓的“习性”是一种性情倾向、结构化的结构，持久但也可以转换，亦即习性并非决定性的结构，而是一种中介，构成个人到社会生活过渡的中间环节，将个人“置于铸模之中”，让个人得以在无意识中进行各种社会活动。而行动者的日常实践主要出自习性，习性中固然有客观社会结构的面向，但也有随机应变谋略的一面。③

（四）德塞都：战略与战术

布尔迪厄强调实践有谋略的一面，他以阿尔及利亚土著送礼为例，认为送礼的精神真正表现在掌握回礼的时间。但这套送礼系统的微妙之处在于行动者不能不知道礼物交换的真相，但又必须拒绝知道这个真相，这意味着行动者对送礼只知道部分的真相，有部分也不尽知，这即回礼的“谋略”。④

---

① 布赫迪厄．实作理论纲要［M］．宋伟航，译．台北：麦田出版社，2004：151.

② BOURDIEU P，WACQUANT L J D. An invitation to reflexive sociology［M］. Chicago：University of Chicago Press，1998：165.

③ 王宜燕．阅听人实践转向理论初探［J］．新闻学研究，2012（10）：39-75.

④ BOURDIEU P.Outline of a theory of practice［M］. Cambridge：Cambridge University Press，1972：6.

布尔迪厄借此强调我们是在生活中潜移默化地学到很多行为，他所谓的熟手（Virtuoso）就是深谙生活的艺术（Art of Living）。由于生活情境充满了不确定性，但熟手就是能运用生活的艺术优游其中，而生活艺术包括在时间流变中的转折调度、应对进退，这些都不是规则，而是处世的艺术，亦即所谓的实践谋略。例如布尔迪厄指出："实践型知识像是一套自动调节的装置"①，行动者与环境是合而为一的，实践的背后都牵涉到很多小小的实践、生活艺术、即兴创作，因而是以谋略随时应变的。②

法国社会学家米歇尔·德塞都（Michel de Certeau）从米歇尔·福柯（Michel Foucault）的理论出发，认为如果规训已无处不在、日益明显，那就应该去发现整个社会如何抵抗这股势力，尤其要了解消费者用什么样的"操弄方式"形成反制。这些"操弄方式"即无数的实践，让使用者可挪用社会文化生产技术形成的空间，换言之，身陷规训网中的团体或个人，可使用日常生活中的"战术"（Tactics）或"权宜之计"（Making-do）形成反规训网络。

德塞都的"战略"（Strategy）意指当有权有势的主体（组织、企业、城市、科学机构）可以从某个"环境"中孤立出来，让"力量—关系"的算计变得可能。战略意指占据某个可被标示为"正统"（Proper）的位置，制定规则，率先占领地盘，可作为与外来者（竞争者、对手、顾客、目标或研究对象）产生关系的基础。政治、经济与科学理性都可以从这套战略模型中建构而来。

所谓战术中的算计不占据"正统位置"，因而没有与异己有明显的区隔边界，亦无具体可见的整体性。战术的位置属于他者，没有基地，经过一段时间在空间上的胜利可能获得一定的"正统位置"；与此相反的是，由于战术布局位置靠的是时间，因而总是在等待机会，但打赢了后，并未保留战果，它必须不断地"操弄"事件，以把事件转换成

① BOURDIEU P.Outline of a theory of practice［M］.Cambridge：Cambridge University Press，1972：11.

② 王宜燕．阅听人实践转向理论初探［J］．新闻学研究，2012（10）：39-75.

“机会”。[1]

德塞都指出很多日常实践（说话、阅读、移动、购物、煮饭等）都具有战术特性，很多“操弄方式”也是战术的，如以小搏大、取巧把戏、脱身之道、演习等。因此，德塞都从使用者的日常生活实践找到行动者的能动性所在，彰显出行动者如何跳脱结构挥洒自如，有助于提供阅听人能动性更富创意、弹性的解释。

以上从四个方面梳理了社交媒体实践的理论资源：一是社会化媒体中的自我呈现是一种拟剧式的表演，通过控制前台和后台的曝光可以进行印象管理；二是社交媒体已经成为今天全球化的媒介景观，人们沉浸其中，既是观众也是表演者，既被媒体文化所建构，也能透过主体的能动性再形构其身份认同；三是从默会知识和习性的角度，关注社交媒体使用中不假思索的行动，注意这些行动中的“结构化的结构”；四是从实践的谋略角度，探讨在社会化媒体场域的使用规则下，网民如何采用战术进行反规训行为。以下将结合具体的交往实践行为进行分析。

三、社会化媒体中的交往实践分析

在享受美食之前先不忘拍照发到个人社交媒体，食物的滋味如何倒在其次，配着朋友的点赞来吃更香；旅行之前一定要先在机场打个卡，到了景点拍照必须凑够“九宫格”，定格下来可以留作以后想念，当下的体验不重要；之所以坚持每天还可以阅读英文或背单词，是已经在朋友圈连续打卡几十天了，停下来会让人觉得我没毅力；脱单或分手自然要在朋友圈广而告之，表白一定浪漫无比、过程海誓山盟、分手一定是对方的错；不管好事坏事，发朋友圈都要“不经意”地配一张自拍照——自带滤镜和美颜；手机没有网络的时候，还是别浪费时间抱怨和崩溃了，反正也没人知道……今天，社交媒体上有你的一切生活，如果你不在社交媒体上，似乎就不

① CERTEAU M D.The practice of everyday life［M］.Berkeley：University of California Press，1984：35-39.

存在。

社会化媒体详尽且不间断地记录生活中的各种细节和活动，除了文字，还可以配上精心修过的图片、视频和丰富的表情符号，特别是当这些细节被分享到社交媒体上的时候，我们将其称为“超级生活记录”（Hyper-documentation）。[①] 关键是当你在记录和分享这些内容时，你知道有观众在看，你甚至知道都有哪些人在看，你期待观众的点赞、评论和转发——记录和分享从一开始就不是个人行为。

在社会化媒体中，我们如何存在？我们怎样对自己进行定义和展现？我们如何建构自己的身份？以下从“头像投射”“位置打卡”“展览陈列”“品位表演”等方面举例说明。

（一）头像选择：自我性格的外部投射

在这个“社交媒体识人”的时代，每次屏幕划过一个人的社交信息时，头像给人带来了直观、重复的印象。头像是个体在社交平台中的个性化面具，从而在虚拟网络中证明存在、表达需求；而你在社交媒体中以何种图片作为自己的头像，背后也投射出对自身的定义和认同。头像中的颜色（彩色或黑白）、图像构成（人与物、主体与背景等）、人物数量（个人、配偶或集体）、社会人口特征（年龄、性别、族群等）、面部表情（脸部占比、有无戴太阳镜等）等都代表着不同的含义。

宾夕法尼亚大学的研究员曾对 66502 名 Twitter 用户的个人资料和他们发送的 1.04 亿条推文进行了评估研究，并对其中的 434 人进行心理调查，根据头像的颜色、构图、形式、脸部展示、表情等要素的分析，总结出大五人格类型（OCEAN）在社会化媒体中分别对应的头像偏好。[②]

① 热词：社交媒体时代的“超级生活记录”[N]. 中国日报，2014-04-14.

② Leqi Liu，Daniel Preotiuc-Pietro，Zahra Riahi Samani，Mohsen E. Moghaddam，Lyle Ungar，Analyzing personality through social media profile picture choice，proceedings of the tenth international AAAI conference on Web and social media ICWSM 2016.

表 6-1　大五人格类型在社会化媒体中对应的头像偏好

大五人格类型（The Big Five Personality Traits）	性格特质	头像偏好
经验开放型（Openness to Experience）	具有想象、审美、情感丰富、求异、创造、智能等特质	头像一般颇具审美，图片对比度、清晰度、饱和度高，模糊少；很有可能出现吉他、滑雪板、盆景等静物（摆拍）；眼镜在头像中出镜率很高，尤其是大框眼镜；特别喜欢用黑白照片作为头像，如果露脸表情通常表达的是消极情绪，如悲伤或愤怒
尽责型（Conscientiousness）	具有胜任、公正、条理、尽职、成就、自律、谨慎、克制等特质	头像一般色度明亮、颜色多样，通常会使用真实照片，全脸出镜，基本不会只露半边脸，表情传达的情绪非常积极，是大五人格中情感表达最丰富的一类人
外向型（Extraversion）	具有热情、社交、果断、活跃、冒险、乐观等特质	头像不讲求审美，构图、对比度、饱和度相对较差，真人照片往往有多人同时入镜，敢于通过“自黑”来传递快乐的情绪
亲和型（Agreeableness）	具有信任、利他、直率、依从、谦虚、移情等特质	头像通常分辨率较低（可能是太欢乐忘记聚焦），色彩比较丰富
神经质或情绪不稳定型（Neuroticism）	具有焦虑、敌对、压抑、自我意识、冲动、脆弱等特质	头像较为简单、单调，通常倾向于选择没有正脸的照片，如一辆车、一栋建筑或一只宠物，如果非要露脸，会选择温和一些的表情，因为害怕被人说“传递负能量”

根据美国心理学家亚伯拉罕·塞缪尔·洛钦斯（Abraham Samuel Lochins）提出的“首因效应”（Primacy Effect）可知，头像作为在社交媒体中的第一印象，对身份建构具有重要影响。通过头像这一社交符号，即使从未交流，屏幕外的人也会在大脑中构建一个想象的形象，并根据直觉辨

认或判断出主人的性格特征或喜好。此外，头像不仅对外建构了个体形象，同时也投射出个人的身份想象。

在头像类型选择中，一般包含着如下五种考量[①]：

表 6-2　头像类型选择与情感表达

自我性表达	用自身照片、背影、街拍等作为头像，展示自身个性和优越感，这类人通常自我认同较高，较为自信甚至自恋
相似性表达	用与自身相近或相关联的事物作为头像，将自己的性格代入，如使用一些文艺清新照片或影视剧里的清纯角色，表明自己也是向往美好、单纯安静的人
喜好性表达	用自己喜爱的明星、动漫人物、宠物等作为头像，表达自己的粉丝身份、兴趣、爱好等，如用猫和狗来作为头像的人，甚至形成了“喵星人”和“汪星人”这两种身份归属
娱乐性表达	用表情包、原始 QQ 头像、搞笑图片、自己设计图案等作为头像，娱乐他人的同时展现自身的幽默，紧跟流行文化，换头像的频率通常也较高
封闭性表达	用黑白照片或纯色图案作为头像，以示高冷或拒绝被定义

除了头像类型之外，换头像的频率也能体现一个人的情感表达，按频率从低到高可以分为：

表 6-3　头像更换频率与情感表达

始终如一型	从注册后便再也不换头像，通常会使用非自拍或有纪念意义的照片作为头像，试图传递一以贯之的形象和沉稳的气质，一般来说，这类人在社交媒体展示的内容也高度一致
重大事件更换型	更换频率一般不会超过一年两次，都是重大事件节点（如新年、生日、感情状态变化、工作等）更换，通常换头像意味着个人状态的重大变化
慎重更换型	虽然更换头像相对较为频繁，但都比较慎重（如到一个新地方旅行、拍了一组艺术照、自己喜爱的明星改变造型等），一般这类人会把头像当作自我呈现的重要窗口，更换头像就像在舞台上换装一样

① 不要问我套路有多深，头像代表我的心［EB/OL］.（2016-06-04）.http：//www.qdaily.com/articles/27730.html.

（续表）

经常更换型	看到某个表情搞笑赶紧存下来换上，最近大家都流行用小时候照片当作头像，看到“小猪佩奇”或某部剧里的角色很可爱立刻换上……这类人更换头像其实并没有太多的考量，纯粹是自己喜欢，性格更外向，通常换社交账号的昵称也很频繁

化身是虚拟世界中的一种重要的自我呈现方式，化身特点会在有意无意间影响用户的认知、态度和行为，即普罗透斯效应（Proteus Effect）。无论是将头像作为状态表达的渠道，还是印象管理、同好认亲的窗口，都会潜移默化地对现实的自我产生一定的反馈。头像是用户选择在虚拟网络中对自身的投射，同时也存在着自我暗示和代入感，使现实生活中的自己也朝着这样的方向发展。①

（二）位置打卡：行走在网络上的地标实践

打卡（Checkin），又称签到，即通过互联网技术和智能终端将自己当前所处的地理位置上传到社交网站上分享。打卡最早出现于21世纪初，目的是让使用者“广播”自己所在的位置，看看附近有哪些朋友或朋友的朋友，可以进行临时的、随性的聚会。因此，设计打卡的最初用意是让用户在邻近空间范围内进行随性联结②，被归为“基于位置服务”（Location Based Service，简称LBS）的一种，旨在让用户广播“我在哪里”“在做什么事”“有没有人在附近”“有没有空见个面”等。③

但在实践中我们发现，技术生产者虽然制定了打卡的规则——“分享所在地”及“查询附近好友”，却并不能决定人们的使用方式，在日常生活中，许多使用者都颠覆了空间打卡的规则。调查发现，追求朋友之间的“偶遇”着实难得，即使恰巧在同一个地方，仍然很少有机会见面，即便处于

① 全媒派．可能是头像被黑得最惨的一次：这个功能化的小窗口到底有哪些社交内涵［EB/OL］．（2018-03-18）．https：//mp.weixin.qq.com/s/JubG189wcChEqDFUBQev0A.

② HUMPHREYS L. Mobile social networks and urban public space［J］. New Media &Society，2010，12（5）：763-778.

③ 吴筱玫．网上行走：Facebook使用者之打卡战术与地标实践［J］.新闻学研究，2016（126）：93-131.

空闲状态，大多数人也不会倾向于主动见面。因此在日常实践中，就打卡者本身而言，打卡签到的意义在于展现地点本身的特别、空间位置的内涵及同行者，更重要的是那一刻打卡主体的心理状态。使用者的心理状态决定了是否打卡、如何打卡，以及根据兴趣对地标进行社交媒体上的多样化呈现。吴筱玫认为，打卡是一种流动性实践，当使用者习惯利用打卡说明当下所在，他/她便成了行人，开启了一段行人言说的过程。[①]“行人言说”（Pedestrian Speech Acts）是德塞都提出的概念，他把城市系统中行人的步行动作比喻成语言系统中的说话，对行人而言，每个驻足点都有其意义，经常驻足地形成惯习足迹是一种特殊表达自我的方式。

日常生活中，我们经常看到很多人手动定位地点为“××的小床”“凌晨三点的×××”“回家路上”等不具有确切空间意义的地点坐标。这显示着缺乏空间和地点指向性的坐标出现在社交媒体上，仍然能够获得广泛认同并衍生出不同的用途。[②]

根据不同的定位特点，打卡签到可分为以下几类：

生活圈打卡：学校、公司、家、医院等日常生活经过的地点；

娱乐打卡：餐厅、景点、电影院、网红拍照地等出游娱乐性质的地点；

工作打卡：加班、工作福利、工作活动等的记录坐标；

心情打卡：“难过”“不知所措”“哈哈哈哈哈哈”这一类用于表示心情的坐标名称；

虚拟打卡：“回家路上”“圣诞节快乐”等编造出来的坐标名称。[③]

从以上的打卡类型可以看出，打卡绝不是简单的地理位置展示，使用者会根据兴趣展现殊异的地标实践。不管是基于分享、展演、心情抒发、营销或自我记录，它都被视为一种资源，因此，地标不只是足迹，它本身

① 马晓霞.从日常生活实践理论分析微信使用者的打卡实践[J].新媒体研究，2017，3（22）：30-32.

② 吴筱玫.网上行走：Facebook使用者之打卡战术与地标实践[J].新闻学研究，2016（126）：93-131.

③ 同上。

就是一种寒暄方式，有着标题的功能。[①] 寒暄（The Phatic）是一种功能，几乎是下意识的，有着最基本的语言形式，寒暄一定有他者存在，才会对地标做出连接或不连接的动作。

打卡地标在群体共构下，往往有了非地标的意涵。使用者的地标实践的第二层意涵，必须从社会生活机缘中的规训和反规训着眼，这里的反规训称不上抵抗，而是一种“拥有自我空间”的感觉。例如一位学生在教室打卡、发一条微信朋友圈，表面上是在教室上课，发的内容无论跟课程内容有无关系，更主要的是他在对朋友宣称自己在课上偷闲。这样的学生不算旷课，因为他依然遵守了身体在课堂的规则，只是把学校、老师认为应当专心上课的时间置换成了自己的“自由空间”。这种自由并不会带来利益，有的只是反规训的“愉悦”。

此外，打开的时机选择也是地标实践的重要方面。如今许多社交软件都可以在事后进行延迟打卡、补打卡。理论上，正确时间、地点、同行者在场，才能构成“实存”，但在网络上行走，“在场”早就超越了时空界限，用各种虚实交错的方式来展现。打卡设计之初是为了让用户强调“我此时此刻处于何地”，强调“当下”这一时间概念，而在实践中，多数人并不在乎这样的时间概念，而只在乎存在的人、事、物与地点意义的联结。[②] 有些使用者甚至可以控制自己打卡的次数，一天内明明有很多机会打卡，但为了不让观众反感“这人爱好打卡”，会等待最佳时机，如把白天的内容等到晚上或明天，更在意观众的感受而不是打卡的时间。

从“行人言说”分析的角度，打卡行为是人们在社交网络上行走的地标实践，打卡的地点不单单是分享位置，而且是记录使用者生命历程和心理状态的轨迹，有习惯的路径、基本的寒暄方式和与众不同的生活实践。[③]

---

① 吴筱玫．网上行走：Facebook 使用者之打卡战术与地标实践［J］．新闻学研究，2016（126）：93-131.

② 马晓霞．从日常生活实践理论分析微信使用者的打卡实践［J］．新媒体研究，2017，3（22）：30-32.

③ 吴筱玫．网上行走：Facebook 使用者之打卡战术与地标实践［J］．新闻学研究，2016（126）：93-131.

当使用者根据兴趣和喜好来展示自己的足迹，每个人便有了殊异的实践形式，这个足迹创造出流动的自我“空间”（Space），在人与媒介的交互中，形成了“地方”（Place）的感觉——人从空间的占据物成为地方的居住者。

（三）展览陈列与观众隐身：语境坍塌下的橱窗布展

戈夫曼的拟剧理论认为，“环境限定”是影响人自我呈现行为的重要因素，在不同的场合和观众面前，个体的表演行为也是不同的。与现实生活中自我呈现的转瞬即逝不同，在社交媒体上的呈现一方面很难对场合、受众进行判断和选择；另一方面是只要不删除记录或者注销账户，个体所呈现的每一个动态都会一直存在于个人主页上，只要访客点击立即可见。牛津大学研究者伯尼·霍根（Bernie Hogan）宣称，互联网时代的自我呈现已经从一种舞台表演（Performance）变成了一种“自我”的展览或陈列（Exhibition）。[①]我们的个人主页就像一个陈列室，等待访客的到来；我们也从日常生活舞台上的演员，变成了社交媒体上的布展人。

日常生活的交流中，我们如何选择性地呈现自己，需要根据具体的语境进行调节。但是在社交网站中，我们在表达自己观点、态度或抒发情感，呈现自己内心的感受时，他人理解的语境对于传播者来说是不可控的，我们无法根据“环境的限定”来对自己的呈现行为进行把关。对表演者来说，面对社交平台的自我呈现，往往只能根据自身当下的单一语境判断。观者何时何地处于何种语境下进入我们的主页进行观看，从而会产生什么样的想法的不确定性更大。由此，社交平台上的自我呈现存在着语境坍塌（Context Collapse）问题。[②]社会化媒体上的个人主页作为我们生活记录和情感抒发的展室，承载着彼时彼刻的环境和语境因素，但当他者进行观看时，是缺乏当时的情感体验的，这样也大大增加了我们被误解的概率。因而，很多

① HOGAN B. The presentation of self in the age of social media：distinguishing performances and exhibitions online［J］. Bulletin of Science Technology& Society，2010，30（6）：377-386.

② MARWICK A E，BOYD D. I tweet honestly，I tweet passionately：twitter users，context collapse，and the imagined audience［J］.Newmedia & society，2011，13（1）：114-133.

人会定期删除自己的动态和记录，或使用如微信朋友圈的“三天可见”“半年可见”功能，就像给自己的日记本“上锁”，也不失为一种“权宜之计”。[①]

在社交网络中，大多数情况下，我们并不清楚所发的每一条动态可能会被谁看到，被谁留意到，更不确定谁可能会产生点赞、评论、转发的行为，面对的不再是日常生活中那些清晰可辨的观众，而是一种想象的观众（Imagined Audience）。[②] 因此，对于社交网络上的传播者来说，观众是隐身的。但是表演中的观众是不可能缺席的，我们往往会依据“观众想象”（Imagined Audience）、“把关”（Gating）和“最小公约数”（Lowest Common Denominator）三种策略来应对。[③]

1. 观众想象

我们在发布动态时，往往想象我们发布的内容可能会被谁看到，可能会引起谁的不适，从而调整内容以维护自身形象。例如，如果老板和同事关注了我们的社交账号，我们就尽可能避免发布对工作的抱怨；如果与父母成为社交网站的好友，就得避免表达太多自己的负面情绪，避免在深夜时发布动态；如果朋友圈里有自己原来的同学、朋友，则会时不时发一些自己的生活状态让他们知道自己过得还不错……这样的做法，都是一种想象观众的行为。但随着社交账号经营的时间越来越长，拥有的“好友”越来越多，进行观众的想象很难做到面面俱到，在成百上千位“好友”面前进行印象管理的难度越来越大。因此，观众想象的策略往往会受到个人认知能力的限制，一旦出现认知局限和偏差，便会带来负面的效果。

2. 把关

一些社交网站也考虑到了使用者进行这样印象管理的需求，推出了“互

---

① 董晨宇，丁依然．当戈夫曼遇到互联网：社交媒体中的自我呈现与表演［J］．新闻与写作，2018（1）：56-62.

② MARWICK A E，BOYD D. I tweet honestly，I tweet passionately：twitter users，context collapse，and the imagined audience［J］.Newmedia & society，2011，13（1）：114-133.

③ 董晨宇．黑镜人生：网络生活的传播学肖像［EB/OL］.https：//m.douban.com/time/column/85/?dt_time_source=douban-web_time.

相关注可见”“分组可见/不可见”等决定观看范围的功能。这样的功能也逐渐成为我们进行印象管理重要的“把关”方式——由你自身来决定谁能看到你的动态，以此降低发布动态的风险。但是，这样的操作也有很大的弊端：一是将成百上千的联系人一一分组时间成本太高，而且存在遗漏、误操作等风险；二是分组是固定的，但是每条信息传递的对象是流动的，很难保证一次性的分组能适用于所有情况；三是可见与不可见的人群之间内部也会进行信息交换，组与组之间不是完全隔离的，很难把控信息的二次传播。

3. 最小公约数原则

以上两种策略都有明显的弊端，操作起来相当麻烦，而且存在一定的风险。尤其在社交网络中语境坍塌、缺乏面对面的交流和互动，更容易出现信息的误读、负面情绪的扩大。因而不管发布什么样的内容，似乎都有可能造成别人的负面评价：如发自拍照会被认为自恋，发公司或微商的广告宣传会被人屏蔽，发自己的生活动态也可能会引起别人的嫉妒和反感……因此，把关的行为往往会降格为最小公约数原则，即选择最多人接受的内容进行展示，避免发布过多个人化、情绪化流露的动态，对大多数可能引起他人反感的内容进行审查、减少发布频率等，甚至很多人关闭朋友圈，静静地在社交媒体上做一个少数的沉默者，抑或是大多数。①

（四）品位表演与社会比较：文本表演背后的阶层焦虑

我们的品位不是与生俱来的，而是与我们所在的阶级和社会权力紧密联系的。出身不同、教育程度不同、文化环境不同的人有着不同的品位标准。如今，我们生活在这样一个物质文化较为丰富的时代，人们越来越借助生活方式、个人爱好、娱乐休闲、商品消费等符号来展现自身的品位。人们在消费名牌手表、包包、衣服、首饰时，本身的商品价值倒是其次，更重

① HOGAN B. The presentation of self in the age of social media：distinguishing performances and exhibitions online［J］. Bulletin of Science Technology& Society，2010，30（6）：377-386.

要的是品牌的符号价值，试想一块劳力士的手表如果定价和普通手表一样，反而可能不会有人要买——正因为贵、一般人消费不起，才使其具有了符号价值。布尔迪厄认为，品位与社会权力息息相关。人们表面上是在呈现自己的品位，实际上是在呈现自己的社会阶层。在某种程度上，统治阶级正是通过品位将自己同其他阶级区分开来，从而加强自己在阶级场域中所占据的优越地位。[①]

在现实生活中，这样的品位表演往往需要一定的成本，但在社会化媒体中，进行品位表演的难度就低得多了。互联网的发展催生了一种新型品位表演形式——文本表演（Textual Performance）。[②]我们想要展示自己的品位，只需要简单点击进行标注或转发到朋友圈，即可显示自己到过哪些高级餐厅（不一定要消费）、已读过哪些书、听过哪些古典音乐、看过哪些艺术电影……我们的品位表演在文本符号面前变得极其方便和便宜。

2012 年 4 月，南方都市报发布了一则《互联网鄙视食物链大全》，据称网友会借由“鄙视链”来展现自己的品位。鄙视链的观念一出，立即引发了大量共鸣，大家开始纷纷探讨各领域的鄙视链现象。例如，喝黑茶的（主要是普洱）—瞧不起喝青茶的（单枞和岩茶）—瞧不起喝绿茶的（如龙井）—瞧不起喝白茶的—瞧不起喝黄茶的—瞧不起喝红茶的—瞧不起喝各种花茶的，然后，所有喝茶的瞧不起喝奶茶的。[③]鄙视链似乎无所不在，不单单是消费高低的问题。对于如此广泛的鄙视链现象，向日葵心理创办人、心理学家胡慎之评论说：“完美的自恋，歹毒的投射，组成了彼此的意淫，焦虑的、不信任的人际关系中大多数人会用这样的方式与自己和别人相处。”

不过鄙视链并非互联网时代才有，其渊源至少可以追溯到资本主义萌芽时期。在社会等级森严、阶层固化的年代，不同阶级之间并不会互相比较。

① 布尔迪厄．区分：判断力的社会批判［M］．刘晖，译．北京：商务印书馆，2015.

② SUNDEN J. Material virtualities：approaching online textual embodiment［M］. New York：Peter Lang Publishing，2003.

③ 杨璐．阶层焦虑：谁在信仰“鄙视链”？［J］．三联生活周刊，2018（14）.

而私有制经济出现之后，人与人之间的竞争就不仅仅是劳动能力的比较了，更多的是对商品和资本占有的竞争。为了满足自己的虚荣心，占有较多财富的人就不再从事体力劳动，而是雇用别人替他们劳动，从而自己获得闲暇、娱乐、消费的条件。托斯丹·凡勃仑（Thorstein Veblen）将这群人称为有闲阶级，在有闲阶级看来，消费是光荣的，劳动是可耻的。[①] 正是这些有闲阶级在日常生活的攀比中精心搭建了所谓的鄙视链来满足自己的虚荣心，于是便诞生了炫耀性消费。保罗·福塞尔（Paul Fussell）在《格调：社会等级与生活品位》一书中也提到，以胖瘦、衣着、住房、消费选择、休闲娱乐、室内摆设、精神生活等把美国社会分出了等级。比如他认为西装领口与衬衫之间的缝隙越宽，社会地位越低，如果缝隙达到一英寸宽一定是贫民阶层。因为贫民阶层从超市买的衣服不如专卖店和裁缝定做的合体，并且贫民阶层根本没有注意外衣肩部和领口是否贴实的习惯。[②]

热衷于鄙视链的群体，福塞尔在书中特别强调是美国的中产阶级。作者认为，他们像螺丝钉一样可以被随意替换，所以最缺少安全感，生活也最焦虑。在这样的心态中生活，首要的事情就是得到他人的承认，要在他人眼中看起来生活过得安全又体面。但鄙视链显然也存在于其他阶层和领域，从社会心理学的角度看，鄙视链跟人类的分组和看待各个“群组”的态度相关。[③] 人们会对所属的相似群体有亲近感，但对其他如社会地位更低的群体带有刻板成见，并且社会经济地位和教育程度越低，偏见越大。

鄙视链部分源于阶层焦虑，它可能给人一种高人一等的优越感，但研究表明，鄙视链并不会带来慰藉和快乐。相反，一个人在社交媒体上停留的时间越长，越会觉得别人都过得比我好，越容易产生社会和命运不公的消极想法。这根源于人们在使用社交媒体时，会进行一定的社会比较，从而导致自身的心理不平衡，产生消极情绪。

20 世纪 50 年代，美国心理学大师利昂·费斯汀格（Leon Festinger）提

---

① 凡勃仑．有闲阶级论［M］．蔡受百，译．北京：商务印书馆，1964.

② 杨璐．阶层焦虑：谁在信仰“鄙视链”？［J］．三联生活周刊，2018（14）.

③ 同上。

出了著名的“社会比较”（Social Comparison）理论。他认为每个人都有评估自己的需求，在缺乏客观视角的前提下，我们往往需要与他人进行比较，以他人作为尺度，来完成对自己的评估。社会比较可以提高个人的自信心，也是每个人进行自我合理化和完善的基础。

社会比较有两种截然不同的方向——上行比较和下行比较。上行比较是指在某个维度或评价标准上将自己和比自己强的人进行比较，有时候会挫败自信和自尊心，但有时候也能给我们提供向上的动力，尤其对于深陷危机的人来说，更是如此。下行比较往往是一种防御性的比较，在这个维度和评价标准上，将自己和不如自己的人进行比较，有时候会提升我们的自信和自尊心，但如果对比对象是与你亲近的人，则可能会产生“同化效应”（Assimilation Effect），产生消极影响。[①]

由于在社交媒体上，他人往往倾向于展示自身的积极信息，表现自己光鲜、骄傲的一面。一项研究通过分析 Myspace 中超过 12 万名用户的个人档案，发现大量用户在资料填写栏中隐藏了自身的婚姻状况、真实的职业等信息。该研究还指出，人们在品位表演的过程中，为了使其显得更加真实可信，必要的瑕疵也必须“流露”出来。[②] 人们抓住一切机会在社交媒体上展示自己的不俗品位，即便本身并非那样阳春白雪，至少表演得绘声绘色就好。可对观看的人来说，孑身一人看到朋友们出去聚会、旅行，难免会感到孤独寂寞；看到好友们晒出的美食，而摆在自己面前的简餐就显得无力。因而使用者更容易看到并记住这些他人的积极信息，从而不自主地进行一种上行的社会比较，反观自身的生活状态，难免觉得失望和沮丧。

渐渐地，我们形成了属于社会化媒体时代的群体性焦虑。“鸡汤文”的盛行昭示着我们需要在社会化媒体时代从内心深处对真实的回归。了解

① 董晨宇．黑镜人生：网络生活的传播学肖像［EB/OL］.https：//m.douban.com/time/column/85/?dt_time_source=douban-web_time.

② LIU H，MAES P，DAVENPORT G.Unraveling the tastefabric of social networks［M］//ROMM-LIVERMORE C，SETZEKORN K. Social networking communities and edating services：concepts and implications. NewYork：IGI Global，2008.

社交网络中的社会比较行为及其触发机制，在虚拟网络面前回归真实自我，也是新时代重要的媒介素养之一。

四、假如停用你的社交账号

到目前为止，我们已经讨论过太多关于社交媒体出现后日常行为和生活方式的改变，这里不妨换一个视角，假如没有社交媒体会怎样？当然这种假设在现实中很难做到，但纽约大学的亨特·阿尔科特（Hunt Allcott）和斯坦福大学的卢卡·布拉吉里（Luca Braghieri）等人真的进行了相关的实验尝试。

阿尔科特等人从170万招募者中挑选了2844个Facebook用户，在知情同意的情况下停用他们的账号四个星期，同时设置对照组并对两组的日常行为进行监测，对Facebook的使用意愿等进行前测后测比较。实验结果如下[①]：其一，停用Facebook的用户在线活动大大减少，在平均增加1小时的自由时间里，他们也减少其他社交媒体的使用，同时增加了线下活动，如单独看电视及陪同家人和朋友；其二，这项研究开展于2018年美国中期选举之后两天，停用Facebook的用户减少了一些新闻接触，这样虽然降低了他们对一些公共事件的关注度，但也使得他们的观点比对照组的用户更加包容，政治极化现象更少；其三，离开Facebook增加了他们的自我幸福感，降低了抑郁和焦虑水平，表明停用Facebook有利于心理健康（Subjective Well-being）；其四，这个实验产生了持续性的影响，即使在四周以后，停用过Facebook的用户在社交媒体上的使用时间仍然比对照组减少了23%。

这个实验的另一个有趣的地方是把用户对Facebook的消费者剩余[②]预

① ALLCOTT H，EICHMEYER S，BRAGHIERI L，GENTZKOW M. The welfare effects of social media，national bureau of economic researchworking paper series［EB/OL］.（2019-04-23）. https：//www.nber.org/papers/w25514.

② 消费者剩余（Consumer Surplus）是经济学概念，指购买者的支付意愿减去购买者的实际支付量，消费者剩余衡量了购买者自己感觉到所获得的额外利益。

期进行了量化，即询问“付多少钱能让你愿意关掉你的 Facebook 账号四个星期”。结果表明，用户对关掉社交账号要求的补偿为 180 美元，比四周前的 203 美元下降了 13%。从这一角度来看，我们大部分人似乎高估了社交媒体给我们带来的价值。即便如此，大部分的用户仍然不愿意完全退出 Facebook，这种犹豫说明了即便有这些那些的问题，Facebook 这样的社交媒体仍然给消费者带来了巨大的价值。顺便说一句，按这样的估值推算，Facebook 在美国一年创造的消费者剩余是 4200 亿美元。

阿尔科特等人表示，这项研究并不是要表明没有 Facebook 的生活更美好，恰恰相反，对受试者的访谈表明，Facebook 可以提升人的境况，不管是作为娱乐来源、慈善公益或集体运动的手段，或是给那些本来被孤立的人提供丰富的社交生活。所有社交媒体负面效果的研究都不应该否认它在满足人们深层而广泛需求上带来的益处。不过，负面效果的确是真实存在的。停用四周账号后，人们主观的幸福感明显提升，对社交媒体的需求显著下降，这表明网络成瘾或自我投射等因素的确会增加社交媒体的使用时间。此外，这个实验也表明社交媒体上的使用者更容易极端化，这与美国近年来政治极化的兴起有一定的关系。这些负面效果都应该引起足够的关注。

既然离开社交媒体能够带来明显幸福感的提升，为何人们还是不愿意关闭自己的社交账号呢？即使是那些已经参与了实验的人，在四周后选择继续关闭账户的也只占很小的比例。《经济学人》杂志对此的分析是，Facebook 等社交媒体应该感谢群聚效应。① 正如在现实中，一个繁荣增长的大都市很容易吸引更多的人，因为前期人们已经在那里创造了大量的机会。正如 19 世纪因为水运便利而兴起的美国五大湖区工业城市，即便今天湖区的航运早已衰落，仍有数以百万计的人居住在芝加哥、底特律、克利夫兰等城市。Facebook 同样可以被视为世界上第一大数字化都市，它吸引了 23 亿人，允许前所未有的大量的人际接触，不管是好是坏。

① What if facebook never saw the sun? [J]. The Economist，2019（2）.

现代社会的群聚效应可以产生显著的持久力（Durability），或者说惯习（Habitus），这也是为何用户不愿意完全停用 Facebook 的原因——因为这是一项 23 亿人都在用的服务，但如果群聚的人都能一起同意跳脱出来，也许可以过上比现在更好的生活。现实中的一个例子是，伦敦政治经济学院的盖伊·迈克尔斯（Guy Michaels）和牛津大学的费迪南德·劳奇（Ferdinand Rauch）对英法两国在罗马帝国时期建立的城市进行了研究。两国采取了不同的做法，法国基本上延续了原来的城市功能，而英国则倾向于弃置而建立新的城市。这一做法导致在 12—17 世纪，更多靠近海岸港口的新兴城市得以快速发展，英国受惠于城市网络的重建，财富大量增加，而法国的城市网络仍然主要是罗马帝国占领时期建立的。

也许我们今天在考虑社交媒体的未来时，应该把群聚效应带来的好处放在一边，真正思考何种平台、何种媒体是更好的交往方式，这样也能形成一种多元的社交媒体生态。

第七章　新媒体与视觉文化：装置范式的超现实“具象”①

唐诗《南园十三首·其一》有云：“花枝草蔓眼中开，小白长红越女腮。可怜日暮嫣香落，嫁与春风不用媒。”仅以二十八字的七言诗，李贺就将其眼中春日傍晚谢落嫣红随风飘舞的情景描绘得风情万种，而当这诗文的意境随着书卷的墨香，进入李贺身后的世界，虽然已是江山万重千年已过，彼时此刻，昔日情境却仿若眼前，犹然在目。

“仰以观于天文，俯以察于地理”的古人，以仰望观识天文的规律，以俯视观察地理的风貌，以此“知幽明之故”——在黑暗与光明起始与终结的探究反复中，最终“知死生之说”。② 人生于世，沧海桑田，时空无论怎样的流转，观看之道始终昭示着人们日常世界中的生存之道。当人的视觉活动渗透于其文化的整体经验之时，基于人的生命活动的视觉行为的观看，就使人对其所在之境的感受、认知和想象以视觉化的方式纳入人对生命世界的把握之中。“耳听为虚”与“眼见为实”的日常俗语，正是人们对世界感知视觉性的推崇。

得益于当下数字与多媒体技术的发展及移动终端的普及，文化的视觉性体现从有形之物的物理空间拓展至互联网的虚拟空间，网络视频、网络博客、网络播客、网络游戏、网络社交、网络购物等，网民们的这些网络空间的日常活动皆与人们的视觉行为联系在一起，从而赋予了当下视觉文

① 本章作者为北京交通大学语言与传播学院传播系副教授夏丽志。

② 引自《周易·系辞上》。

化更加多样而丰富的信息形态。新媒体语境下视觉文化的聚焦成为人们认知新媒体特征、探求新媒体发展以构建人们生活世界意义的“观看之窗”与“技术之眼”。

一、新媒体视觉文化的观念认知

作为一种社会文化现象，视觉文化所含内容丰富而繁杂，贯穿于人类文明的发展，在人们日常生活的衣食住行中“视觉”与“文化”随影而行，密不可分。1913 年，“视觉文化”一词出现在匈牙利电影理论家巴拉兹笔下：“以图像符号为构成元素、以视知觉可以感知的样式为外在表现形态的文化统称为视觉文化。”[①] 而将视觉文化视为一门学科所进行的学术研究则始于 20 世纪末，算起来到现在也就在 20 年间。[②] 从视觉文化一词的提出及其学科产生的历史背景看来，“视觉文化”研究和电子数码时代出现的触目皆是的视像密不可分，视像的符号意义的建构成为视觉文化研究的重要内容，并且赋予了其研究的跨学科的丰富内涵，其中涉及了信息技术、符号学、传播学、美学、哲学、社会学、心理学等多学科内容。

“视觉”通常被认为是生物在外界光线投射下，对外部环境中的对象物生成内部视网膜感应从而形成映像的生理知觉，因此，视觉文化中的“视觉”涵盖着人的视觉和知觉两个层面的经验及过程。从社会学及心理学的意义理解，指向着社会学和心理学层面上的符号表征的意义建构及其由此产生的对各种影像、实体和经验的感知。因此，视觉文化研究视域下的视觉认识就被拓深为“视觉性”——被社会化后的视觉（Visuality is Vision Socialization）。由此，视觉文化在被人们简单概括理解为视觉方面的文化后，移动网络的新媒体时代视觉文化被认为是团体、社区或社会借视觉、听觉和文本的表达形式传达意义及实现交往的共同文化实践，即视觉符号构建

① 张舒予．视觉文化概论［M］．南京：江苏人民出版社，2003：14.

② ROSE G. On the relation between visual research methods and contemporary visual culture［J］. The Sociological Review，2013.

意义的文化传播行为。[①]

当下，文化的视觉转向加之移动网络的遍及，推动着视觉文化如流动的潮水般延伸至全球化的网络世界，走向了数字化的虚拟影像时代。在互联网与信息技术赋予人们看似更炫目和更逼真的“在场”观看体验的当下，技术构架之上的“技术之眼”为人们提供了不同以往的视觉范式。在将世界视觉对象化之时，借助“技术之眼”，人们一方面拓展了其生命的时空体验，而另一方面，人们也与其所在的真实世界日渐疏离。新媒体时代人们世界对象化的视觉观看，将人们从其切身所在的并与之浑然一体的真实体验世界抽身分离到被构设的图像世界。马丁·海德格尔（Martin Heidegger）把这个视觉对象化的世界称为“世界图像”，依其解释，“所谓世界图像……并非意指一幅关于世界的图像，而是指世界被构想和被把握为图像了”，海德格尔认为，“现代之本质”的标志就是“根本上世界变成图像”。[②] 世界的视觉对象化是新媒体时代人与世界关系较之以往发生变化的最突出的特质。

二、新媒体视觉文化的表现形式及特征

传播媒介是文化发生的场所，作为内容而存在的新媒体视觉文化，其传播的形式离不开传播媒介。以人类文明和技术发展史的视角认识传播媒介可以看出：印刷时代的报纸助生于造纸和印刷术的发明，电子传播时代的电影与广播电视蕴生于照相化学、光学、机械学、电学和得益于留声机、无线电技术的应用、信息时代的互联网助力于计算机网络技术，数字媒体时代的智能手机、平板电脑获益于移动终端和互联网发展。随着传播媒介从印刷到影视再到网络的发展与运用，以摹仿、复制为主要传播技术手段的视觉文化发展到数字技术阶段，视觉文化新媒体时代悄然而至。“网络

① STURKEN M，CARTWRIGHT L.Practices of looking：an introduction to visual culture［M］. Oxford：Oxford University Press，2009.

② 海德格尔．世界图像的时代［M］// 孙周兴．海德格尔选集（下）．上海：上海三联书店，1996：911.

视觉文化是信息时代的产物，它是一种具有信息时代特征的新的文化模式，是视觉文化在互联网上的自然拓展与延伸，其原动力来自人类社会对精神文化的需求，是人的本质使然，是数字科技与媒体技术进步的结果。”[①]

媒介定义现实世界是“隐蔽但有力的暗示”。[②]移动网络时代人与移动媒介的关系是一种具身关系。[③]移动媒介如手机与人本身几乎须臾不离，线上线下，所到所见之处之物，人们随拍随传随说随议，通过移动媒介和无线网络，在开放的网络中，进进出出的人们在线上线下虚拟与现实的世界中，建立各种各样的社交与生活圈子，层层叠叠的交集形成千丝万缕的人际关系。由此，移动网络时代人们在改变其观看视角和方式的同时，获得不同以往的视觉体验和经验的“流动式的观看”，并且这种观看也在复制和生产着新的观看。依据唐·伊德（Don Ihde）的观点，基于成像技术的“复眼观看”的观看方式促成了“复合文化”。[④]

网络与通信技术加之移动终端的普及，替换“原子”的“比特”媒介，“编码”与“释码”存于大千世界的形形色色的信息符号，将图、文、声、影等强大的视听图像的造型予以“压缩”与“解压”，以便逼真直观地完成影像表意和声音叙事。另外，建立多媒体与超文本之间的链接——“视窗中的视窗”“文本后的文本”成为图像表意的连绵背景，无限延伸了“图像文本”的内容，视觉艺术与信息技术的多媒体融合使得视觉文化传播的形态丰富多样。[⑤]因网络本身所具有的可变性特性——网络技术的不断更新使其处于日新月异的变化之中，与信息技术高度融合的视觉文化也在以江河蔓延之势浪翻波腾于日常生活随处可见的场景中，新媒体视觉文化传播的广度、深度和力度超越了其以往任何时候给人们感官和心灵上所带来

① 朱静秋，宋子强，张舒予．论网络时代的视觉文化价值［J］．中国远程教育，2002（8）：70-73.

② 伊德．技术与生活世界：从伊甸园到尘世［M］．韩连庆，译．北京：北京大学出版社，2012：95.

③ 黄旦．“千手观音”：数字革命与中国场景［J］．探索与争鸣，2016（11）：23.

④ 伊德．技术与生活世界：从伊甸园到尘世［M］．韩连庆，译．北京：北京大学出版社，2012：57.

⑤ 欧阳友权．数字传媒时代的图像表意与文字审美［J］．学术月刊，2009（6）：25.

的震撼。移动媒介作为人的具身，结合视频、图像、照片、文字、语音等诸类符号，以放大、拟仿、拼接、互文等视觉手段，将人自身“整合入一个互动式的网络中；或者换句话说，通过超文本和后设语言的形构，历史上首度将人类沟通的书写、口语和视听模态整合到一个系统里。经过人脑两端，也就是机械和社会脉络之间的崭新互动，人类心灵的不同向度重新结合起来”。[①]

借助于电脑软件与程序的开发与升级，在诸如网站传播、即时通信传播、网络社区传播、搜索引擎传播、维基传播、博客传播、微博传播、微信传播等典型形式的网络传播中，从视窗到网络图标，从网页到网站，从壁纸到图像，应用超文本链接技术的网络数据库集结近乎所有的视觉性的、复杂的画面，在数码、虚拟、多媒体等技术的操作运用中，以图像拼接、翻新和变异的方式建构网络信息的符号化视觉转化，而网络视觉符号意义建构的过程即对社会现实、文化观念、意识形态等信息结构化和场景化的过程。换言之，视觉符号的场景化和结构化，本质上绘制并模拟着网络视觉文化传播的拟态环境，隐含着修辞意义上的视觉隐喻，其中映射着视觉图像/符号解读的视域与立场，而这两者受价值观念、社会、现实的制约。

综上所述，新媒体视觉文化的表现，一是呈现媒介“融合”性特征，新媒介与跨媒介结合的文字、图像、声音、动画、视频等多媒体的融合呈现出不同内容和形式的多元性与多样性视觉文本；二是呈现观视“在场”性特征，模拟现实制造出来的虚幻空间场景，在高分辨图形和动态图像及立体混合声响音效合力生成使人身临其境的逼真现实感，彼时此地的空间转换在观看的瞬间得以完成；三是呈现人机“具身”性特征，常伴人身的智能型媒介已不仅成为人体的延伸，以观看的视角来看，在某种程度上，似乎已是人身的一部分，成了基于人“生理之眼”上的“技术之眼”；四是呈现认知“拼贴”性特征，人类生活的时间与空间的基本向度，在网络

① 卡斯特．网络社会的崛起［M］．夏铸九，等，译．北京：社会科学文献出版社，2003：406.

流动空间的视觉观视中“被整合于功能性的网络或意象的拼贴”，由此蕴生了“真实虚拟文化”，即基于“流动空间与无时间之时间”的文化。[①]技术装置主义操控的各种软件应用虽力图将“真实的世界物质还原”，但数字虚拟世界的拟像却游走在“真实”与“虚幻”之间的否定之中，在消费主义和后现代主义的社会文化思潮的影响下成为被消费的“景观社会”的“文化拼盘”。

三、新媒体视觉文化的技术范式

移动网络时代的新媒体视觉经验，在麦克卢汉的“媒介即人的延伸”的回声中，扩张着人们对于世界的想象，数字和模拟技术所构造的图像境界增强了人们对于把控世界的自信力。从模仿到复制再到虚拟的视觉图像技术的发展轨迹也在显示与印证着人们以留存视觉再现历史超越局限的生命追求，这也是文明历史发展到今天人类古老的“木乃伊情结”的满足，即“人为地把人体外形保存起来，意味着从时间的长河中攫住生灵，使其永生，妥善保存死者骨肉的完整外形，这是曾经的天经地义”。[②]视觉图像的制作观看与留存——将世界予以视觉的对象化，本质上蕴含了人类寻求永恒的时间意识。“人们对于世界的观看，以及记录观看方式的图像本质上是为了留住时间——为了已经流逝、消耗或者尚未拥有的时间。”[③]

通过视觉技术与机器编码的图像获得的新媒体视觉经验其实是一种技术化的视觉经验，因此，移动网络时代的新媒体视觉文化就是建立在技术主义范式上的文化形态，这就使其与以往的视觉文化大不相同。换言之，人们是以技术设置的“观式/视”去观看设备终端所呈现出来的“影像”或“形象”，超越生理视觉局限的“技术之眼”带给人们如身临其境般地此时彼

① 卡斯特．网络社会的崛起［M］．夏铸九，等，译．北京：社会科学文献出版社，2003：465.

② 巴赞．摄影影像的本体论［M］// 李恒基，杨远婴．外国电影理论文选．上海：上海文艺出版社，1995：245.

③ 李鸿祥，视觉文化研究：当代视觉文化与中国传统审美文化［M］．上海：东方出版中心，2005：28.

地的“沉浸式观看”，令人有“生活在别处”跨越空间的快感。

“技术不仅是手段，技术乃是一种去弊的方式。”[①] 以技术现象学中伯格曼的“装置范式”的理论来看，在网络和数字等技术成为人们生存环境与生活方式之时，这些技术的“设置”所生成的媒体影像或图像就成为可经验、可体验、可认识的“技术人工物”，即人们可以使用和消费的技术产品。[②] 而当人们以新媒体视觉文化的技术设置的技术“观式/视”进行视觉图像的意义建构时，这些技术人工物的“视觉形/图像”又成为人们视觉的“聚焦物”。在伯格曼看来，“聚焦物是指一个汇聚它所处环境中各种自然、文化和历史关系的事物。”[③]

“看，就是进入一种呈现出来的诸存在的世界。”[④] 但是，借助互联网和数字等技术建构起来的新媒体视觉图像的世界在其逼真的“物质现实的复原”表象中，存在着技术与数字的转化。试想，当真实世界的存在成为表象的对象时，存在者势必已经以其被表象的方式失去了本真的存在。

技术主义“装置范式”所呈现的“技术人工物”的视觉影/图像在主体意义建构的过程中以视觉“聚焦物”存在，促使人们审视网络与应用软件等所呈现的直观的技术产物即视觉文本和图/影像，进而思考真实与虚拟世界连接中的技术、超现实与人之间的关系的本质。何为真实的存在？不得不承认，眼见也并非真实。

四、新媒体视觉文化的虚拟现实

作为“真实虚拟的文化”的新媒体视觉文化，其基于技术主义“装置范式”的新媒体视觉“观式”所关注的数字虚拟图像，引发人们对新媒体视觉文化虚拟本质的思考，虚拟或“虚拟的实在”（Virtual Reality）在当下

① 海德格尔．世界图像的时代［M］// 孙周兴．海德格尔选集（下）．上海：上海三联书店，1996：931.

② 陈凡，傅畅梅，葛勇义．技术现象学概论［M］．北京：中国社会科学出版社，2011：123.

③ 舒红跃．技术与生活世界［M］．北京：中国社会科学出版社，2006：4.

④ 梅洛-庞蒂．知觉现象学［M］．姜志辉，译．北京：商务印书馆，2001：100.

移动网络的智能时代正在引发人类存在认识的深刻变革，因此，单从技术的角度认识新媒体的视觉文化，还不能澄明其或被遮蔽的意义所在。

物质世界的“实在”，在文学和艺术的文化表现上是“人工自然物”，但若以此“人工自然物”去理解数字技术模拟或仿真的新媒体视觉中的“技术人工物”或“聚焦物”的“拟像”——人机界面的图像，却是不妥。因为这些人机界面的图像并非物质真实世界的“自然物”“实在物”的“仿真”复制，而是人的主体在网络游戏或网络社区等网络空间（信息和思维构成的想象空间在互联网络数字系统中的实现）中某种意识的“具象”投射。这种“具象”的投射借助新媒介技术和人的想象方式呈现为“数字拟像”。人机界面的人机感应与互动使这种主体意识“具象”的投射——虚拟实在得以完现，成为人体和人的主体意识在网络技术空间中的延伸——构成虚拟实在的实践。

虚拟，作为主体想象的表现和结果，在数字与网络及通信技术的助力下表现为作用于主体感觉上的仿实物或伪实物。“正常人类的独特能力恰恰就是这种抽象的能力、运用符号的能力、调整自己超越特定时间和空间之即时限制的能力、根据‘可能’进行思维的能力。”① 以索绪尔的符号学中的能指和所指的观念来看，真实物质世界中的“实体”即“所指”，主体对此“实体”认识的表达即“能指”，“所指”与“能指”的关系建立在主体约定俗成的规则上并发挥意指作用。人作为主体在构建新媒体网络虚拟空间时，其主体意识投射的“具象”实质上进行了对“能指”与“所指”约定俗成关系的某种重构，“能指”与“所指”间可有潜在的多重可能的选择关系。

具体说，虚拟的“仿实物”的“视觉拟像”潜在地以类别形式对应着现实物质世界中的多个个体实物。例如人人皆可在虚拟的世界中多多少少摆脱其在真实世界中的身份或角色的影响，将其主体意识投射到“仿实物”

① 罗洛·梅．存在之发现［M］．方红，郭本禹，译．北京：中国人民大学出版社，2008：157.

的想象上，并以此实现或尝试与现实世界中有所差异或完全不同的新的虚拟身份或面貌所带来的生命经验感知。“自我并不是你所扮演的各种角色的总和，而是你知道你就是那个正在扮演这些角色的人这种能力。”[①] 更具体地说，视觉拟像的虚拟给人们带来了不同于真实世界的观看体验，数字拟像生成的逼真的生活场景和现身其中的栩栩如生的各类的生命体，使观看这些的人们已不仅仅是身临其境的感觉，而更有令其抽身尘世的人机感应的界面瞬间转入“生活在他处”的时空跨越感。萨特的《自由之路》有言：你之所以看见的，是因为你想看见。新媒体的视觉文化的观看昭示了主体的人以看进入了存在。看，是离场，是出场，也是在场。

非现实性的虚拟观看助人实现超越了肉身生命的时空局限性，自我意识的力量从自我尘世的所在中暂时脱离并凸显出来，使自我尝试种种的可能并以此摆脱真实世界的不可能于自我的局限与不安，重拾失落的希望和信念，从而获得人性的解放。但是，虚拟中的这种人性的解放，毕竟建立在虚幻的主观臆想之上，人们歌中咏唱的“尘世转变的面孔后的翻云覆雨手”所带来的“一场游戏一场梦”的虚拟世界里“雾里看花”的种种观看，在某种程度上可算是“自我的陶醉与狂欢”，“自娱自乐”中潜藏着某种“自欺”和“欺人”，但或许可将其看作以否定的形式叩问真实的自我的表现吧，这也正是虚拟于人生的价值和意义所在。

学者朱珊以哲学的追问审视了虚拟的本质及其人类存在的关系，认为“虚拟是在使他人和我通过我使用的机器发生关系，一切在我的‘注视’下，我有了操纵和控制的能动性，别人变成了为我的存在而存在，反之亦然”。[②] 此言一语中的，揭示了新媒体视觉文化虚拟的本质。故此，可以认为，新媒体视觉文化是技术装置范式营造的以视觉为主导、以跨越现实与虚拟的超现实具象表征构建人生存在意义的集体创造性文化实践。

---

① 罗洛·梅．存在之发现［M］．方红，郭本禹，译．北京：中国人民大学出版社，2008：141.

② 朱珊．作为人类一种存在方式的虚拟：对虚拟的哲学思考［J］．哲学研究，2009（12）：84.

借用美国学者莫尔斯（Morse）教授的观点，人与机器的信号交流的“交互”不仅能产生一种机器作用的感觉，还能产生一种“活性”（Liveness）的感情，有主体性与人接触的感觉。[①] 此观点透视出一种对主体性深化的思考，主体性的特征表现为能动自觉的创造性，从这一点来说，主体性或许也不只是人类所有，这似乎是“万物有灵论”在新媒体智能时代的历史回响。互联网新媒体视觉文化语境下的以链接显示调用信息和图像扩展的交互方式，呈现了集体与个人投射的主体意识“具象”的存在，从而生成新的个人和集体共同创生的仿制真实物质世界的“拟像”——“主体性”远程范围/时空跨越的“出场”或“在场”。[②] 网络即时视频社交和网上购物及媒体新闻的视频直播，参与这些新媒体视觉文化实践行为的个体或群体在某种程度上受到技术范式的操控与限制，智能化的媒介也许会反控于人，如此所在的人是否还以自身成为主体性的中心？如此，人们再审视新媒体视觉文化所呈现的图像霸权，视觉消费背后的人在现实世界中政治经济文化上的各种关系，以及新媒体视觉文化传播中所体现的追求另类、奇观、戏谑、流动和非中心化的个性表达，将会进一步思考主体性在新媒体技术变革所带来的主体性建构的深层意蕴。

① MORSE M.Virtualities：television，media art and cyberculture［M］.Bloomington and Indianapolis：Indiana University Press，1998：14-15.

② STELARC.Parasite visions：alternate and involuntary experience［M］//DRUCKREY T.An electronical future：a survey of two decade. Cambridge：The MIT press，2001：411.

第八章　新媒体对经典传播理论的挑战与修正

互联网发展至今，不仅为社会科学提供了新的问题，还创造了新的研究方法和研究语境，同时也改变了与媒介联系最紧密的传播学研究的样态。20 世纪经典的传播学理论经历了魔弹论、有限效果论、强效果论等阶段，代表理论和假说包括：议程设置、第三人效果、沉默的螺旋、知沟与数字鸿沟、创新与扩散、把关人、涵化效果研究、使用与满足等。这些经典而为人所知的概念与学说主要诞生于大众传播时代，为认识报纸、广播、电视等大众传播媒介与社会的关系提供了新颖的角度，形成传播学研究的基本范式和流派。但新媒体的出现打破了传统理论的疆界，它对经典传播理论提出了一个普遍的问题：该理论是否在新媒体环境下适用？该理论发生了什么变化，其解释力如何？

"新媒体环境挑战传统媒介效果理论的程度，取决于内容或信息传递系统对理论假设效果的影响，以及这两者之间的相互作用。"① 新媒体使得经典的传播学理论的前提、假设和社会语境受到了波及，本章的主要内容便是综述传播学领域内发表的大量讨论经典传播理论与互联网、新媒体的论文，探讨新媒体对经典传播理论的挑战与修正。宏观来看，这些研究都发现经典不愧为经典。在新媒体语境下，这些理论仍然有其说服力与适

① 李杉. 传统传播效果理论在新媒体环境下的适应性思考：以"沉默的螺旋"为例基于文献的实证研究［J］. 新闻传播，2015（1）：9-10.

用性；同时，或在理论模型上，或对于研究前提假设，它们也需要进行新的修正和补充。

一、不只是“媒体的”议程设置

议程设置理论（Agenda Setting）的思想起源于美国新闻工作者、社会评论家李普曼（代表作《公众舆论》）。李普曼认为大众传媒的报道活动是一种营造“拟态环境”（Pseudo-environment）的活动。“拟态环境”是指存在于我们头脑中的关于世界的看法。公众总是倾向于将“拟态环境”等同于现实本身，因而形成关于世界的错误想象。1968年，马克斯韦尔·麦库姆斯（Maxwell McCombs）和唐纳德·肖（Donald Shaw）就总统大选中传播媒介的选举报道对选民的影响进行了一项调查研究。通过研究，他们发现媒体议程和公众议程之间存在高达0.97的相关性指数。[①]1972年，他们在《舆论季刊》上发表了《大众传媒的议程设置功能》，正式提出议程设置理论，“大众媒介往往不能决定人们对某一事件或意见的具体看法，但是可以通过提供信息和安排相关的议题来有效地左右人们关注某些事实和意见，以及他们对议论的先后顺序。”[②]

麦库姆斯和唐纳德·肖是在20世纪60年代末70年代初所做的调查，他们选择的主要研究媒体是报纸。而在今天，报纸的发行率一再下滑，早已不敌互联网和移动智能手机对于人们的影响力，更多的人也选择通过新闻门户网站、订阅手机新闻App来获取最新资讯，或者干脆就只看社交媒体平台上推送的信息。尽管理论先驱者在1999年提出了议程融合理论（Agenda Melding），试图转换容纳受众角度，结合新的社会环境对原有理论进行修正，但面对日新月异的传播变局，理论仍略显滞后。2004年，麦库姆斯再次对议程设置理论在网络环境下的前景进行了阐述。他认为网络媒体对该理论的冲击力有限，因为少数占支配地位的网站的议程之间仍然

① 刘海龙.大众传播理论：范式与流派[M].北京：中国人民大学出版社，2008.

② 郭庆光.传播学教程（第二版）[M].北京：中国人民大学出版社，2011.

具有很高的集中性，互联网带来的变化也只是程度与细节上的，而不是本质上的。[①]

近年来，国外学者也进行了关于议程设置是否在新媒体环境下适用及媒介间议程设置效果的研究。研究结果发现在新媒体环境下，媒体对受众具有议程设置功能，同时网络媒体与传统媒体之间、网络媒体自身之间存在媒介间的议程设置效果。[②]在新媒体环境下，议程设置理论发生了如下显著的变化。

首先，议程设置的主体范围扩大，受众的地位得到提高，受众对媒体议程的影响增加。互联网因其网络分布式传播模式，在一定程度上消解了媒体的控制权，公众和媒体成为议程设置的共同主体，受众参与对媒体议程的批判和修正。[③]因此，传统媒体环境下的媒体议程设置公众议程，在新媒体环境下转变为受众与媒体双向互动设置议程。随着自媒体的发展，受众公民意识提高，受众对媒体议程的影响将会越来越强烈。[④]

其次，在新媒体环境下，媒体对公众的议程设置功能被削弱，公众拥有较强的自我设置议程的能力。[⑤]公众的自我议程设置出现，个人议题更易转化为公共议题。在新媒体时代，公众议题更多受到自我和社群的影响而形成，而不是设置形成的。公众议题形成的过程或方式也变得很简单，那就是“互动”，公众在互动中选择哪些事情或议题是重要的。网络时代公众自我议程设置功能的实现是对“议程设置”理论内涵的补充和延伸。[⑥]新媒体的出现使受众分享媒体独权、展示更多声音，具体表现为：公共空

① 蔡雯，戴佳．议程设置研究的历史、现状与未来：与麦库姆斯教授的对话［J］．国际新闻界，2006（2）：14-19.

② 蒋忠波，邓若伊．国外新媒体环境下的议程设置研究［J］．国际新闻界，2010（6）：39-45.

③ 周勉．论新媒体下议程设置的受众参与［D］．重庆：西南政法大学，2009.

④ 蒋忠波，邓若伊．国外新媒体环境下的议程设置研究［J］．国际新闻界，2010（6）：39-45.

⑤ 李海瑞．新媒体环境下的议程设置研究［D］．太原：山西大学，2013.

⑥ 新媒体环境下的议程设置理论［EB/OL］．（2016-08-07）.http：//mp.weixin.qq.com/s/HZpOBgTiXftw08p3tQIN7g.

间私人化，手机使人人都是记者，受众言论表达更加自由。[①]

再次，传统媒体的议程设置功能弱化，网络媒体增强了议程设置的时效性。议程设置效果的“时滞”大大缩短，从传统媒体的数周缩短为新媒体环境下的一周之内，表明在新媒体时代媒体对受众产生的影响较传统媒体环境下更为迅捷。[②]网络媒体的快捷性等优势使它可以在突发事件发生时随时随地发布消息，在第一时间为公众设置议题。因此，新闻时效性在很大程度上决定着媒体对公众议程的设置能力。[③]

最后，媒体间的议程设置进一步发展。议程设置不仅存在于媒体与公众、媒体与政府之间，同时，不同的媒体之间也存在着议程设置。在网络媒体出现以前，传统媒体一直是公共议题的设置者，并且引导着公共舆论。然而，由于互联网的低门槛、信息发布的自主性和互动性强等特点，每一位网民都可以成为议程设置者。[④]议程设置功能在网络等新媒体传播中仍然可以发挥作用，并具有新的特点。在网络等新媒体传播中，一方面，公众拥有了前所未有的议程设置权力，议程设置的权力也呈现分散化的趋势；另一方面，政府也具有了议程设置的新途径，加强对新媒体的政府新闻议程设置，发挥舆论导向作用，对我国社会转型期的发展和稳定具有十分重要的意义。[⑤]

二、依旧存在的“第三人”

第三人效果理论（The Third-person Effect）源自心理学范畴，最早由戴维森（Davison）于 1983 年提出，之后一直是大众传播效果研究中备受关注的重要理论。[⑥]戴维森对第二次世界大战期间日本借由制造宣传讯息的

① 周勉．论新媒体下议程设置的受众参与［D］．重庆：西南政法大学，2009.

② 蒋忠波，邓若伊．国外新媒体环境下的议程设置研究［J］．国际新闻界，2010（6）：39-45.

③ 新媒体环境下的议程设置理论［EB/OL］．（2016-08-07）.http：//mp.weixin.qq.com/s/HZpOBgTiXftw08p3tQIN7g.

④ 同上。

⑤ 牛长涛．新媒体时代的政府新闻议程设置研究［D］．厦门：厦门大学，2009.

⑥ 郭庆光．传播学教程（第二版）［M］．北京：中国人民大学出版社，2011.

第三人效果成功迫使美军撤离的案例研究提出，多数人会倾向于高估大众传播对他人态度与行为的影响，而这种预期影响力，可能促使他们采取某些行动。简而言之，该理论认为：人们总是倾向于认为他人受到媒介信息的影响大于自身。①

自互联网兴起后，后续很多学者对该理论进行了探索与诠释。学者禹卫华以网络恶搞内容为主题，调查了1772位上海市民，得出网络上的确存在第三人效果的认知与后续行为。②其他研究也大体认同在互联网及新媒体环境下，第三人效果依旧存在。

不过，第三人效果也受到了互联网及新媒体的影响，表现之一就是“延时性”。③在信息海量化的今天，任何信息的来源都不再只是一个渠道，信源可信度的差异性及不同受众对这种差异性的识别能力不同，使得信息可信度的确认需要一定时间，从而导致第三人效果的滞后性。另外，个人特质在网络新媒体环境下对信息认知结构的形成过程具有延时性，网络的匿名性也使得第三人效果中“为了维护个人形象与自尊”的行为动机大大减弱。网络让距离变得虚拟化，现实中存在的社会距离被传播技术掩盖，在网络环境中变成了纯粹的心理距离，这一系列因素导致了第三人效果的延迟。④

还有研究者认为，在新媒体环境下，如果通过正确的引导，有可能减弱第三人效果带来的负面作用。王舒瑶和薛可用问卷调查的方式验证了微博上存在第三人效果，认为合理地使用新媒体可以消减第三人效果，减少对他人的误判。因为新媒体的出现使人们主动寻求信息变得更加便捷，并且越来越多的人也习惯了在遇到问题时通过网络寻找答案，这在无形中也

---

① 李竹君．传播效果理论及新媒体传播研究［J］．中国报业，2016（18）：18-19.

② 禹卫华．网络恶搞的“第三人效果”研究：以1772位上海市民为例［J］．新闻与传播研究，2008（4）：83-88.

③ 关德兵．网络环境下“第三人效果”延时［J］．国际新闻界，2009（2）.

④ 申思达．“第三人效果”最新研究现状探析［J］．视听，2016（9）：148-149.

提高了公众科学认知事物的能力。①

在第三人效果中，影响个人认知和行为的因素主要有个人对信息的认识（消息主题、涉入感、消息来源可信度）、个人特质及社会距离，而这三者都会在新媒体语境下发生变化。新媒体的普及使人们接收信息的渠道变得多元和便捷，提高了受众获取信息的主动性，提高了公众社会科学认知事物的能力，社会智能普遍得到提高。第三人效果源于自己对他人的不了解，这种不了解导致个人容易误判信息对他人的影响力，但是在社会智能普遍提高的情况下，受众获取信息和获取他人态度的渠道更多，知情权和话语权都获得了前所未有的空间，媒介与受众、受众与受众之间的互动更多，这无形中减少了误判的可能。同时，随着政府、传统媒体纷纷借助于互联网和新媒体，他们能够更加及时准确地了解每一个个体的思想与行为趋向，因此可以尽早地预防和介入，并传递官方信息，减少了传播噪音和信息变异，这种及时把握和有效反应能够让政府及媒体的信息传播更有力。媒体与政府及时的反应，也在一定程度上减弱了第三人效果。②

随着对第三人效果影响因素的深入研究，学者发现，当媒介内容符合社会期待的时候，人们往往倾向于高估媒介对自己的影响而低估对他人的影响，这被称为“反转的第三人效果”或“第一人效果”。网络传播与传统传播模式很大的不同在于，在新媒体平台人们可以即时互动，也可以实现最大限度、最快速度的信息共享。这使得人们可以有效接触到大量的他人的观点与态度，这是否会减弱认知差距？学者在研究在线参与和第三人假设之间的关系时发现，网络评论确实能减弱第一人与第三人之间的媒介效果认知差距，并且就行为层面来看，个人更倾向于评论那些他们认为与其立场不一致的内容，以此作为一种纠正性行为的方式，而且也更倾向于分

---

① 王舒瑶，薛可．从第三人效果看新媒体受众伦理：以新浪微博末日谣言为例［J］．新闻世界，2014（11）：135-136.

② 申思达．“第三人效果”最新研究现状探析［J］．视听，2016（9）：148-149.

享那些与他们立场一致但又具有偏见的内容，以此作为一种支持性行为。[①]

三、沉默或反沉默：多种形态的螺旋

沉默的螺旋理论（The Spiral of Silence）最早出现于伊丽莎白·诺尔-诺依曼（Elisabeth Noelle-Neumann）1974年在《传播学刊》上发表的一篇论文。在1980年以德语出版的《沉默的螺旋：舆论——我们的社会皮肤》（*The Spiral of Silence*：*Public Opinion——Our Social Skin*）一书中，诺依曼对这个理论进行了全面的概括。该理论认为，人们在表达自己想法和观点的时候往往受到"被孤立恐惧"心理的影响。如果看到自己赞同的观点受到广泛的欢迎就会更加积极地参与进来，就会越发大胆地发表和扩散这类观点；而发觉某一观点无人或很少有人理会（有时会引发群起而攻之的遭遇），即使自己赞同它，也会保持沉默。意见一方沉默会造成另一方意见的增势，如此循环往复，便形成一方的声音越来越强大、另一方的声音越来越沉默下去的螺旋发展过程。

诺依曼提出的沉默的螺旋理论暗含了以下四个假设：第一，社会向有偏差的个体施加被孤立的威胁；第二，个体能不断感受到被孤立的恐惧；第三，出于对被孤立的恐惧，个体不断努力估计意见气候；第四，估计的结果影响了他们的行为。从逻辑上来说，这四个假设是层层递进的一个过程，任何环节的改变都会使整个理论发生根本性的变化。[②]

新媒体崛起以来，学者们基于新的传播环境对这四个假设进行了考察。刘海龙从沉默的螺旋理论的核心概念和基本假设出发，检验了在网络空间中"孤立恐惧动机""公开表达"等概念的适用性，结合有关CMC（Computer Media Communication）与FTF（Face To Face）在群体压力方面的研究成果，认为沉默螺旋产生的基本条件在网络空间中仍然存在。[③] 谢新洲在2002年

① 钟杜娟．第三人效果理论国外研究发展探析［J］．视听，2017（11）．

② 丁峰．新媒体背景下"沉默的螺旋"理论的再辨析［J］．新闻研究导刊，2016（10）：78-78；郭庆光．传播学教程（第二版）［M］．北京：中国人民大学出版社，2011．

③ 刘海龙．沉默的螺旋是否会在互联网上消失［J］．国际新闻界，2001（5）：62-67．

用问卷调查的方法对沉默的螺旋假说在网络空间的适用和变化状况进行了实证研究，发现在网络空间，社会孤立的动机并没有消失；网络群体对个人意见的压力作用方式有所变化，强度相对减弱，但其影响依然不容忽视；从众心理的动因继续存在，从众现象依旧普遍。因此，沉默的螺旋并没有从网际间消失。[①]其他学者也通过研究得出了类似的结论。这样看来，沉默的螺旋产生的基本条件在网络空间中仍然存在，该理论在新媒体情境下依旧适用。

尽管沉默的螺旋依旧存在，但它的形态和效果受新媒体的影响，与大众传播时代有了很大的不同。新媒体改变了传统媒体的信源可控性、单一性的局面，使得信源更加多元，意见表达更加多样。同时，信息流动加快，沟通也更趋自由。更为关键的一点是，网络的“匿名性”特征带来的“安全感”一定程度上消解了“被孤立的恐惧”。但伴随着这些似乎减弱“螺旋”效果的改变发生的同时，新媒体也加强了另外的方面。例如在微信上，朋友圈分组、标签等功能昭示着社群的存在，动态分组可见、转发大家都正在讨论的话题、给自己点赞等行为都表明，人们对孤立的恐惧及群体压力并没有消失，只是这种恐惧被中介化的环境给隔开而变得更为隐蔽。此外，在互联网和新媒体上，包含道德成分的情绪化宣泄和“群体极化”事件屡见不鲜，使意见气候更容易感知并扩散；再加上网络媒体的出现凸显了网络“意见领袖”的作用，强大的粉丝会形成对某些不同意见的强制压制使之走向沉默。因此，沉默的螺旋也演绎出更多的形态，如原源提出的“向上循环的螺旋”“上下反复循环的螺旋”“发散式螺旋”“聚焦式螺旋”四种不同的模式，以及高宪春、解葳提出的“沉默的双螺旋”模式，这些都是在新媒体背景下沉默的螺旋理论变化与发展的结果。[②]

提到沉默的螺旋，就不得不提它对应的现象——反沉默螺旋。研究者

---

① 谢新洲．“沉默的螺旋”假说在互联网环境下的实证研究［J］．现代传播（中国传媒大学学报），2003（6）：17-22.

② 丁峰．新媒体背景下＂沉默的螺旋＂理论的再辨析［J］．新闻研究导刊，2016（10）：78-78.

们发现，互联网上有很多虚拟社区，这些虚拟的社区给社会公众提供了互相沟通的平台。网络用户可以在这些平台上自由发表言论，持“少数派”意见的网民不会因为自己的看法与大众媒体所传达的主流意见不相同而隐藏自己的观点，他们敢于将自己的观点表达出来，而不是保持沉默或者趋同。伴随着传播过程的发展，相互间交流的深入，这些“少数派”所持有的观点会被更多的人所认同并且接受，这就使持“少数派”观点的人越来越多，最后甚至超越了持“多数派”观点的人，使沉默的螺旋发生逆转，形成反沉默螺旋模式。① 基于新媒体特性分析反沉默螺旋现象的成因，可以发现虚拟性、匿名性降低了个体对孤独的恐惧感；碎片化、去中心化及平等性削弱了个体的从众心理；把关的“隐性化”和“弱化”增强了个体意见表达意识。② 在新媒体语境下，反沉默的螺旋与多种形态的沉默的螺旋相互印证。

美国皮尤研究中心在2014年发表了《社交媒体与“沉默的螺旋”》报告，认为互联网似乎正在造就人们的极端化，因为围绕在自己身边的人，与自己的想法完全一样，根本不愿发表不同的观点。而互联网公司又进一步放大了这一效应：他们通过算法，向用户推送与该用户观点相同的他人观点。人们不是很愿意在社交媒体上讨论争议性话题，他们倾向于在同自己观念保持一致的人面前表达自己的真实观点；同时，经常使用社交媒体的人反而更不愿意在现实中讨论争议性话题。这些关于新媒体的理论发现，给沉默的螺旋提供了新的注解。③

四、从知沟到数字鸿沟

1970年，美国传播学者蒂奇诺（Tichenor）等人在《大众传播的流动

① 杨立月. 新媒体语境下的反沉默螺旋现象：以网络传播为例［D］. 长春：吉林大学，2012.

② 孟威. 新媒体语境下对“反沉默螺旋”现象的思考［J］. 中国广播电视学刊，2014（8）：48-49.

③ HAMPTON K N，RAINIE L，LU W，DWYER M，SHIN I，PURCELL K. Social media and the “spiral of silence”［M］.Washington，D.C.：Pew Internet & American Life Project，2014.

与知识差别的增长》提出了知沟假说（Knowledge Gap Hypothesis）。他们指出随着大众传媒向社会传播的信息日益增多，社会经济地位高的人将比社会经济地位低的人以更快的速度获得信息，同时，这两类人之间的“知沟”将呈扩大而非缩小之势。知沟理论背后反映了社会经济地位与贫富差距带来的传播技术水平、知识与信息接触不平等和不同阶级之间知识差距的扩大。该理论引发了学者们的兴趣和不断的研究。1977 年，艾蒂玛和克莱因两人提出了上限效果（Ceiling Effect Hypothesis）假说，认为个人对特定知识的追求并不是无止境的，达到某一“上限”后，知识量的增加就会减速。社会经济地位高者获得知识的速度快，其“上限”到来得也就早；而那些社会经济地位低者虽然知识增加的速度慢，但随着时间推移最终能够在“上限”处赶上前者。[①] 这一说法对“知沟”理论进行了补充，曾经缓解了社会对于可能无限扩大的“知沟”的恐惧和担忧，但随着互联网和新媒体的崛起，有限效果论时代下的“上限效果”的光环逐渐被“数字鸿沟”（Digital Divide）所掩盖。

尼葛洛庞帝在《数字化生存》一书中指出：“有些人担心，社会将因网络技术的发展分裂为不同的阵营——信息富有者和信息匮乏者，富人和穷人，以及第一世界和第三世界。”[②] 数字鸿沟是对“知沟”理论在数字时代的进步与发展，它反映了人们对于极速发展信息技术背后社会不平等的关注。“数字”源于网络二进制（数字 0 和 1）的概念，数字鸿沟是指在数字化技术的革命中，部分人能够拥有最先进的信息技术，能够使用计算机、网络接入、电信设施的人，将比缺乏这些条件的贫困者拥有更多获得信息的机会，社会被信息技术分成了“拥有者”和“匮乏者”两个部分。[③] 随着技术本身的迭代与发展，原本的差距逐渐加大，从“沟壑”变成遥不可及的“鸿沟”。

① “知沟”假说［EB/OL］.（2017-11-09）.http：//mp.weixin.qq.com/s/eFolqqF_Hb65UpYB7v2qYg；郭庆光．传播学教程（第二版）［M］．北京：中国人民大学出版社，2011.

② 尼葛洛庞帝．数字化生存［M］．胡泳，等，译．海口：海南出版社，1996：14-15. 转引自：陈力丹，金灿．论互联网时代的数字鸿沟［J］．新闻爱好者，2015（7）：33-37.

③ “知沟”假说［EB/OL］.（2017-11-09）.http：//mp.weixin.qq.com/s/eFolqqF_Hb65UpYB7v2qYg.

不过数字鸿沟毕竟由信息技术引发，随着互联网普及，这一鸿沟也正在逐渐缩小。2016 年 11 月 18 日，在中国乌镇召开的世界互联网大会发布了《2016 年世界互联网发展乌镇报告》，其中指出全球互联网用户保持增长，从 2015 年 32 亿提升至 2016 年 35 亿，互联网普及率达到 47.1%，弥合数字鸿沟取得实质性进展。[①] 据中国互联网络信息中心（CNNIC）第 43 次《中国互联网络发展状况统计报告》也显示，截至 2018 年 12 月，中国网民规模已达 8.29 亿。2018 年，互联网覆盖范围进一步扩大，贫困地区网络基础设施“最后一公里”逐步打通，“数字鸿沟”加快弥合；移动流量资费大幅下降，跨省“漫游”成为历史，居民入网门槛进一步降低，信息交流效率得到提升；国家的“宽带中国”政策也在努力弥合信息基础设施的差距。

邱林川在对中国乡村与城市的信息网络的观察中提出“信息中层”这一概念：它既包括数以亿计的流动人口和下岗职工，也包括学生、离退休人员及其他低收入群体。他们不是完全意义上的“信息拥有者”（Information Haves），而是所谓的信息蓝领、信息灰领；他们不是无知的“信息匮乏者”（Information Have-nots），而是主动用信息科技、利用现有社会网络资源解决各自问题的实践者。[②] 崛起的中国社会信息中下层及平民化价格的移动互联网设备，释放出一种信号：随着智能手机的普及，人们更加便利地上网获取信息，一定程度上使得人们更加平等自由地接触知识，有助于弥合知沟。

但也有学者担忧，新媒体实际上扩大了知沟。知沟并不是功能不良的媒体系统导致的结果，而是由几个潜在因素或过程导致：知识优势、传播技能、相关的社会联系、选择性使用、接受和存储的信息、媒体系统的结构。在新媒体时代，接入层面上，数字鸿沟呈缩小趋势。但在使用上的差距日渐明显，主要体现在教育程度上：学历越高，对新媒体的使用更偏工具性；

① 2016 年世界互联网发展乌镇报告［J］. 网络传播，2016（11）：19-21.

② 邱林川 . 信息“社会”：理论、现实、模式、反思［J］. 传播与社会学刊，2008（5）：71-99.

学历越低，则更具备娱乐性。[①]

除了是否拥有最新的数字技术应用产品，在信息技术的使用质量和效率上的差别，被视为“二级鸿沟”。主体的互联网使用能力和技能（Basic Skill）、对内容的兴趣（Desire）及互联网内容（Content）的适应性都影响着二级数字鸿沟的弥合。当前网上信息质量参差不齐的同时，内容又有细分化、垂直化的趋势，不同群体由于不同的数字素养和兴趣取向，在信息获取和使用上会出现更大的差异。[②]受众个人兴趣爱好、已有知识存储量则在“知沟”形成过程中起到更重要的作用；同时，信息的海量性使没有信息选择与辨别能力的受众只能被淹没于“拷贝”的洪水中，混淆视听，难以让普通受众从众获得知识。[③]

如果将目光投注到生动的现实生活中，我们甚至会更多地发现数字鸿沟的存在。周裕琼在TED上曾发表《跨越数字代沟》的演讲，悲痛于数字代沟的不可逾越，老年人与青年在信息技术使用上的鲜明对比。她在医院里碰到的老太太并不懂得网上放号，同青年相比，老年人面临难于排号看病的窘境。于是她感慨，“移动支付、共享单车、网上预约便利只属于我们这些数字原住民或者数字移民，还有一大群以老年人为主体的数字难民，被排斥在‘美丽新世界’之外，而社会专注于快马加鞭、一日千里的进步，对这种无处不在的系统性社会排斥并不在意”。[④]每时每刻，智能手机都向我们青年一代传递着新的信息，对技术敏感的人们追逐着流行时尚的App，然而，技术越是新潮，使用上的“数字鸿沟”越发拉大。

在智能手机普及的当下，接入层面上数字鸿沟呈缩小趋势；在使用、传播、批判等层面上，数字鸿沟还有很长的弥合道路。世界银行发布的《2016年世界发展报告：数字红利》中指出，数字技术在全球大部分地区

---

① 曹羽．新媒体时代下的知沟现象分析（2010—2015）：基于理论和实证研究［J］．东南传播，2016（4）：73-75.

② 王晓晴．网络传播中的知沟理论再探［J］．当代传播，2006（6）：56-57；陈艳红．数字鸿沟问题研究述评［J］．情报杂志，2005（2）：87-89；金兼斌．数字鸿沟的概念辨析［J］．新闻与传播研究，2003（1）：75-79，95.

③ 张越．试析新媒体时代的“知沟”表现及原因［J］．新闻世界，2014（7）：142-143.

④ 周裕琼：跨越数字鸿沟［EB/OL］．（2017-12-24）.http：//mp.weixin.qq.com/s/WbyA4NLtqOyXc9BrZ8hzgg.

迅速推广，但是使用这些技术应产生的广泛发展效益，即数字红利，却并未同步实现。要想让世界所有人受益于数字技术，仅仅进一步推广数字技术的接入并不足以达到目标。要充分实现数字革命的红利，各国需要努力完善“非数字配套机制”，包括加强监管，确保企业相互竞争，加强劳动者技能培训，适应新经济的需求，以及确保问责的体制。

五、创新与扩散，接纳与再传播

1983 年，埃弗雷特·罗杰斯（Everett Rogers）提出了创新扩散理论（Diffusion of Innovations）。他认为，创新扩散是新的产品、思想和概念、技术信息及具体实践在一个社会系统中实现的传播，这种传播是指通过交流使得某项创新从一个源头流动或运动向另一个接受者。如果一项创新具有价值，那么它就会在社会成员中传播开来。在一般情况下，人们接受创新的速率呈“S”形曲线，即开始接受的人很少扩散，进程慢，随后会突然加快，呈迅速上升趋势，在接近最大饱和点时会再次慢下来。在创新扩散的过程中，人们被分为五种类型：创新者、早期采用者、早期采用人群、晚期采用人群和落后者；创新的过程则包括五个方面：获知—说服—决定—实施—确认。在当下的新媒体时代，创新与扩散成为媒体运营者、应用开发者、营销人员等最耳熟能详的理论模型，它成为技术推广行业的宝典，指导了各种技术创新抵达普通人的生活。我们现在使用的淘宝、唱吧、微博、微信、快手、抖音几乎都走过创新扩散的历程。

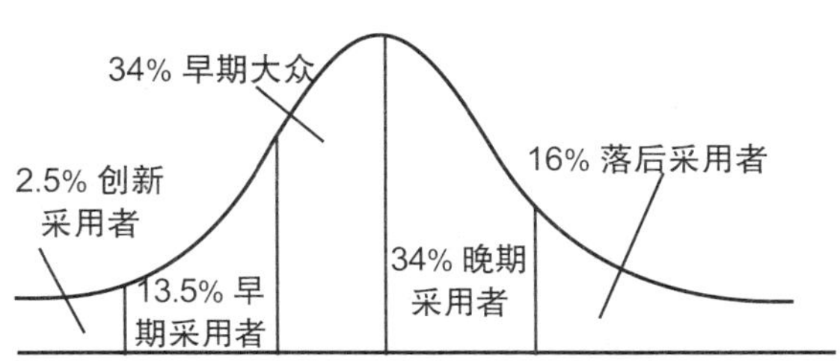

图 8–1　罗杰斯的创新扩散曲线[①]

① 创新扩散的过程［EB/OL］.（2018-01-07）.http：//mp.weixin.qq.com/s/rlUbfeHFiKNlap9SQE3quA.

互联网与新媒体的出现消解了地域的界限，自上而下的“广播”模式逐渐被多方互动的“网播”模式取代，创新扩散理论需要在新媒体语境下得到重新审视。[①]今天考察扩散，并不一定更关注人群的广度，而是更在意深度和恒久性。“忠粉”这个概念是对创新扩散的一个强有力调整，也就是说只有互联网时代才会呈现出分散化、碎片化这种典型的后现代特征。今天，任何一个人都可以发起一个扩散，这个扩散可以理解为平民式的扩散，它的推广者可能并没有动用先进武器，也没有好的舆论阵地，但是他们通过自媒体、通过人际、通过相互模仿而达成一项扩散。在互联网上，其实人人都是节点，都是中心，由此就带来了某种平权的特征。因而，创新的扩散在平权时代其实变得更加广泛了。[②]

其次，在罗杰斯的早期工作中，他视创新扩散为一个线性的过程，但后续的研究发现扩散是一种集合形态的传播。[③]根据罗杰斯的描述，在扩散的过程中，最初应该尽量发挥大众媒介及时、迅速、广泛的传播优势；当人们对于创新有了充分把握后，应当借助人际传播“劝服”，以产生预期效果。因此，推广新技术需要将大众传播与人际传播相结合。最初的创新扩散模型更加符合“自上而下、从内向外”的传播模式。[④]

近年来，许多学者开始研究强调分析扩散的动态过程，研究以网络结构为基础的扩散模式。这里所说的网络结构泛指社会人际网络结构，既包括现实中的人际关系网络，也包括互联网上的虚拟社交网络。[⑤]《从接纳到再传播：网络社交媒体下创新扩散理论的继承与发展》一文中提到，网络结构分析模式包括以下四个方向：社会融合与意见领袖（处于网络结构

① 张秋．新媒体语境下创新扩散理论的不适应与发展［J］．青年记者，2016（24）：43-44.

② 深远、小众、平权：“创新扩散”的新景观［EB/OL］．（2016-12-16）.http：//mp.weixin.qq.com/s/6vJva_z-2vEa6sYdJ2DtEQ.

③ TAYLOR M，PERRY D C.Diffusion of traditional and new media tactics in crisis communication［J］. Public Relations Review，2005，31（2）：209-217.

④ 张秋．新媒体语境下创新扩散理论的不适应与发展［J］．青年记者，2016（24）：43-44.

⑤ 为什么有些App死得快，而有些成杀手级应用？——从罗杰斯《创新的扩散》看互联网环境中的突围［EB/OL］．（2017-03-17）.http：//mp.weixin.qq.com/s/pnr3F4LV5bQrqERRTNSa_w.

的中心，他们自身的接纳行为能有效加速创新的扩散）；结构模型（弱关系利于信息资源的开拓）；临界点模型（当新事物的扩散速度与规模达到了一定的临界值时，扩散即会加速并难以逆转）；动态模型（个体在结构中的位置影响对创新的采纳速度）。[①] 在新媒体的助力下，创新扩散过程更加引爆式、结构化、网络化。

如果更加仔细地对比早期的创新扩散研究与今天的媒体实际环境，我们会发现更多受到质疑的假设和未被言明的隐含前提。早期的创新扩散研究范式主要分析在一个特定时间段内，个体决定是否接纳一个新的想法或者行为实践的过程。虽然这种理论范式提供了一种方法来理解创新扩散并详细解释了接纳（Adoption）这一决策过程，但它在一定程度上忽视了创新扩散中的另一个核心行为，即个体的再传播（Retransmission）。正是个体的再传播（如转发、推荐或分享）使创新扩散在短时间内成为可能。[②]

在个体的再传播研究方面，信息科学与市场营销领域做了大量有关在线“病毒信息”（Viral Message）的研究。这些研究最重要的贡献之一是发现可以影响信息接收者的认知和情感及接下来的再传播行为的信息内容特征，已被证明的信息特点包括情感（Valence）、兴奋程度（Arousal）、参与性（Involvement）、争议性（Controversiality）和新颖性（Novelty）。例如一些研究表明，负面的情感内容能够引起兴奋的正面（如振奋）或负面情绪（如愤怒或焦虑），信息接收者的参与程度、信息的新颖程度和有趣程度等都能够引起人们的再传播行为。[③]

在上述研究成果中，获得最多实证证据的结论是：能够引起兴奋情绪的信息对于再传播行为具有促进作用。从传播学的角度来讲，这一研究成果具有重要的现实意义。如果我们需要在一个社会中最大限度地扩散某个信息，这个信息应该具有能够引起人们兴奋的特点。通过不同的语言修辞

① 张竞文．从接纳到再传播：网络社交媒体下创新扩散理论的继承与发展［J］．新闻春秋，2013（2）：25-33.

② 同上。

③ 同上。

或视觉刺激，同样的信息会产生不同的再传播效果。在宏观层面，“潜在的再传播”也加速了创新扩散的过程。在市场研究中，阿勒和沃克具体研究了不同的再传播机制对于创新扩散的影响。他们发现对于一个在线社交网络的新产品，自动的社交网络广播（Automated Broadcast Notifications）比个人化的推荐（Personalizedreferral）产生了更大范围的扩散，因为即便个人化的推荐比网络广播更有说服力，但是后者产生了更多的再传播行为。简单地说，人们更容易点击一个“喜欢”或“分享”键，而不是花时间写一个推荐的短消息；当很多人点击“喜欢”或“分享”键时，即使他们自己没有使用，新产品也得到了最大限度地扩散。①

六、对理论的修正“持续未完成”

上述以议程设置、第三人效果、沉默的螺旋、知沟假说、创新与扩散理论为例，概述了新媒体如何修正了大众传播时代下的经典传播理论。事实上，我们熟知的传播理论远不止上述五个，把关人理论、涵化理论、使用与满足理论等也是传播历史上的经典研究。毋庸置疑，新媒体对其他经典传播理论也造成了巨大的影响，重塑了经典理论在现代社会的解释力与适用性，引发了更多思考和疑惑。

“把关人”（Gatekeeper）是指那些控制与决定哪些信息内容进入群体传播过程传播渠道的人。在传统媒体中，把关是一个多环节、有组织的过程，是建立在渠道理论之上的，符合传统媒体单向传播性强的特点。② 但在新媒体时代，互联网技术的发展降低了内容发布的门槛，把关的任务也不再仅由媒介组织内部自行完成。任何一个网络节点都能够生产、发布信息，所有生产、发布的信息都能够以非线性的方式流入网络之中。UGC 模式的兴起，使得传统的把关人很难在用户自创内容流入互联网之前进行把

① 张竞文．从接纳到再传播：网络社交媒体下创新扩散理论的继承与发展［J］．新闻春秋，2013（2）：25-33.

② 新媒体对“把关人”理论的影响［EB/OL］．（2017-09-18）.http：//mp.weixin.qq.com/s/kLnCNUHcce2ZAB1USZ0V5A.

关。我国现阶段公众的媒介素养水平还难以实现内容生产者自身的把关，而信息传递过程中的任何“编辑”也很难说不带主观的立场。因而，未来利用新技术取代部分人工把关的工作将会是一个趋势。[①]不过，虽然新媒体提供了信息更加自由流通的平台，但我们真的能相信“观点的自由市场”能带来理性的碰撞和对真理的接近吗？[②]

涵化理论（Cultivation）认为，我们长期关注的媒体信息事实上形塑了我们的理念、价值观与意识形态，而现代媒体大量夸张、暧昧甚至色情和暴力的内容会对意识发展和对社会认知尚不成熟的儿童带来危害。波兹曼在《童年的消逝》里这样写道：“现代传媒肆无忌惮地揭示了一切秘密，童年的纯真状态丧失了，儿童的羞耻感被冲淡，而儿童与成人的界限也正在被模糊。更可怕的是面对影视里被扭曲，妖魔化的成人世界，孩子会迷失方向，并在自己的精神世界中苦苦挣扎。”涵化理论的提出者乔治·格伯纳（George Gerbner）等主要研究的是电视对受众的长期影响。而在新媒体时代，令人忧虑的是这种情况可能变得更加剧烈——多样的媒介形态、随处可见的媒体内容与信息、占据人们生活时间越来越多的智能手机和更加娱乐化的文化产品……资本与运行逻辑甚至将儿童“成人化”，变成消费符号，来博取大众的眼球，形成注意力经济和流量新闻。现实改变引发理论的变化，让我们不由地反思：我们的媒体如何才能更好地促进社会的发展，防止过度娱乐与消费，引导理性的思考？

使用与满足理论的提出当时是对强效果论的有力反击。它强调了受众的主动性——受众选择性接触、理解和记忆它们感兴趣的内容，并从中获得信息满足。而在如今的新媒体时代，媒体的效果“有限”还是“强烈”似乎不再是关键问题，是人们于大众媒体之间情感上的、技术上的关系维度。信息不再是难以获取的，不再是稀缺的，而是过度娱乐和泛滥的。网络成瘾与新媒体带来的“满足”之间的关系成为更令人焦虑的问题。我们

① 新媒体对“把关人”理论的影响［EB/OL］.（2017-09-18）.http：//mp.weixin.qq.com/s/kLnCNUHcce2ZAB1USZ0V5A.

② 同上。

没有理由不去相信，长期过度使用手机对于行为和心理的负面影响、新媒体打破时空界限及由此带来的私人空间和公共空间混淆、身体感的变化等并没有得到重视。

理论的“修正”背后其实并不仅仅探究理论的内涵，而是探讨新媒体对研究方法、研究范式及整个社会科学研究的改变，即对修正背后的思考。通过学者们对于理论的耕耘发掘，我们可以总结新媒体对经典传播理论的“修正”遵循以下的规律。

首先，理论的“修正”的重要根源是出于新媒体时代传受双方的地位和格局的改变。例如议程设置的效果需要更多考虑到来自“公众”的力量——议程设置的主体扩大，传统媒体的议程效果削弱，议程主题多元化，等等。

其次，理论的“修正”还来自互联网等新媒体本身的特性。例如，“匿名性”对于沉默的螺旋“孤立恐惧”假设的冲击。与此同时，新媒体也在时刻发展和改变的——随着社群、社交媒体“圈子”的发展，“匿名”特性也逐步衰弱，因而我们发现在新媒体上“沉默的螺旋”效果似乎反而有所增强。

最后，理论的修正背后体现出新媒体的发展对社会产生的影响。从“知沟”理论到“数字鸿沟”变化，正说明接触媒体获得信息对于人在社会中的地位影响。一个媒体以“一项技术”的身份诞生，其背后牵涉到资本、利益和权力关系，媒体如何对社会资本和权力产生影响，又如何改变不同人群的经济政治地位是从事媒介研究者不得不反思的问题。“创新与扩散”考察了这一过程，如果人们在传统社会更多通过“自上而下”的传播方式，当今新媒体则通过提供更多的信息获取渠道，更深更广地改变了人们的接纳与扩散行为。

“新”媒体有一天会变成“旧”媒体，“新新”媒体将会出现。社会的变化要求理论进步，在未来“新新”媒体也会修正如今“新”媒体下的理论。但对于“修正”的思考可能依旧有效：传播过程所涉及的主体相对地位和关系发生了什么改变？“新新”媒体有什么特性？“新新”媒体将会对社会产生什么新的影响？这些更深层次的发问与思考才是促使理论更新的源泉。

由于新媒体的不断发展，它对于理论的修正似乎永远在一条“持续未完成”的道路上。理论与现实互相映照，我们会发现这个世界还有很多问题等着我们去攻克和解决，这可能也是社会科学研究的乐趣所在。

第九章 新媒体研究：新维度、新方法、新话题

也许在信息网络的概念诞生的那一刻，就昭示了一个新世纪的到来。正如苹果掉在牛顿头上的一瞬灵光，三大定律就开始了深刻影响并建构了后世物理世界的过程。当我们开始接入互联网并使用新媒体，它所蕴含的便利、广阔、迅疾和多样吸引了我们，我们越来越多地沉浸其中，它赋予我们个性化、随时随地以个人的身份接入世界连成的网络里。随着我们深入、频繁地使用这项千变万化的新技术，电子商务、搜索引擎、社交软件、运动健康类 App 等以数据的形式记录我们的生活，我们在新社会里留下了一串串数不清的“数字足迹”。

当我们开始挖掘数据背后的意义时，计算的思维、互联网的思维和移动化的思维改变了我们对个人生活、组织机构乃至整个社会的认知。这种影响早已在 20 世纪被媒介技术学派预料到。“媒介即人的延伸”，媒介技术具有“时间—空间”偏向力，在技术发明创造被推崇的新媒体时代，它对社会的解释力进一步彰显。

列夫·曼诺维奇（Lev Manovich）在其所著的《新媒体的语言》（*The Language of New Media*）中写道：“新媒体同印刷、摄影或电视媒介相比，并不会为我们讲述一个全部的新闻”，因而，“为了理解新媒体的逻辑我们需要转向计算机科学，只有通过这一领域的思维，我们才能够去发现新的术语、种类及更加系统化的媒体之间的协作。”[①] 互联网和新媒体对传

① MANOVICH L. The language of new media［M］. Cambridge：MIT press，2001；NAKAMURA L. Cybertyping and the work of race in the age of digital reproduction［M］//New media，old media：a history and theory reader. London：Routledge，2006：317-333.

播学的颠覆性影响，首先从理论维度开始。新媒体催生的代表性理论思维首推数据和计算思维。

一、新的理论维度

（一）数据思维

自从互联网和新媒体诞生以来，人们的社会行为可以用数据来计量。各种媒体设备记录了人们长时间的、连续的、大量人群的各种行为和互动的数据。这些数据为我们研究动态的人际交流、大型社会网络的演化等问题提供了坚实的基础。例如，可以通过电子邮件的记录研究一个群体是趋向稳定还是趋向变化、成员之间什么样的交流模式有利于提高效率、接收信息的多样化是否会提高成员的活力和表现等问题；可以通过给成员佩戴实时记录位置、移动等信息的小电子装置收集数据，研究成员的流动和相互交流的模式对于团体产出的影响；可以通过电子商务网站的查询和交易记录，以及网上电话记录等范围覆盖全球的人际互动数据研究人际互动在经济生产力、公众健康等方面产生的影响；可以利用互联网上的搜索和浏览记录研究什么是当前公众关心的焦点；可以通过网络社区上的帖子研究个体在网络中的位置对他们的品位、爱好、情绪和健康的影响；可以通过移动电话追踪人们的位置，研究传染病的传播，等等。[①]

大数据、云计算等理念也逐渐为大众知晓。大数据泛指（超）大规模的数据采集，其“大”包含 5 个特征：数据体量大（Volume）、处理速度快（Velocity）、数据类别大（Variety）、数据真实性强（Veracity）和商业价值高（Value）。[②] 大数据的兴起代表了科学研究越来越从样本数据到全数据的转变，这无疑是科学研究的一次革命。由于大数据的主要来源——

① 张鉴，孔丽华，LAZER D，等.《Science》杂志发表关于计算社会科学的文章：Computational Social Science［J］. 科研信息化技术与应用，2010（2）.

② 方巍，郑玉，徐江. 大数据：概念、技术及应用研究综述［J］. 南京信息工程大学学报（自然科学版），2014，6（5）：405-419.

基于互联网及其相关媒介成为研究关注的重心，在以互联网及其数据、关系和传播机制为支撑的社会科学研究中，越来越多的研究与新闻传播学关联起来。新闻传播学本身由于受到大数据的冲击，也在从传统人文学科的路径，转向规范质化、量化研究的强调，直至计量方法的延伸，其研究问题的广泛性不可避免地与其他学科发生更多的交叠。①

科学实验、科学理论和科学计算是人类探索自然、研究社会的三种基本范式。近年来，随着大数据的影响不断深远，作为一种数据密集型科学研究范式（Data-intensive Science）的社会计算越来越引起学术界和工业界的高度关注。在大数据条件下，传统的以计算为中心的理念要逐渐转变到以数据为中心，形成数据思维。②

所谓数据思维，牛津大学互联网研究院的维克托•迈尔 - 舍恩伯格（Viktor Mayer-Schönberger）指出就是在处理数据时要做到三大转变。③

第一个转变是在大数据时代可以分析更多的数据，甚至是与之相关的所有数据，而不再依赖于采样。社会科学研究社会现象的总体特征，采样一直是主要数据获取手段，信息技术的普及让人们意识到这其实是一种人为限制。使用所有数据可以带来更全面的认识，可以更清楚地发现样本无法揭示的细节信息。正如邓肯・瓦茨（Duncan Watts）所期望的，借助于大数据和计算机分析技术，21 世纪的社会科学可能实现定量化的研究，从而成为一门真正的科学。④

第二个转变是不再追求精确度。与银行、电信等行业的精确计算需求不同，社会计算是对社会动态的反映，当拥有海量即时数据时，绝对的精准不再是追求的主要目标，适当忽略微观层面上的精确度，会让社会科学

① 吴小坤．大数据时代新闻传播学研究的重构与进路［J］．南京社会科学，2016（11）：94-102.

② 孟小峰，李勇，祝建华．社会计算：大数据时代的机遇与挑战［J］．计算机研究与发展，2013，50（12）：2483-2491.

③ 迈尔 - 舍恩伯格，库克耶．大数据时代：生活、工作与思维的大变革［M］．盛杨燕，周涛，译．杭州：浙江人民出版社，2013.

④ WATTS D J. The "new" science of networks［J］. Annual Review of Sociology，2004，30（8）：243-270.

在宏观层面拥有更好的洞察力。

第三个转变是不再热衷于寻找事物间的因果关系，而应该寻找相互之间的相关关系。社会科学中的因果关系是概率性的，只能研究原因的结果（Effects of Causes），而不是结果的原因（Causes of Effects），相关关系也许不能准确地说明一个社会现象发生的原因，但是它会揭示其发展过程。①

（二）计算传播学

对于数据的观察与洞视，使得一批学者们联合起来，共同探讨“计算社会科学”（Computational Social Science）及其在未来的重要性。如今，人们的网络生活形态从被动接收信息向主动生产、交流信息转变。众多个体不断生产并被实时存储下来的海量网络数据和日渐成熟的计算科学、数据挖掘等信息分析技术促成了社会科学与信息科学的交叉学科“计算社会科学”（Computational Social Science）的诞生。② 2009 年，大卫·拉泽尔（David Lazer）等在《科学》杂志上发表了题为“计算社会科学”的文章，第一次正式地提出了计算社会科学的概念，综述了计算社会科学的涌现和发展，尤其强调了网络科学研究在其中所扮演的角色和数字化媒体所提供的机遇。③ 这篇文章其实不是一个原创研究，而是一个“定位宣言”（Position Paper），强调人们生活网络化及其记录（网络数据），使得通过这些数据研究社会具有必要性和可行性。至此，该文章标题中的三个英文词“Computational”“Social”“Science”在各自为政的学术江湖中树起一面富有召唤力和凝聚力的旗帜。④ 围绕计算社会科学，计算语言学（Computational Linguistics）、数据科学（Data Science）、社会计算（Social Computing）、普适计算（Ubiquitous Computing）、大数据（Big Data）、可视化（Visualization）、

① 孟小峰，李勇，祝建华．社会计算：大数据时代的机遇与挑战［J］．计算机研究与发展，2013，50（12）：2483-2491.

② 陈浩，乐国安，李萌，等．计算社会科学：社会科学与信息科学的共同机遇［J］．西南大学学报（社会科学版），2013，39（3）：87-93.

③ 王成军．计算传播学：作为计算社会科学的传播学［J］．中国网络传播研究，2014.

④ 对谈计算传播学：起源、理论、方法、与研究问题［EB/OL］．（2018-04-15）.http：//mp.weixin.qq.com/s/HQ4i-6hFDC2D2ObWgqGvcg.

数据新闻学（Data Journalism）、计算广告学（Computational Advising）等相关概念成为理论界探讨的热点。①

新闻传播学领域也不可避免地受到数据计算思维的影响，传播学属于社会科学的一个分支，因而，有学者定义互联网以来兴起的计算传播学（Computational Communication Research）为计算社会科学（Computational Social Science）的重要分支。② 计算传播是指数据驱动的、借助于可计算方法所进行的传播过程，而分析计算传播现象的研究领域就是计算传播学。③ 驱动计算传播的数据主要来自人类使用数字媒体时记录下来的数字痕迹（Digital Traces）。数字媒体使得用户行为可以被详细记载，因而大量地累积了各种用户属性数据和行为数据。④

使用网络科学的理论对于解释和预测新闻学研究中的研究问题具有重要的意义。首先，因为人类社会的传播环境已经转变为网络化，每个人都生活在网络之中，因而网络的结构和动力学过程对于每个人的信息传播过程都具有深刻的影响。其次，使用网络科学理论有助于发展已有的经典理论，如伊泰・希梅尔博（Itai Himelboim）等人关于国际新闻的研究建立在世界系统理论与优先链接模型的基础之上。再次，新闻学研究者目前对于网络科学的理论（如同质化理论、资源依赖理论、社会影响理论）的使用依然有限，而这些理应为分析新闻的生产、传播和消费现象提供了非常有益的视角，如同质化理论（Homophily）认为朋友的朋友之间更容易成为朋友，而资源依赖理论指出组织通过管理它与其他组织之间的关系来应对不确定的环境。在新闻的语境下，它意味着一个媒介组织如果具有较多的关系资源，就会吸引更多的关系，同时也可以帮助解释新闻网站之间的信息流动。⑤

---

① 王成军．计算传播学：作为计算社会科学的传播学［J］．中国网络传播研究，2014.

② 同上。

③ 王成军．计算传播学的起源、概念和应用［J］．编辑学刊，2016（3）：59-64.

④ 同上。

⑤ 王成军．计算社会科学视野下的新闻学研究：挑战与机遇［J］．新闻大学，2017（4）：26-32.

2013 年初，迈尔 - 舍恩伯格与《经济学人》数据新闻编辑肯尼思·库克耶（Kenneth Cukier）合著的一本《大数据时代：生活、工作与思维的大变革》（*Big Data: A revolution that will transform how we live, work and think*）中满怀信心地预言，大数据将是人们获得新知、创造新价值的源泉，也是改变市场与组织的结构及政府与公民关系的有效途径。与之相应，新闻传播学界也提出了一个新的概念——“数据新闻学”（Data Journalism），业界使用的更为准确的说法是“数据驱动的新闻”（Data-driven Journalism）。①

数据新闻的实践及对它的研究是新媒体理论扩展的另一方面。在学界，一些高校的新闻院系与国际一流媒体强强联手，开始设置“财经新闻数据挖掘与分析”（清华大学全球财经新闻硕士项目与彭博新闻社合作开设）、“数据新闻学”（香港大学新闻及传媒研究中心与路透社合作开设）等相关课程，致力于培养适应大数据时代新闻生产需要的媒体人才。在业界，一些国内知名媒体也在积极探索和践行数据新闻，以期提高自身的报道质量与影响力，如“新浪图解新闻”“网易新闻数读”“搜狐数字之道”等。此外，在 2013 年，谷歌眼镜、小型无人机（Drone）等新型装备的面世及其在新闻报道中被广泛使用。由“叙事科技”（Narrative Science）等网站联合美国西北大学梅迪尔（Medill）新闻学院共同开发的“机器人记者”和机器新闻写作软件正式进入业界实践。② 大数据正从内外两个维度对新闻传播学科范式进行着重构，外部与其他学科的融合程度更高，内部学科的定位正从人文学科路径转向社会科学。③

新媒体理论强调数据和计算思维的重要性，但对于理论未来发展而言，了解数据并分析数据背后各因素的关系及意义只是第一步。王成军曾总结了计算社会科学的理论阶梯，认为数据是计算社会科学最基础的部分，

---

① 史安斌，廖鲽尔．“数据新闻学”的发展路径与前景［J］．新闻与写作，2014（2）：17-20.

② 同上。

③ 吴小坤．大数据时代新闻传播学研究的重构与进路［J］．南京社会科学，2016（11）：94-102.

往上研究与发展，还应总结出理论模式、问题的机制和最终的宏观宇宙法则。①

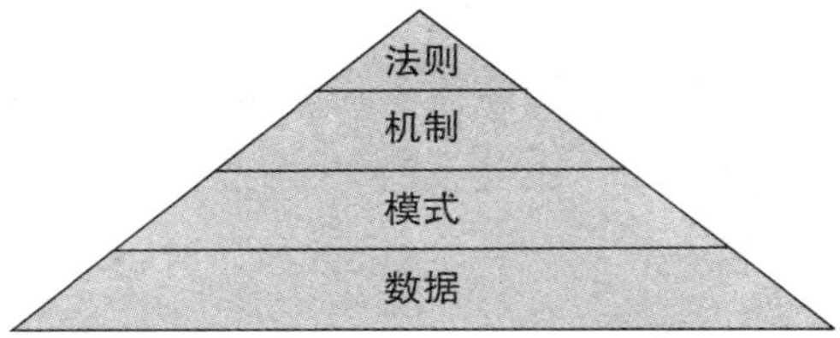

图 9–1　计算社会科学的理论阶梯

二、新的研究方法

20 世纪 90 年代中后期以来，一系列技术进步使得社会学研究方法的进一步创新成为可能，其中最重要的成就表现在四个方面：其一，社会网络理论与研究方法的发展；其二，人工智能的发展带来新型文本与影音资料处理系统的问世；其三，计算机模拟领域内基于行动者模拟方法（Agent Based Modeling，简称 ABM）的发展；其四，互联网的快速发展，特别是移动互联网时代的到来。在最近十年内，正是这些新的理念和技术推动着人们不断探寻社会学研究方法上的突破，为新计算社会学的产生做好了必要的准备，新计算社会学的孕育过程逐渐完成。② 在新媒体的情境下，传播学与其他领域科学的交融，尤其是与计算机科学的深度交叉，诞生了一系列新的研究方法与取向，如社会网络分析、语义分析和数据可视化等。本节将选取几个典型，介绍探索和抓取数据研究传播学问题的取向和方法。

（一）社会网络分析

社会网络分析（Social Network Analysis）和社会建模是计算社会科学的

① 王成军．计算传播学：作为计算社会科学的传播学［J］．中国网络传播研究，2014.

② 罗玮，罗教讲．新计算社会学：大数据时代的社会学研究［J］．社会学研究，2015（3）：222-241.

两大主要且具有特色的研究范式。[①]1998年，瓦茨和史蒂芬·斯托加茨（Steven Strogatz）在《自然》杂志上发表了关于小世界网络的研究结果，表明规则网经过简单的随机重连就可以构造出小世界网络。1998年，艾伯特－拉斯洛·巴拉巴西（Albert-László Barabási）和雷卡·阿尔伯特（Réka Albert）在《科学》杂志撰文指出复杂网络（如演员网络、互联网、电力网络）中的节点度分布为幂律分布，具有典型的无标度现象。这两个研究开启了网络科学在过去十几年里的迅速发展。[②]

社会网络指的是社会行动者及他们之间的关系的集合。社会网络分析是社会学大师查尔斯·米尔斯（Charles Mills）在研究人类关系网络时提出的研究范式。社会学家们最早开展了社会网络分析的研究，主要集中于小规模群体的人际关系、群体行为和社会结构等问题。20世纪70年代，社会网络理论在哈佛学派推动下真正取得突破，代表人物是哈里森·怀特（Harrison White）和马克·格兰诺维特（Mark Granovetter）。该阶段，怀特通过建构社会网络结构模型，并用数学方法研究社会关系与社会结构的成果最终使社会网络理论慢慢成熟。而格兰诺维特通过《弱连带的力量》（1973）和《经济行动和社会结构：嵌入性问题》（1985）把关系分成了强关系、弱关系（Strong and Weak Ties）并提出弱连带优势理论、镶嵌理论等。1982年，林南（Nan Lin）质疑了该假设，并提出社会资本理论，开辟了社会网络研究的新领域。1992年，罗纳德·博特（Ronald Burt）首提结构洞（Structural Holes）理论，将网络研究扩展到组织研究领域，尤其对经济学界产生了极大的影响。

社会网络分析的目标是研究大型动态复杂网络，特别是人类社会系统的结构和交互模式等。社会网络分析研究的主题包括社会流动、健康行为、疾病扩散的关键节点、连锁董事、在线社区分析等。社会网络分析所采用

① 陈浩，乐国安，李萌，等. 计算社会科学：社会科学与信息科学的共同机遇［J］. 西南大学学报（社会科学版），2013，39（3）：87-93.

② 王成军. 计算传播学：作为计算社会科学的传播学［J］. 中国网络传播研究，2014.

的研究与分析方法主要是基于代理的模型、理论物理、图论等。[①] 发展至今，社会网络分析已广泛地应用到社会学、经济学、心理学、物理学、信息科学等研究之中。[②]

社会网络结构可以看作由许多节点和边组成的，“节点”（Node）代表社会网络中的个体，“边”（Edge）代表个体之间的关联。这些“节点”和“边”共同搭建了社会网络的基本框架，描述了一个社会群体之间的关系。戴维·波普诺（David Popenoe）的《社会学》中提及一个观点：研究者们发现大多数被访者属于多重网络而不是属于某个单一的、紧密联系的群体。刘军在《整体网分析讲义》中提出，就国际关系网而言可分为国际政治关系网、国际贸易网或国际科技往来网；一个村落内部各个家庭之间存在情感支持网、资金支持网、劳力支持网、亲属关系网等，社会中的网络关系是无处不在的。[③]

学者们通过社会网络分析发现关于某一事件的公共讨论情况，也可以深入观察某一群体之间的关系网络。这种方法为分析社会关系的形成与发展提供了极有效的切入点。

目前应用最广泛的社会网络分析工具有 R、Python 等。

（二）语义分析

内容分析是新闻学研究的重要方法之一，在传统的内容分析中主要依赖研究者手工编码，而现在计算工具已应用到内容分析中，可以针对社会事件的时间、地点、参与者等要素实现自动化提取。[④] 语义分析最早也是语言学研究的重要方法。它是与语法结构相关的一个分析过程，从语言或

① 孟小峰，李勇，祝建华．社会计算：大数据时代的机遇与挑战［J］．计算机研究与发展，2013，50（12）：2483-2491.

② 陈浩，乐国安，李萌，等．计算社会科学：社会科学与信息科学的共同机遇［J］．西南大学学报（社会科学版），2013，39（3）：87-93.

③ 刘军．整体网分析讲义：UCINET 软件实用指南：Lectures on whole network approach：a practical guide to UCINET［M］．上海：格致出版社，2009.

④ 王成军．计算社会科学视野下的新闻学研究：挑战与机遇［J］．新闻大学，2017（4）：26-32.

写作的基本单位，如字词、短语、从句、句子和段落，到分析作品整体，进而扩展到文本独立于语言的意义。近年来语义分析方法能够跳出语言学并得到广泛应用，有赖于自然语言处理和机器学习等技术的发展。

随着互联网和新媒体的发展，研究者发现媒介上的海量文本是具有独特意义结构的分析对象。新闻报道中的词汇不仅反映了新闻工作者的偏好，更反映了整体社会中集体的价值体系及选择趋向，同时也是一种意义的社会实践。① 语义分析因此成为评估社交网络中大量信息流的结构和意义、自然语言界面、在线人类行为、网络传播等现象有用的分析工具。②

语义分析方法将传统的文本分析深入上下文的语义层面，通过加强对文本的语义特征提取和语义相似度计算来提高信息分析的精度，已经成为未来舆情分析的一个发展方向。作为自然语言理解的一个重要分支，语义分析将传统的文本分析从语法层面深入词汇和上下文的语义层面，建立了以语义核心分析单元的分析框架。

从其技术沿革来看，语义分析先后经历了基于规则的语义分析、潜在语义分析和基于本体的语义分析三个阶段。而目前进行语义分析主要通过两种途径：一种是从文本本身出发，利用潜在语义分析技术进行文本特征向量构建和降维，从而提取语义；另一种则是利用外部的语义知识，如借助词典或语义本体来更好地理解文本。其中，基于规则的语义分析和潜在语义分析的分析对象均是文本中的词汇单元，均需要事先从文本中提取关键词。不同的是，前者需要事先建立句法分析规则，并借助句法分析规则对文本特征进行分析推理；后者则主要借助统计分析和线性矩阵构建的方法找出文本集中的潜在语义空间，并通过文本降维发现其语义特征。基于本体的语义分析主要是在构建本体库的基础上，通过对客观事物本质属性

---

① GABRIELATOS C，BAKER P. Fleeing，sneaking，flooding：a corpus analysis of discursive constructions of refugees and asylum seekers in the UK Press，1996—2005［J］. Journal of English Linguistics，2008，36（1）：5–38.

② 韩纲，朱丹，蔡承睿，等．社交媒体健康信息的语义分析：以推特上癌症相关推文为例［J］．国际新闻界，2017（4）：44-62.

和关系的清晰描述进行语义推理来发现文本语义关联，往往工作量较大。[①] 潜在语义分析（Latent Semantic Analysis，简称 LSA）是一种用于自动地实现知识提取和表示的理论和方法，它通过对大量的文本集进行统计分析，从中提取出词语的上下文使用含义。LSA 思想方法最初应用于文本信息检索领域有效地解决了同义词和多义词的问题，通过识别文本中的同义词 LSA 将信息检索提高了 10%—30%。随着应用领域的不断拓展，LSA 在信息过滤、信息分类 / 聚类、交叉语言检索、信息理解、判断和预测等众多领域中得到了广泛的应用。[②]

网络舆情态势信息往往隐藏于丰富的舆情文本之中，这些文本有着舆情传播主体的情感和意见倾向。利用传统的文本挖掘和信息分析手段可以根据文本情感分类的特征分析从文本中获取一些较为明显的舆情信息，从而帮助进行舆情监控和研判。但是，这类方法无法在语义层面上获取隐藏在上下文语境中的信息，导致舆情分析结果出现较大的偏差。[③] 语义分析则借助于计算机工具通过判断词语、句子和段落之间的相似度和关系实现对网络舆情较全面的解读。语义分析也适用于对于微博微信等社交媒体的舆情分析。随着技术的发展，语义分析的对象将扩大至视频等影像，而人脸识别、物体识别、动作识别等技术的发展将推动研究方法的进一步完善。[④]

喻国明等学者通过“人大—方正网络舆情分析系统”采集对应于每个核心词语（如“温暖”“幸福”“压力”等）的海量网络文本，再依据社会语义分析软件去分解当下中国人心目中实际理解和感受下的相关概念的核心内涵究竟是什么。根据社会语义分析的结果，他们将 Top1000 搜索热词中的所有相关词进行加权处理，计算出每一核心概念所负载的舆情指数以定义当下中国人头脑中关于这些核心词语的心理感受域（语义范围及权

① 董坚峰 . 面向公共危机预警的网络舆情分析研究［D］. 武汉：武汉大学，2013.

② 盖杰，王怡，武港山 . 潜在语义分析理论及其应用［J］. 计算机应用研究，2004，21（3）：9-12.

③ 董坚峰 . 面向公共危机预警的网络舆情分析研究［D］. 武汉：武汉大学，2013.

④ 赵哲峰 . 基于语义分析方法的视频流媒体大数据技术研究［D］. 太原：太原理工大学，2013.

重大小）。[1]这可以视作语义分析的一个案例。

目前广泛应用的语义分析工具有 NLPIR-ICTCLAS 汉语分词系统、Jieba 中文分词、WordSmith 语料库分析等。

（三）数据可视化

有时候一张图表能比一段文字表达出更多清晰的信息。信息图表（Infographic）可以将枯燥的信息与数据转换成美丽的、能给人深刻印象并且有意义的图形，灵活使用这项技术是新闻素养、技术素养与艺术素养的结合。[2]

斯图尔特·卡德（Stuart Card）等人对信息可视化（Information Visualization）的定义为：对抽象数据使用计算机支持的、交互的、可视化的表示形式以增强认知能力。[3]可视分析（Visual Analytics）是科学 / 信息可视化、人机交互、认知科学、数据挖掘、信息论、决策理论等研究领域的交叉融合所产生的新的研究方向。[4]有趣的是，数据可视化并非从网络信息时代开始，下图由法国土木工程师查尔斯·米纳德（Charles Minard）于 1869 年 11 月 20 日绘制的图就被认为是信息图标的先驱。

图 9–2 名为《1812—1813 对俄战争中法军人力持续损失示意图》，描绘了拿破仑的军队自离开波兰—俄罗斯边界后军力损失的状况。图中透过两个维度呈现了六种资料：拿破仑军队的人数、距离、温度、经纬度、移动方向及时—地关系。从图中我们可以看出，拿破仑的这场宿命式的出征损失有多惨重，也似乎可以看到绝望无助的拿破仑军队在俄罗斯广袤的冰原之上挣扎式的穷途末路。难怪著名的资讯图表设计师爱德华·塔夫特（Edward Tufte）认为该图“可能是史上最棒的统计图表”，并将其作为量

① 喻国明 . 构建社会舆情总体判断的大数据方法：以百度海量搜索数据的处理为例［J］. 新闻与写作，2013（7）：67-69.

② 彭兰 .“信息是美的”：大数据时代信息图表的价值及运用［J］. 新闻记者，2013（6）.

③ CARD S K，MACKINLAY J D，SHNEIDERMAN B. Readings in information visualization：using vision to think［M］. San Francisco：MorganKaufmann Publishers，1999.

④ 任磊，杜一，马帅，等 . 大数据可视分析综述［J］. 软件学报，2014（9）：1909-1936.

化信息视觉可视化的范例。①

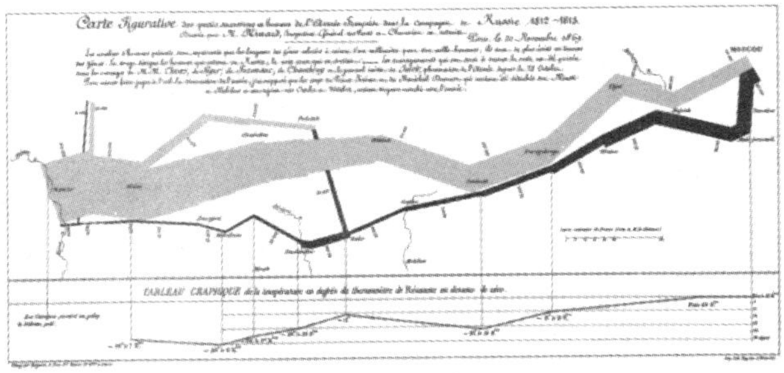

图 9–2　1812—1813 对俄战争中法军人力持续损失示意图

有研究表明，人类从外界获得的信息 80% 以上来自视觉系统，当大数据以直观的可视化的图形形式展示在分析者面前时，分析者往往能够一眼洞悉数据背后隐藏的信息并转化知识及智慧。可视化的图表往往能帮助受众获取更多信息，甚至揭示事物之间隐含的未预料的关系。

例如互联网星际图，它将 196 个国家的 35 万个网站数据整合起来，并根据 200 多万个网站链接将这些星球通过关系链联系起来，每一个星球的大小根据其网站流量来决定，而星球之间的距离远近则根据链接出现的频率、强度和用户跳转时创建的链接。我们可以立即看出，Facebook、Google 是流量最大的网站。这些“一眼”识别出的图形特征（如异常点、相似的图形标记）在视觉上容易察觉，而通过机器计算却很难理解其含义。因此，大数据可视分析是大数据分析不可或缺的重要手段和工具。②

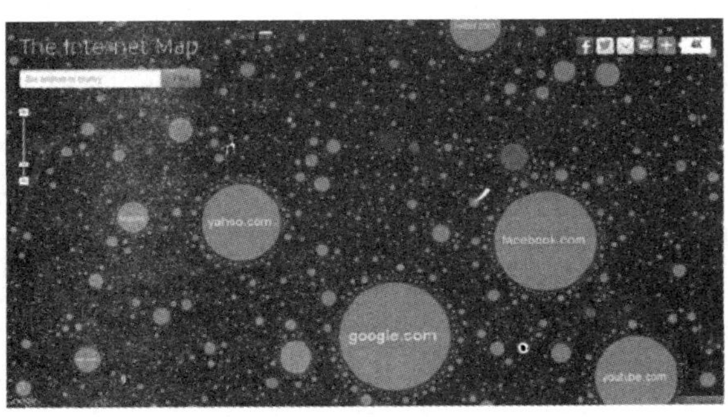

图 9–3　互联网星际图

① 维基百科词条：Charles Joseph Minard，https：//en.wikipedia.org/wiki/Charles_Joseph_Minard.

② 任磊，杜一，马帅，等．大数据可视分析综述［J］．软件学报，2014（9）：1909-1936.

再如，数据可视化技术处理文字时的“词云”（Word Cloud）技术。“词云”能够让人们直观生动地发现在谈论关于某个话题时，出现频次最高的词语及词语之间的关联，它帮助人们更快地掌握主题、对象和意见倾向。①

图 9–4　词云

在新闻报道实践中，“数据可视化”被广泛应用。《卫报》《泰晤士报》《纽约时报》等国际上的老牌新闻媒体也在 2010 年前后纷纷成立了数据新闻可视化团队。②数据可视化不仅被广泛应用于新闻报道实践中，也被大量使用在学术理论研究中。这是因为学界在探究变量因子之间的关系或者处理大量网络数据时，数据可视化的方法和思路能帮助研究人员更为直观地表达研究对象的状态和变化。在上述介绍社会网络分析、语义分析等研究方法时，数据可视化也是其中不可忽略的一部分。在输出节点与节点之间的网络关系图或者词语句子之间的关系图时，“可视化”都是其中重要的手段。随着技术发展，数据可视化将和视觉美学、信息技术产生更深刻的交融，一些社会科学家开始在方法处理上变得更具表现力，甚至富于艺术感，这使得数据可视化成为理论研究中别具价值的研究工具。

目前被广泛应用的数据可视化软件有 Tableau Public、Gephi、NodeXL、CiteSpace 等。

① 任磊，杜一，马帅，等．大数据可视分析综述［J］．软件学报，2014（9）：1909-1936.

② 郑蔚雯，姜青青．大数据时代，外媒大报如何构建可视化数据新闻团队？——《卫报》《泰晤士报》《纽约时报》实践操作分析［J］．中国记者，2013（11）．

三、新的主题领域

新思维、新方法促进了传播学一批新的主题领域的诞生。这些新的领域如同宇宙大爆炸产生的巨大星云，诸多新研究和发现熠熠生辉，给予当下时代有益的思考。对互联网和新媒体本身的研究就是新主题领域中的主要部分之一。

（一）互联网研究

互联网诞生于 20 世纪 60 年代，但其传播研究却是近二十多年的事情。至少就传播学科主流学术期刊上发表的论文而言，中国大陆对互联网的研究主要兴起于 1996 年以后。[①] 在解释互联网研究的现状和内容前，有必要提出的一个认识是：互联网研究并非传播学的领地，而是各学科交融的研究领域，在这个领域内，传播学研究学者们提供了观察社会的一个独特视角。

祝建华等对 2000 年至 2009 年间的互联网研究进行了回顾性总结。根据他们的研究结果，互联网研究目前还算不上一个已确立的研究领域，而只是一个兴起中的研究点，主要原因在于大部分的互联网研究在理论建树上表现平平，只有 30% 的研究提出了一种或一种以上的理论。但互联网研究的增长速度相当惊人，21 世纪以来，已经成为仅次于环境研究的第二大增长点，在当前美国社会科学七大热门研究领域中占据第三位。他们发现，互联网研究仍将研究重点放在媒介采纳、使用及效果上，但采用了一种更为“网络化”的研究视角。因此，运用“社会网络分析”来对新媒体现象进行阐释的研究也逐渐增多。互联网如今已经不是一个虚拟的在线空间，而是一个各种社会力量交织的社会空间，因而社会网络分析也用于解析在新媒体这一社会网络结构中，各种潜在资源、行动者和权力关系之间的交互作用。[②]

① 王芳．互联网研究现状述评：以中国大陆传播类期刊为例［J］．现代传播（中国传媒大学学报），2003（4）：96-99.

② 韦路，丁方舟．论新媒体时代的传播研究转型［J］．浙江大学学报（人文社会科学版），2013，43（4）：93-103.

卜卫以内容分析和话语分析研究了1990年至2011年在中国大陆四个主流新闻学术刊物——《新闻与传播研究》《现代传播》《国际新闻界》《新闻大学》上发表的有关互联网和新媒体的论文或文章，发现目前大陆的互联网研究主要集中在新媒介如何发展及传统媒介、如何做大做强和如何对内容加以控制，即服务于媒体及媒体市场和政府管理，缺少从各阶层受众、平民的视角出发对新媒体的需求、使用和创新的讨论。[①] 互联网被当作理所当然地从外部输入的一种先进力量，大众则是作为技术普及、影响或争取的对象，而不是利用新技术推动社会变革的行动者。

围绕互联网，研究者们从各个角度和话题切入进行了分析。较受国际学界和国内关注的话题有互联网引发的技术扩散、“知沟”问题、互联网管制、微博政治、公民社会、社交媒体、数字化娱乐、信息技术对于社会带来的影响等。选取网络事件进行分析或采用线上线下民族志等观察方法，研究者们对于事件展现出的网络政治与身份认同、网络行动主义、民族主义进行了探讨。

在互联网研究领域，“网络社会”“虚拟社群”“数字化生存”等研究概念被提出来。在对这些概念的深掘过程中，一系列理论和观念被学界建构起来。

互联网研究的内涵和外延还在不断扩大之中，由于互联网影响到大众生活的方方面面，研究的意义和价值也越来越得到凸显。然而，对于互联网的研究还缺乏“深度”。如何在互联网研究中充分体现互联网的中国特色，是当前重要的课题，也是“互联网深度研究”的重要内容。杨国斌教授认为，使互联网研究向纵深发展的方法之一是把时间和变化纳入分析的框架。在具体操作方法上，一是可以通过历史分期的策略，将连绵不断的历史分解为较小的时间段进行分析；通过划分历史时期，研究者可以识别普遍性和特殊性，凸显每个时间段与其前后时段的延续和变化。二是通过对人的

---

① 卜卫．中国互联网国际研讨会2012年年会考察报告［J］．新闻大学，2012（6）：127-132.

经验和社会实践的研究，加深对人的主观和内心世界的探索和发掘；讲人的故事，为人的主体回归所做出的一种努力。三是增加历史深度，更好地把握现象的复杂性；这里的历史深度又可分两方面来探讨：一是历史性（historicity），二是历史叙事（history）。对互联网自身历史的研究，属于历史叙事。历史性则指历史对于社会现实的构建作用，包括对理论和概念的建构。

深化互联网的研究，还应当关注互联网本身的历史，包括互联网发展史、网站史、网页史、互联网使用的社会史、互联网文化形态的变迁等。近几年，“互联网历史学”（Internet Historiography）和“网络历史学”（WebHistoriography）都是国际传播学界方兴未艾的话题。丹麦学者尼尔斯·布鲁格（Niels Brugger）就一直致力于互联网历史和网页历史的研究。他在一篇2012年发表的文章中提出，在互联网研究领域，应该加强对“网络历史学”的重视，因为不论从什么理论角度研究互联网，互联网历史的研究都是重要的先决条件。[①]

（二）媒介融合与移动传播研究

媒介融合概念的诞生也源于互联网等技术的发展。20世纪70年代，一些专家首先开始用此词说明计算与通信系统的融合。随后，媒介融合开始扩展开来，表现为其他媒介技术的融合，概念内涵不断扩大。1983年，美国麻省理工学院的伊契尔·索勒·普尔（Ithiel De Sola Pool）正式提出“媒介融合”（Media Convergence）这一概念，本意是指“各种媒介呈现出多功能一体化的趋势”。[②]新闻媒体的融合实践促进了媒介融合理念的传播，也激发了学界对此概念的研究。蔡雯认为，媒介融合是指在以数字技术、网络技术和电子通信技术为核心的科学技术的推动下，组成大媒体业的各产业组织在经济利益和社会需求的驱动下通过合作、并购、整合等手段，

① 杨国斌．中国互联网的深度研究［J］．新闻与传播评论，2017（1）：22-42.

② 郭毅，于翠玲．国外“媒介融合”概念及相关问题综述［J］．现代出版，2013（1）：16-21.

实现不同媒介形态的内容融合、传播渠道融合和媒介终端融合的过程。[①]从下图可以看出，关于媒介融合的研究在2008年以后有了快速增长。

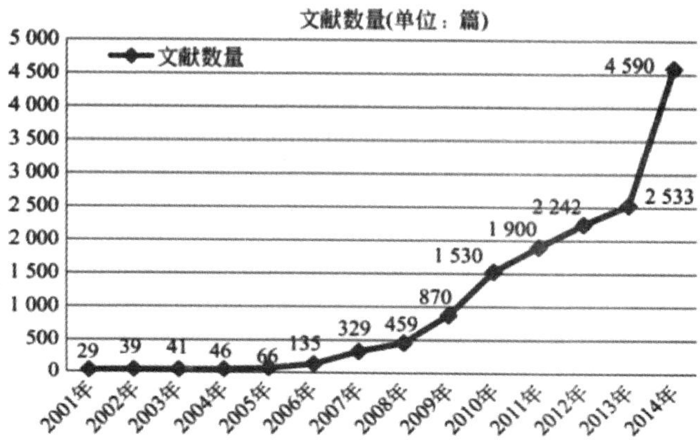

图9–5　2001—2014年关于媒体融合研究的相关文献统计[②]

2014年，中央全面深化改革领导小组第四次会议审议通过《关于推动传统媒体与新兴媒体融合发展的指导意见》，将媒介融合发展上升到了国家战略层面，媒介融合在新闻传播研究中的重要性再一次凸显。[③]这一政策也反映在当年的研究数量有一个显著提升。

丁柏铨总结了媒介融合的三个层面：物质层面的融合、操作层面的融合和理念层面的融合。[④]

物质层面的融合也就是报纸、广播、影像和网络等媒介之间的融合，如报纸电子版、网络电视、网络电台、新闻客户端等。

操作层面的融合即业务的融合。新闻从业者要求掌握采写编评、文字与摄影、直播等各种融合报道的技能，而报业集团也展开了业务的融合——构建一体化的新闻平台和数据库、改建报道机构、融合资本运营等。

① 蔡雯，王学文．角度·视野·轨迹：试析有关"媒介融合"的研究[J]．国际新闻界，2009(11)：87-91.

② 陈昌凤，朱小妮，黄雅兰．2014年国内新媒体研究综述［J］．全球传媒学刊，2015（1）：34-52.

③ 鲍高齐．2010—2014年国内媒介融合研究综述［J］．新闻世界，2015（5）：167-169.

④ 丁柏铨．媒介融合：概念、动因及利弊［J］．南京社会科学，2011（11）：92-99.

理念的融合则体现在业界和学界对媒介融合形成的基本面的共识：在现实生活中，由于新媒体技术和其他诸多因素共同发挥了作用，媒介之间确实出现了融合的趋势；这一趋势，对于媒介形态确实发生了极其深刻的影响，或改变了原有的媒介形态，或催生了新的媒介形态；在此情势下，确实需要媒体负责人、新闻从业者做出多方面的调整和努力，以与此相适应；同任何事物都有客观规律一样，媒介融合也有其规律，确实需要从规律性方面对媒介融合进行探讨、认识和把握。①

当然，其他学者也总结了媒介融合的内涵。例如，从内容融合、渠道融合、终端融合等方面阐释媒介融合的内涵②，从技术、经济、组织、社会文化四个维度来分析媒介融合③，或从服务融合、网络融合、公司融合三个层面探讨媒介融合的策略和路径。④

近年来，媒介融合的内涵及其融合的对象范围不断扩大，智能手机、平板电脑等移动终端设备的普及也加速了学者们对相关议题的研究。2013年1月《移动媒体和传播》（*Mobile Media & Communication*）的创立预示着下一轮传播研究转向的开始。⑤移动互联网通过无线接入设备访问互联网，能够实现移动终端之间的数据交换，是计算机领域继大型机、小型机、个人电脑、桌面互联网之后的第五个技术发展周期。⑥移动传播设备的融合研究将是媒介融合研究未来的发展方向，在实践和理论两方面对媒介融合进行扩展。

蔡雯、丁柏铨等学者对媒介融合学理性的概念梳理和认知是国内对媒

① 丁柏铨. 媒介融合：概念、动因及利弊［J］. 南京社会科学，2011（11）：92-99.

② 蔡雯，王学文. 角度·视野·轨迹：试析有关“媒介融合”的研究［J］. 国际新闻界，2009（11）：87-91.

③ 陈映. 媒介融合概念的解析与层次［J］. 北京邮电大学学报（社会科学版），2014，16（1）：1-7.

④ 邓瑜. 媒介融合的多维分析［J］. 现代传播（中国传媒大学学报），2011（1）：18-22.

⑤ 韦路，丁方舟. 论新媒体时代的传播研究转型［J］. 浙江大学学报（人文社会科学版），2013，43（4）：93-103.

⑥ 吴吉义，李文娟，黄剑平，等. 移动互联网研究综述［J］. 中国科学：信息科学，2015（1）：45-69.

介融合的较早探索，也得到了广泛的认可。但必须指出，在概念方面，正如挪威奥斯陆大学的媒介研究学者埃斯彭·伊特瑞伯格（Espen Ytreberg）的观点，“媒介融合是迄今为止最难把握的概念之一”，由于其有太多不同层面的意义，因而“是一个危险的词语”。“媒介融合”本身是一个历时性的概念，对这一概念的认识和把握，首先是基于媒介自身的发展与实践过程；同时，从不同的研究视角（政治经济学、媒介史、文化研究等）对媒介融合的认识也不尽相同。[①]

对于学界主流的“媒介融合热”，一些学者也提出了理性反思与对“媒介融合”的质疑。靖鸣和臧诚认为，媒介融合和融媒的出现使信息进一步泛滥和超载；媒介融合的结果必然是媒介市场的垄断；媒介融合助推媒介化社会加速到来，“媒介人”和“媒介依存症”现象出现；文化帝国主义在媒介融合时代进一步扩张。[②] 有学者认为，传媒的未来发展不是融合，而是分化，由此引出了有关“媒介融合”与“反媒介融合”的争论。也有学者质疑关于媒介融合的各种论断只是一种“假说”。[③] 卜卫认为，对于媒介使用和媒介融合，由于市场视角和政府管理视角的限制，我们常常忽略基于人民实践的、自下而上的以推动社会变革的媒介使用和媒介融合实践。针对媒介融合，我们要问的问题是：这是谁的融合，为了谁的融合，谁参与了融合，哪些“融合”被强调及为什么，哪些“融合”被忽略及为什么，回答这些问题将引导我们走向民众媒体实践。[④] 这些关于媒介融合的理性反思，将媒介融合的认识和研究进一步深化。

媒介融合不仅是学界探讨的热点，事实上，其发展和新闻界的实践紧密相连。新闻界很早开始了融合媒体报道的尝试，美国普利策新闻奖《雪崩》

① 郭毅，于翠玲．国外“媒介融合”概念及相关问题综述［J］．现代出版，2013（1）：16-21.

② 靖鸣，臧诚．传媒批判视野下媒介融合过程中的问题与思考［J］．现代传播（中国传媒大学学报），2011（4）：93-97.

③ 郭毅，于翠玲．国外“媒介融合”概念及相关问题综述［J］．现代出版，2013（1）：16-21.

④ 卜卫．中国互联网国际研讨会2012年年会考察报告［J］．新闻大学，2012（6）：127-132.

（*Snow Fall*）堪称融合新闻报道的里程碑之作。《雪崩》是2013年普利策新闻奖“特稿写作”（Feature Writing）的获奖作品，作者为《纽约时报》体育频道记者约翰·布兰奇（John Branch）。《雪崩》是一组报道16位滑雪者在美国卡斯卡德山遭遇雪崩惨剧的特稿，最开始在网站上推出，将文字、图片、视频、音频、动画等不同的媒体形态集中在一篇报道中，页面精美，报道形象生动。编辑团队将重点放在故事本身，为了适应不同的操作平台，该报数字设计部专门开发了适用于各类操作系统、各类浏览器的版本并测试。上线之初，团队首先在Twitter上发布公告，通过社交网络进行推广。从报道内容、形式、设计、推广等各方面的组织策划，使得《雪崩》成为融合新闻报道里广为人知的模范案例。①

自《雪崩》后，国内外的各大媒体也开始了融合新闻的探索与尝试。在我国，以各报业集团为代表，推出了不少融合新闻作品。例如，《中国日报》多媒体部于2013年推出的融合新闻项目《继续活着》，记录和探讨了失独者这样一个社会较为关注的话题。②随着媒介融合的发展，融合对象不仅局限于传统的文字与视频，还发展出了更多的新形式。再如，2017年，《人民日报》客户端推出的国庆系列报道，在北京地铁1号线上展开的“我爱你中国”快闪，通过线上与线下、中央与地方的联动协作完成更加具有互动感的新闻作品。“融合报道”也被学界认为是新闻报道的未来。

（三）人工智能与新闻业

早在1997年IBM深蓝击败国际象棋棋王卡斯帕罗夫，已经昭示了人工智能（Artificial Intelligence）的力量，但在围棋领域人工智能始终无法战胜人类高手。2016年、2017年谷歌公司的AlphaGo战胜世界顶尖围棋选手李世石、柯洁的新闻颠覆了这一认知。它意味着，人工智能在理性选择上比人类强大，通过模拟人脑的机制学习、判断、决策，在未来，人工智能

① 韩士皓，彭兰．融合新闻里程碑之作：普利策新闻奖作品《雪崩》解析［J］．新闻界，2014（3）：65-69.

② 顾洁．融合新闻叙事的逻辑与原则：以《雪崩》《巨鲨戏小虾》《继续活着》为例［J］．新闻记者，2017（1）：71-77.

将攻克人类所不能完成的难题，拥有无限可能。目前，人工智能在图像识别中的错误率不断下降，应用人工智能抓取数据的准确率不断提高。人工智能，作为计算机科学领域的前沿，它的影响力已经涉及科学研究的方方面面，新闻业同样受到其冲击。

传统媒体时代，新闻生产模式主要依靠专业记者和机构（PGC）；进入互联网时代，受众参与到内容生产之中，新闻生产转变为“专业生产+用户生产”（PGC+UGC）模式；而移动互联时代，人工智能则将新闻生产推向了新的阶段——计算机生成内容（Computer Generated Content，简称CGC）。①

2015年9月，腾讯财经推出了自动化新闻写作机器人“Dreamwriter”，用时一分钟写出了第一篇报道；11月，新华社写稿机器人“快笔小新”正式上岗，可以写体育赛事英文稿和财经信息稿；2016年3月，韩国写稿机器人上岗，仅0.3秒就写出一篇股市行情的新闻稿。成立于2007年的Automated Insights科技公司，有超过3亿模板可以供不同的新闻使用，它们在2013年就产生了3亿篇新闻，2014年产量达到10亿篇。②“聊天机器人”在2016年迎来了大爆发，Skype、Line、Facebook Messenger都引入了聊天机器人程序，而随着这些社交平台的机器人程序对媒体开放，BBC、《纽约时报》、Forbes、《卫报》等传统媒体机构，也开始以机器人对话的方式将新闻资讯呈现给受众。传媒机构已经意识到，作为人工智能技术在新闻领域的一种具体应用形式，这将是新闻业下一个的未来战场。“正如数字化前期的移动互联信息技术产生了相应的传播形态一样，物联网与大数据的社会化应用也必将造就新型的传播形态与商业模式。”③

基于人工智能等技术的CGC模式较传统新闻内容生产有其优势。首先，人工智能比传统媒体更快地完成新闻写作，尤其是在于直接事实多、数据

① 张志安，刘杰．人工智能与新闻业：技术驱动与价值反思［J］．新闻与写作，2017（11）：4-9.
② 梁智勇，郑俊婷．人工智能技术对新闻生产的影响与再造［J］．中国记者，2016（11）．
③ 苏涛，彭兰．“智媒”时代的消融与重塑：2017年新媒体研究综述［EB/OL］．（2018-03-11）．http：//mp.weixin.qq.com/s/n2VGutaN7pNiu2mumBbt9g.

量较大的硬新闻、通讯类的新闻实践中。其次，人工智能完成的新闻内容较传统新闻，更加重视交互体验和用户的个性化阅读。例如，将语音识别处理技术（苹果“Siri”、微软“小冰”等）应用于新闻报道，以聊天形式进行新闻推送，则亲近感更强。某种程度上，机器人的算法比编辑记者更懂受众，如《纽约时报》使用 Blossom 推荐新闻，平均阅读量是原来人工推荐文章的 38 倍。再次，人工智能技术的核心优势是数据挖掘，它通过内容的聚合与分发，将更加精准化、智能化、对象化、个性化。人工智能技术使得“用户画像”更清晰，可以为用户量身定制内容。过去，“一点对多点”的、千篇一律的生产模式将转变为个性化、对象化、差异化的内容生产模式。人工智能技术宣告了个性化新闻时代的全面到来。①

新技术不仅改变了新闻文本的形态，还具备重塑新闻叙事范式的潜力。算法驱动下的新闻叙事最大的改变在于叙事的交互化，催生了具有数字新闻叙事特征的叙事方式——交互叙事（Interactive Storytelling）。交互叙事鼓励受众自主探索，顺应了数字时代“去中心化”和“参与”的媒介文化。交互叙事可生成具有受众个人意义的叙事内容，满足受众对特定信息的获取与消费，实现新闻叙事的“功能性意义”（指一种选择从多大程度上能满足用户的欲求、需求和兴趣）。②

人工智能技术出现后，媒体议题设置和编排分发的旧有规则也被打破了。算法推荐新闻，以及受众之间的相互推荐，逐渐开始争夺内容分发的主导权。依靠受众阅读习惯编排内容，使传统意义上的头条被重新定义。③

目前，人工智能在新媒体传播中的应用方向主要集中在数据处理、语音与图像识别、机器学习与深度学习、算法等四个方面。在新闻行业，人工智能具有巨大的商业意义和政治意义：一方面，社交媒体和算法新闻 App（如“今日头条”）日益增长的用户数量，在商业产品分析用户画像、

① 梁智勇，郑俊婷．人工智能技术对新闻生产的影响与再造［J］．中国记者，2016（11）．

② 张超，钟新．从比特到人工智能：数字新闻生产的算法转向［J］．编辑之友，2017（11）：61-66．

③ 梁智勇，郑俊婷．人工智能技术对新闻生产的影响与再造［J］．中国记者，2016（11）．

广告投放等行为上具有商业价值；另一方面，对国际局势而言，欧美将人工智能上升到国家战略层面，人工智能与文化帝国主义的联系愈加深刻。[①]

那么，人工智能的高效率和算法优化，是否意味着机器人写作将取代新闻记者？

这又需要讨论人工智能的局限。人工智能较人脑更擅长的领域在于大数据计算和海量数据的处理，人类没有办法完全杜绝感性因素的存在。不过，这也是人工智能没办法突破的地方——价值判断与艺术创作。在新闻业，人工智能能够快速讲述经验事实，却无法逼近事实背后的复杂真相、无法提供针对现实的深度解释。[②]在评论、深度报道等方面，传统记者依然有不可替代的优势。“科技性失业”的恐慌在20世纪60年代（公司开始安装计算机和使用机器人）和80年代（个人电脑开始上市）都曾弥漫开来，但事实上每一次恐慌之后，科技进步为社会创造的就业岗位远多于它消灭的岗位，我们需要更多的人从事全新工作。这意味着要调整教育和训练模式，使其足够灵活，从而快速、高效地教授全新的技能。[③]

当我们讨论未来人工智能和新闻业的关系时，以下命题还值得进一步思考：在物联网环境下重新定义新闻，对智能化新闻保持理性期待，在技术创新中张扬人的价值。[④]未来人工智能至少会从内容生产和消费两端对媒体发展带来变革。人工智能与物联网、大数据的深度结合将催生真正意义上的“精准媒体”，在图像识别、视频处理、跨文本翻译、数据库激活等领域，推动媒体融合的快速发展。[⑤]

---

① 刘雪梅，杨晨熙．人工智能在新媒体传播中的应用趋势［J］．当代传播，2017（5）：83-86.

② 张志安，刘杰．人工智能与新闻业：技术驱动与价值反思［J］．新闻与写作，2017（11）：4-9.

③ 梁智勇，郑俊婷．人工智能技术对新闻生产的影响与再造［J］．中国记者，2016（11）.

④ 张志安，刘杰．人工智能与新闻业：技术驱动与价值反思［J］．新闻与写作，2017（11）：4-9.

⑤ 梁智勇，郑俊婷．人工智能技术对新闻生产的影响与再造［J］．中国记者，2016（11）.

第十章　反思新媒体研究

一、新媒体研究趋势

2018 年初，中国人民大学新闻学院的微信公众号发布了一篇原创文章，题目是《新世纪以来中国的新闻传播学在研究什么》。文章统计了《国际新闻界》《现代传播》《新闻与传播研究》《新闻大学》四个期刊 2000 年至 2017 年被引次数超过 20 次的 1614 篇论文，对其标题、关键词、作者及其机构、被引次数等进行分析。文章发现，这 18 年间，论文中出现最多的五个关键词分别是新媒体、媒介融合、传播学研究、人际传播、国际传播。其中，“新媒体”一词出现 60 次，位居榜首。这体现了新媒体研究在当代传播学研究中的重要性。①

事实上，不仅在新闻传播学领域，新媒体的普及与进化吸引了多个学科的关注，在社会科学领域，包括社会学、心理学、经济学、人类学等学科，都参与了对新媒体的研究。传播学与其他相关学科正在实现着双向进入，不仅人类学、社会学者已深度介入新媒体研究，传播学者也积极将计算机科学、信息科学等领域产生的最新成果应用于新媒体研究。②

随着新媒体研究的不断深入，其主题也在发生变化。2010 年，我国传播学者们讨论起新媒体，主要的关注点还在“对新媒体的概念理解”“新

① 杨国斌．转向数字文化研究［EB/OL］.（2018-04-19）.http：//mp.weixin.qq.com/s/pOX8aFxkk-srsou5HDp-DA.

② 苏涛，彭兰．“智媒”时代的消融与重塑：2017 年新媒体研究综述［EB/OL］.（2018-03-11）.http：//mp.weixin.qq.com/s/n2VGutaN7pNiu2mumBbt9g.

媒体的应用范畴”“微博的研究”“新媒体对社会带来的可能影响”“未来发展方向”等问题上。[①] 2011 年，新媒体研究则主要集中在以下五个领域：（1）新媒体引发的社会问题研究；（2）加强新媒体管理研究；（3）新媒体与传统媒体变革研究；（4）新媒体与新闻教育变革研究；（5）新媒体产业动态研究。其中，网络谣言、社会恐慌、网络水军、舆论与群体性事件是社会问题中备受关注的方面，新媒体引发的社会问题研究和加强对新媒体管理研究，成为 2011 年新媒体研究的两大突出主题。[②] 胡月运用科学知识图谱软件 Cite Space 对中国知网数据库中关于新媒体研究的共 2875 篇文章进行分析，发现 2006 年至 2016 年关于新媒体的研究可以分为三个阶段：传统媒体面对新媒体的应用转型期，新媒体传播的理论拓展期，新媒体研究的沉淀与深化期。[③] 目前，新媒体研究已经进入沉淀与深化期，研究对象与研究路径更加多元。

2017 年，智能化媒体、社会化媒体研究仍是新媒体研究的关注重点。在智能化媒体研究方面，移动互联网、大数据、云计算、人工智能、VR/AR、传感器、机器人写作和算法机制等技术名词依旧是凸显媒体“智能”的关键词；同时，也有越来越多的学者意识到隐藏在其中的风险与陷阱，并从人与技术、工具理性与价值理性的关系层面来反思当下这种新闻实践。例如，赵春光认为基于算法机制的新闻内容定制及聚合造成了用户在新闻内容选择上的消费主义倾向，姜红和鲁曼则提出了对于“信息茧房”造成人与人之间区隔的忧虑。越来越多的学者纷纷呼吁在算法机制中发挥人的主体性。刘胜男认为，在与技术的共谋过程中，需从内容生产者的专业主义和伦理出发，并建立起内容方与算法的共同合作，才能避免因个性化定制、同质内容的不断推送而带来的信息的“过滤泡沫”（Filter Bubble）和

---

① 仝菲．2010 年新媒体研究综述［J］．新闻世界，2011（8）：232-233.

② 相德宝．新媒体问题与管理：2011 中国新媒体研究综述［J］．新闻界，2012（2）：41-46.

③ 胡月．数字丛林十年求真：新媒体研究全景图——基于 2006—2016 年我国新媒体研究的科学知识图谱分析［J］．新闻界，2017（2）：7-12.

意见的“回音室”（Echo Chamber）效应。①

相对于智能媒体研究，社会化媒体研究的历史则更长久一些。2010 年起，微博开始成为热门的研究话题，而有关微博传播效果的研究则涵盖了微博意见表达的作用、微博中意见领袖的传播效用、微博营销的传播效果、企业及政务微博在危机管理和形象构造中的效果研究等内容。② 自微博后，微信又吸引了一大批学者的关注。在关注到微信的弱关系与强关系、移动场景、公私领域等媒介特性和意义方式后，传播学研究者对于微信的研究，在一定程度上向社会学等领域延伸。③ 例如，研究微信中存在的家庭“数字反哺”④、微信公众号文本的结构特征与框架⑤、信息处理与从众行为⑥ 等。

新媒体的研究总是与时代的潮流热点紧密相连。近年来，网络直播、短视频、网红、真人秀与综艺热潮也在传媒领域卷起了一阵风潮。不少研究者也关注到了这些社会现象，并力图以传播理论看到现象背后的本质。周葆华通过一项全国范围内的在线问卷调查，精确描述网络视频直播用户的基本构成、行为特征与感知评价。研究者也观察到，网络直播与综艺节目的嫁接催生了新的内容生产模式。在商业力量一路推动下，网红已从当初的偶发行为走向产业化，乃至成为当下重要的经济“风口”；而未来，网红将走向专业化生产的方向。网红消费作为网络社会的衍生现象，既展现了技术迭代的力量，也展现了消费社会的变迁。⑦

---

① 苏涛，彭兰．“智媒”时代的消融与重塑：2017 年新媒体研究综述［EB/OL］.（2018-03-11）. http：//mp.weixin.qq.com/s/n2VGutaN7pNiu2mumBbt9g.

② 李竹君．传播效果理论及新媒体传播研究［J］．中国报业，2016（18）：18-19.

③ 苏涛，彭兰．“智媒”时代的消融与重塑：2017 年新媒体研究综述［EB/OL］.（2018-03-11）. http：//mp.weixin.qq.com/s/n2VGutaN7pNiu2mumBbt9g.

④ 林枫，周裕琼，李博．同一个家庭不同的微信：大学生 VS 父母的数字代沟研究［J］．新闻大学，2017（3）：99-106.

⑤ 邓秀军，申莉．反转的是信息而不是新闻：框架理论视阈下微信公众号推文的文本结构与内容属性分析［J］．现代传播（中国传媒大学学报），2017，39（1）：132-137.

⑥ 沈玢．社交媒体时代的从众效应研究：以拼趣为例［J］．新闻大学，2017（3）：70-78.

⑦ 苏涛，彭兰．“智媒”时代的消融与重塑：2017 年新媒体研究综述［EB/OL］.（2018-03-11）. http：//mp.weixin.qq.com/s/n2VGutaN7pNiu2mumBbt9g.

张小强等人对中国新媒体研究做了统计，列出了新媒体研究的重要关键词，发现新媒体、互联网、媒介融合、网络媒体等有着较高的频次。通过对新媒体研究现状的考察，他们得出结论：新媒体研究的知识共同体尚未真正形成。①

表 10-1　国内新媒体研究重要关键词（词频≥30）

关键词	词频	突现度	重要共现关键词
新媒体	310	23.68	互联网、网络媒体、媒介融合、网络传播、传统媒体、社交媒体
互联网	186	0.05	新媒体、网络媒体、媒介融合、网络传播
媒介融合	154	13.40	新媒体、互联网、网络传播、社交媒体
网络媒体	133	26.78	新媒体、互联网、网络传播、传统媒体
网络传播	129	18.67	网络媒体、互联网、新媒体、媒介融合
传统媒体	72	0.05	互联网、网络媒体、新媒体、媒介融合
社交媒体	56	22.80	新媒体、媒介融合、社会化媒体、大数据
三网融合	49	17.69	数字化、媒体融合、互联网、全媒体
网络新闻	46	0.05	意见流、传播结构、信息流、假新闻
媒体融合	45	0.05	新媒体、互联网思维、数字技术、三网融合、传统媒体
社会化媒体	43	13.69	网络舆论、公民新闻、社交媒体、自媒体
网络舆论	31	8.61	舆论监督、媒体融合、社会化媒体、Web2.0
新闻传播	30	7.19	网络新闻、传播媒体、媒体融合、新媒体、网络媒体

也有一些学者从文化研究的路径对新媒体进行了研究。新媒体环境中的身份认同、在线社区、公共空间、底层文化书写、日常生活实践等都是关注的重点。詹金斯的《融合文化》在新媒体语境下对粉丝文化进行了探讨，其“文本盗猎者”“跨媒体叙事”等概念对于新媒介环境下的文化研究有不少启发。中国的传播学期刊《国际新闻界》在 2016 年曾组织了一个研究专题“帝吧出征与网络民族主义”，“粉丝民族主义”就是新媒体环境下身份认同（国族认同）的案例。刘海龙认为，新媒体技术不仅改变了民

① 张小强，杜佳汇．中国大陆“新媒体研究”创新的扩散：曲线趋势、关键节点与知识网络［J］．国际新闻界，2017（7）：30-57．

族主义运动的表达方式、组织动员方式、实施方式，而且消融了政治运动、追星、游戏、个人身份建构等行为的边界，使得民族主义以“粉丝民族主义”的新面貌出现。反过来，新一代网络民族主义者也在时间、空间和语言三个方面成功地驯化了新媒体，使之成为民族主义的一部分。①“小粉红”仍旧是在西方现代性所提供的话语体系中借鉴和改造自身的国族认同，新时代青年的爱国主义能否超越这种具有后殖民性质的世界与国家想象，发展出对中国和第三世界的土地、人民与历史更切近的情感认同和知识体系，有待于持续观察。②

“丧文化”“佛系文化”也是近年来网络青年群体中的流行文化。“丧文化”具有习得性无助理论所阐释的表征，其心理诱因则来自生存环境和生活压力。除了颓废、麻木之外，“丧文化”同时也具有更为复杂的“亚文化光谱”，蕴藏着自我强化、狂欢、戏谑、抗议、消解、反思、自我否定等丰富的文化内涵。网络文化的多样性，也给研究者提供更多新的研究空间。③2019 年 3 月还兴起了一种“夸文化”，被拉进“夸夸群”的人无论做什么或说什么，都能获得其他人的赞美。不少年轻人表示，对于陌生人的夸赞，即使听起来很假，但是被夸以后也会觉得压力减少一些，满足自己的自尊心。不仅如此，许多成员还表示：“夸人的时候，比别人夸你更高兴”。“夸夸群”的走红也体现了当代青年的社会心理状态。

从本书第一章新媒体发展史就可以看出，大部分新媒体技术早期主要应用于政府或商业，因此早期的新媒体研究大多带有应用、行政研究的导向，比较侧重经济价值、组织管理、政策和法律分析、组织管理等。随着越来越多的文化研究和政治经济学者加入新媒体研究的行列，这种情况已有所改观，但是国内的新媒体研究大多仍处于实证主义的范式下，与业界

---

① 刘海龙．像爱护爱豆一样爱国：新媒体与“粉丝民族主义”的诞生［J］．现代传播（中国传媒大学学报），2017，39（4）：27-36.

② 王洪喆，李思闽，吴靖．从“迷妹”到“小粉红”：新媒介商业文化环境下的国族身份生产和动员机制研究［J］．国际新闻界，2016（11）：33-53.

③ 苏涛，彭兰．“智媒”时代的消融与重塑：2017 年新媒体研究综述［EB/OL］．（2018-03-11）．http：//mp.weixin.qq.com/s/n2VGutaN7pNiu2mumBbt9g.

新闻实践结合紧密。

不论国外还是国内的传播学研究，在新媒体研究前期，以定量方法占据主流有其必然的原因。首先，对于一个“新”事物的认识，实证的角度更加容易上手，也更加容易观察到客观的现象；而定量的分析，较定性更加宏观全面。其次，定量方法在社会学研究中本身占据主导地位。1956 年，美国纽约召开了一次“社会测量大会”，聚集了一大批当时顶尖的社会科学学者，对社会科学研究方法的发展提出了多种意见与构想。这次会议提高了定量在社会学研究中的主导地位，西方社会学的定量研究迅速发展成为主流研究方法。[①] 随着时间推进，越来越多的理论范式进入国内学者们的视野，也有更多丰富的、接地气的研究跃然纸上，但基于批判路径的思考还有待发展。

此外，对于新媒体，利用新工具、新方法进行严谨的解释性、预测性的学术研究，也比较缺乏。[②] 新媒体研究是传播学研究的缩影，学者们对于传播学研究现状做出了反思，也有隐含的忧虑。他们指出，部分新媒体研究的目的依然过于倚重实际指导性和应用性，从而导致研究中“对策话语泛滥”。这种状况因其实际上包含着“权力结构自我复制和再生产的内在话语逻辑”，如果持续下去，只会造成一种“在多种权力的共同运作下继续制造虚假的繁荣”，而很难真正带来该领域知识总量和理论贡献的增加。[③]

二、新媒体的迷思

（一）反思“新媒体”概念

新媒体，似乎从这个词语诞生以来，就被人们火热地议论和称呼着。对于不同的人，它有不同的意涵，但相同的是，它代表着创新与未来。最初，

---

① 罗玮，罗教讲．新计算社会学：大数据时代的社会学研究［J］．社会学研究，2015（3）：222-241.

② 苏涛，彭兰．“智媒”时代的消融与重塑：2017 年新媒体研究综述［EB/OL］．（2018-03-11）．http：//mp.weixin.qq.com/s/n2VGutaN7pNiu2mumBbt9g.

③ 同上。

我们讨论新媒体，是用来区分同旧媒体的不同媒介，后来，它用来统称所有当下时兴的媒体和传播方式。不过当热潮一旦消退，问题也渐渐浮出水面。

"新媒体"的概念本身并不是没有问题的。

传播学者潘忠党对这个概念做了深刻反思和批判。他认为"新媒体"概念背后存在预设（或者说意识形态特征），会对学术研究产生限制。"新媒体"之"新"，"预设了一种理解媒介技术的线性历史发展观。"这种线性发展观"或多或少地蕴含了'新'即'好'的假设，而'旧'的事物至少在某些方面是有缺陷的，甚至应当被淘汰的"。[①]

问题还不限于"新"与"旧"的对立。"新媒体"这个概念容易让人以为，研究的对象是新的"媒体"，不是非媒体的东西，而这些"媒体"指的又主要是互联网、移动手机、客户端等。杨国斌认为，很多本应属于传播学研究的现象和问题就被遗忘了，如电脑的硬件软件、数据存储器、U盘、云盘、移动硬盘、数码相机、移动支付、二维码等。它们也都是"新媒体"的组成部分，而且在社会治理、个人隐私、文化传播等方面起很大作用，在传播学界也有很多研究，但尚未受到中国大陆学界的关注。此外，"媒体"的含义较窄，还容易忽视其他也可以起到传播作用的媒介，如"身体"也是媒介。如果你穿一件带二维码的T恤衫，或者直接把二维码印在身体上的某个部位，招摇过市，见到路人就请人家扫描，那你的身体也就成为新媒体的一部分。以上这些容易被"新媒体"的概念所忽视的东西，都属于数字文化的内容。[②]

西方对于"新媒体"的反思要走在国内前面。对于西方学者而言，"新媒体"一词的出现不仅仅预示着新媒介技术和形式的到来，同时也是对媒体的一种反思。新媒体与之前媒体的兼容性相比更具有一种颠覆性的力量，

① 潘忠党，刘于思．以何为"新"？"新媒体"话语中的权力陷阱与研究者的理论自省——潘忠党教授访谈录［J］．新闻与传播评论，2017（1）：2-19.

② 杨国斌．转向数字文化研究［EB/OL］．（2018-04-19）.http：//mp.weixin.qq.com/s/pOX8aFxkk-srsou5HDp-DA.

它之所以“新”很大程度上是对之前的媒体形式宣告了其“死亡”或“陈旧”。无论是从新媒体的形式还是内容而言，都具有传统媒体所不具有的不可替代性。这种不可替代性一方面体现在计算机及网络技术是传统媒体所不曾具有的内在物质与技术基础；另一方面体现在新媒体对于人们的认知方式、日常生活体验及交流上所产生的影响是前所未有的。①

因此，本书的观点认为，不存在旧媒体。本书使用的“新媒体”是一个宽泛的概念，并不限于某一类媒体。对于新媒体，本书从媒体实践角度下一个动态的定义：新媒体指的是集合了信息、利益、社会等关系，提供了在公共空间和私人空间自由流动的可能，在去中介的同时整合以往所有媒体的再中介化，形塑了网络共同体及数字化生存状态的媒介。它包括所谓的社会化媒体（Social Media）、数字化媒体（Digital Media）、移动互联网、智能媒体、虚拟现实、物联网等，但不限于此；同样，它还包括数字电视、数据新闻、传统报纸的新媒体客户端等转型后的传统媒体。

（二）新媒体治理

新媒体的发展还给社会带来了一些新的问题。这是理论需要额外关注的重点，也是亟待新媒体研究去解决的问题。例如，随着新媒体的发展，人们除了在享受便利的互联网和随时随地“随心而动”的社交外，还有着对于个人隐私泄露的忧虑。更令人陷入现代性的焦虑旋涡的是隐私安全，尚且只是信息安全问题中的冰山之角而已。

2018 年 3 月，社交媒体 Facebook 被曝泄露用户数据，引发了一场巨大的信任危机，大量用户在 Facebook 上发起“Delete Facebook”的倡议，表示捍卫数据隐私安全的决心。事件起因是名为 Cambridge Analytica 的公司，利用从 Facebook 上不当收集的 5000 万用户的个人数据进行数据分析。由于该公司曾与特朗普选举团队牵涉，因而引发公众“操纵选票”的敏感神经。事件的发酵导致 Facebook 创始人扎克伯格于 4 月 10 日接受了来自美国参

① 朱艳．文化维度下的西方当代新媒体研究综述［J］．商业经济研究，2012（1）：144-145.

议院商业、科学和运输委员会及司法委员会联席听证会，面临高额罚款。

Facebook 的隐私泄露问题事实上并不是特例。在全球范围内，隐私安全已成为公众们在互联网时代不得不关心的紧迫问题。中国社会科学院舆情实验室进行多次调查结果显示：个人隐私保护是民众认为中国互联网治理中首要解决的问题之一。[①] 但隐私保护与信息自由（数据流动）之间存在矛盾性和竞争关系：数据流动自由度的扩大必然会增加个人隐私泄漏的风险，而隐私保护尺度的收紧也必然会加强对数据自由流动的限制[②]。

与隐私与自由相关的“被遗忘权”也是数据时代备受关注的名词之一。2016 年 11 月，我国颁布的《网络安全法》正式确认了个人对其网上个人信息的“删除权”（又称“被遗忘权”，The Right to Be Forgotten）：“个人发现网络运营者违反法律、行政法规的规定或者双方的约定收集、使用其个人信息的，有权要求网络运营者删除其个人信息。”这对互联网使用者来说似乎是个好消息，法律承认并保障权利主体的信息自由。权利主体有权要求数据存储方删除自己或他人放置在互联网上的、令其尴尬的照片或其他数据信息，除非数据的保存和使用为法律规定的维持公共利益的正常运作所必需的。需要注意的是，被遗忘权仅是应对数字化发展对个人隐私侵袭的措施之一，它的适用范围 、使用程度仍存在诸多限制和制衡，并不能完全达到 “使人遗忘” 的程度，在日益发达的数字时代，网络隐私的保护不仅需要政府部门的监管和法律的保障，还需要个体提高隐私保护意识，加强自我约束与管理，减少数字时代网络体验对个人隐私信息的窥探。[③]

互联网技术通过对时空及本地概念的改写，构建了新的文化形态和新型文化身份，但文化差异和潜在的文化冲突并未消失，反而在一定意义上

---

① 殷乐，李艺 . 互联网治理中的隐私议题：基于社交媒体的个人生活分享与隐私保护［J］. 新闻与传播研究，2016（S1）：69-77.

② 徐艺心 . 互联网用户隐私保护的环境特点及制度走向［J］. 当代传播，2017（2）：66-69.

③ 周丽娜 . 大数据背景下的网络隐私法律保护：搜索引擎、社交媒体与被遗忘权［J］. 国际新闻界，2015，37（8）：136-153.

加速了文化群体间的文化冲突。① 小到个体的隐私如何保护，大到一个国家的网络空间法律法规制定，都是全球互联网治理中的重要内容。

“互联网治理”（ Internet Governance ）最早由国际电信联盟于 1998 年正式提出，2005 年联合国互联网治理工作组将其界定为“政府、私人部门和公民社会根据各自的职能，制定并应用影响互联网发展与使用的共同原则、规范、条例、决策流程与纲领”。全球互联网治理业已走过了从个人管理到全球共治（“赋权社群”主导的、基于“多利益攸关方”模式的全球共治）的历史变迁过程。经验指出，全球互联网治理更多地依靠合作而不是竞争，维护本国网络安全、降低全球网络冲突是大部分国家的共同目标。②

2016 年 12 月，国家网信办发布《国家网络空间安全战略》，2017 年 3 月，外交部和国家网信办共同发布《网络空间国际合作战略》，显示出我国积极参与全球互联网治理，营造良好互联网环境，促进全球互联网治理互利共赢。③

三、新媒体，“新”词条

在新媒体的语境下，涌现了一批生动的现象与发现，学者们总结了这些发现，为新闻传播领域增添了不少“新”词条，如长尾理论、病毒式传播、后真相、邓巴数字、群体性孤独、信息茧房等。这些词汇记录并反映了我们当下被新媒体形塑的个人与社会生活，对于媒体人来说，既是获得良好传播效果的经验指导，也是推动未来传播发展的启示。

---

① 梁虹．互联网治理的挑战：技术与文化身份的视角［J］．新闻与传播研究，2016（S1）：102-107.

② 邹军．从个人管理到全球共治：互联网治理的历史变迁与未来趋势［J］．现代传播（中国传媒大学学报），2017（1）：80-84.

③ 苏涛，彭兰．“智媒”时代的消融与重塑：2017 年新媒体研究综述［EB/OL］.（2018-03-11）. http：//mp.weixin.qq.com/s/n2VGutaN7pNiu2mumBbt9g.

（一）长尾理论

美国连线杂志的主编克里斯·安德森（Chris Anderson）在 2004 年的一篇文章中指出，亚马逊和 Netflix 之类网站的商业和经济模式遵循“长尾”规律。“长尾”可以看作“正态分布”的一侧尾巴。很久以来，人们相信市场中的大企业、小企业遵从“正态分布”的规律，我们也更多地了解、关注和购买那些大品牌。但安德森认为，在网络时代，由于关注的成本大大降低，人们有可能以很低的成本关注正态分布曲线的“尾部”，关注“尾部”产生的总体效益甚至会超过“头部”。这个概念一方面强调面向特定小群体的产品与服务有强大生命力，另一方面指出长尾带来的总利润能够跟大热门产品的总利润有抗衡的可能。“长尾”在媒介经营与管理领域、注意力经济时代有着重要的价值，它本质上与“分众化”“个性化”的新媒体理念相吻合。

（二）病毒式传播

“病毒式”三字意味着此类传播方式能够在短时间内快速复制、迅速传播，将信息在极短时间内传向海量的受众。这个概念更多地出现在营销领域，利用口碑在群体之间广泛传播。乔纳·伯杰（Jonah Berger）的《疯传：让你的产品、思想、行为像病毒一样入侵》是一本关于病毒式传播的畅销书，其中总结了“流行”背后的原因及打造口碑产品的原则。

（三）后真相

牛津词典把“后真相”（Post-truth）评选为 2016 年年度词汇，用来描画“客观事实在形成舆论方面影响较小，而诉诸情感和个人信仰会产生更大影响”的情形。[①] 后真相揭示了在这个时代人们更加听从内心的感性情绪影响而不是依靠客观事实进行理性思考的现象。除了事实的坍塌，这背后也有技术和媒体演进、社会与经济不确定性和后现代主义、相对主义思潮的影响。

---

① 胡泳 . 后真相与政治的未来［J］. 新闻与传播研究，2017，24（4）：5-13，126.

（四）邓巴数字

“150”在英国牛津大学的人类学家罗宾·邓巴（Robin Dunbar）看来是一个神奇的数字。20 世纪 90 年代，他组织了一项调查，让一些居住在大都市的人们列出一张与其交往的所有人的名单，结果他们名单上的人数大约都在 150 名。根据猿猴的智力与对社交网络的调查他提出，人类智力将允许人类拥有稳定社交网络的人数是 148 人，四舍五入大约是 150 人，这就是著名的“邓巴数字”。邓巴数字给予了我们关于社交网络和媒体的使用经验：尽管网络让我们“六度分隔”，通过社交网络理论我们可以认识世界上的每一个人（前提是他使用网络），但营造和维持幸福的社交环境最根本的是和“150”人圈子进行深度的交流。社交的幸福感来自社交的质量而不是数量，来自沟通的深度而不是频率。

（五）群体性孤独

地铁上沉默地看着手机的庞大人群，年夜饭上不停敲打屏幕回社交网络消息的年轻人，课堂中闪亮着的手机屏幕……这些场景我们并不陌生，现代人更多地生活在独立的“气泡”空间中，沉迷于网络、人际关系冷漠、内心孤独感增强、不关心现实，甚至逃避现实。美国麻省理工学院教授雪莉·特克尔（Sherry Turkle）选用“实地考察”和“临床诊断”相结合的新思路，对人与信息技术的关系进行了长达 15 年的研究。她认为，我们依赖社交网络这种虚拟空间，一旦脱离虚拟，孤独感就随之而来。[①] 换言之，人们想要借助社交网络来摆脱内心的孤独感，结果却多多少少地陷入了一种“群体性孤独”当中。群体性孤独已经成为我们时代的独特症候。

（六）信息茧房

信息茧房与群体性孤独是类似的概念，它们都描绘了信息技术造成的人际淡漠及个人孤立的情况。新媒体有着分众化、个性化的取向，而算法机制更是加剧了个性化的取向，人们在浏览信息的时候，本来就会被自己

---

① 乔艳，王少鹏. 从媒介批评角度看社交网络时代的“群体性孤独”[J]. 今传媒，2017，25(7)：36-37.

感兴趣的领域吸引，而算法感知到个人的阅读习惯，会趋于向个人推送他所感兴趣的信息。长此以往，人们会习惯性地被自己的兴趣所引导，从而将自己的生活桎梏于像蚕茧一般的“茧房”中的现象。由于信息技术提供了更自我的思想空间和任何领域的巨量知识，一些人还可能进一步逃避社会中的种种矛盾，成为与世隔绝的孤立者。就像蚕吐丝一样，人们将自己裹挟在独特的“信息空间”中，对其他领域发生的事情浑然不觉。在媒介批判学者们看来，这是令人担忧的现象，并不利于社会的良性沟通。

（七）知识付费

2016 年被称为“知识付费元年”，各类知识付费平台在这一年呈井喷发展之势。例如知乎网推出“值乎”和“知乎 Live”、果壳网推出“分答”等，这些平台均以收费的方式向用户提供相关信息。[①] 知识付费也成为近几年被广泛讨论的热词。越来越成熟的社会和市场，需要专业系统的知识与之相对应。在一个充斥着焦虑和失控感的时代，人们对“专业化”的“稀缺”知识需求也越来越大。随着人们的“消费升级”，消费领域的大趋势越来越指向体验型消费。[②] 这些都成为促使知识付费流行的原因，可以合理推测，在未来很长一段时间，知识付费将大众化。

这些词条是一个个侧面棱镜，折射出新媒体时代，媒体技术发展有其规律，但光明之下也有隐忧。我们如何逃避信息技术带来的“茧房”，遵从本心，过向往的生活，如何避免“群体性孤独”与“后真相”带来的非理性情绪，更多地独立思考，更多地理性沟通，是这些词条背后需要思考的问题。

四、当新媒体成为旧媒体

细究新媒体三个字，可以发现“新媒体”包括两个概念：“新”和“媒体”。“新”是相对“旧”而言的，当广播出现的时候，相对报纸来说它是新媒

① 于风，王倩 . 知识付费存在的问题及未来展望［J］. 中国报业，2017（11）：28-30.
② 喻国明 . 知识付费何以成势？［J］. 新闻记者，2017（7）：61-63.

体；当电视诞生的时候，相对其他传统媒体它也是新媒体。新媒体也在不断发展和更新中，昨天的新媒体会变成今天的旧媒体。因此，新媒体是一个相对的概念，是一个时间的概念，是一个动态发展的概念。媒体和媒介在英文里是同一个单词 Media，但在中文里的含义却大相径庭。媒介是一个传播学概念，它是指传播的介质，承载信息的物体；媒体是一个传媒经济学概念，它是指储存、呈现、处理、传递信息的经济运营实体，即媒介组织和媒介组织形态。当今的新媒体又包含两大类媒体：新兴媒体（Emerging Media）和新型媒体。新兴媒体包括 Facebook、谷歌、腾讯、百度等互联网企业及组织形态，过去我们把它划归 IT 业，如今我们也把它叫作新兴媒体。新兴媒体是与传统媒体截然不同的一种新的媒介组织，因为它不只是搬运内容，还能提供更多的服务。新型媒体是传统媒体与新兴媒体结合的产物，它包括数字电视、车载移动电视、手机报、手机广播、传统媒体网站等。新型媒体虽然有各种新形态和新业态，但从本质上来看仍然是传统媒体的延伸，即把传统媒体的内容放到新媒介上。当下，学界讨论“新媒体”，事实上讨论的主要是“新兴媒体”。[①]

新兴媒体在某一天，可能也会成为旧媒体，我们将迎来“新新媒体”，那么我们的理论应该如何建构与发展，并对社会做出贴合的解释与启示？

首先，我们必须承认“新”是一个与时间和空间相关的相对概念。今天的新事物在将来则是旧事物，某个特定文化语境下的新事物对于其他空间下的语境而言，可能是未知或者过时的。“新媒体”一词本身带有的相对性促使一批学者转向其他对“新媒体”概念表示的探究。1999 年国际传播学期刊《新媒体与社会》推出了一期专题，专门探讨了对于新媒体的特性——十位传播学者思考了“什么是新媒体”“怎么定义新媒体的新”等几个问题。尽管，也是可以预料到的是，特刊的讨论并没有达成某项共识，但大部分学者都指出“新”的特性同人与媒介之间的关系转换相关；同时，“新”也再定义了媒体在人们日常生活中的位置与功能。新媒体在很大程

① 谭天 . 新媒体新论［M］. 广州：暨南大学出版社，2013.

度上是社会建构的结果，它诞生于创造者的理念，却也在被发明后一定程度上偏离创造者的意图。[①]

当新媒体出现，探索其与以往的媒介有何不同，它对社会将产生什么影响是直观的研究。在这种思考下，以往的经典理论提供了反思的借鉴。新媒体如何拓展、修正或重构传统的理论，传统经典在新媒体的语境下是否还有影响力和有效性，是传播研究中学科建构的中心议题。

立足人的主体性，回归人本身，是进行新媒体研究的本源。新媒体可被视为一项新发明、新事物，它在何等程度上影响了人的存在，是一个根本性的命题。正如鲍德里亚的理论曾指出，纸质媒体在 20 世纪 20 年代是主导型的象征媒介，对主体而言，纸媒提供稳定的、中心化的身份（Centered Identity）和社会地位；而电子媒介作为一个新媒体，它令主体成为分散的、碎片的、多元的存在。哲学理论家们为我们看待新媒体指出了多个方向，而现有的新媒体研究对互联网与普通人的经验和社会实践观察较少，人的故事还有待书写。在未来，当面临“新新媒体”的诞生，学者们需要吸取教训，探索与挖掘一个新的媒体具有怎样的特性，又将如何影响人和社会的关系，是有意义的思路。

我们时常思考人生、社会、自我这些无法回避的问题，也发现了如今的社会变化速度、技术发展速度甚至超出了我们学习与追赶的速度。行走在街道上，我们看见乡村与城市的一幕幕景观：公园街角的老年广场舞正热火朝天地进行着；青年们沉迷于一款又一款游戏，“吃鸡”、“养蛙”和“纸片人”也成为年轻人惯用的词汇；校园霸凌和儿童性侵等话题也逐渐成为人们经常讨论的议题……社会生活的问题，普通大众的问题，边缘群体的问题，也应该进入学者们的视野。历史总是新陈代谢，时间总是在一分一秒地流逝，新的、旧的会被知识、话语、权力和思想重构，进入某种谱系，但对社会问题的思考是传播学科不变的内容。

---

① JANKOWSKI N W. Creating community with media：history，theories and scientific investigations［J］. The handbook of new media，2006：55-74.

2018 年初，《国际新闻界》特别开辟了一期“反思传播学”的议题，多名学者针对传播学的历史、议题、未来发展提供了有益的思考。学者们的自我反思是重新梳理新媒体研究的契机，也是重新认识学科的契机。在他们的思考中，我们对新媒体的研究还“缺乏深度”，对“媒介”的认识还可以拓展，对少数派和批判路径的研究还有大片的空间……

当我们讨论新媒体的时候，我们究竟在讨论什么？以伦敦政治经济学院的 Roger Sliverstone 的一段回答作为结束：“当我们探究新媒体时，也是在探究连续性和变化，探究一项创新融入科技和社会过程的复杂性。这种探究，同时需要对于社会科学中某些基本假设的审问、质询和对某些持续悖论的对抗。在这种情况下，我们必须在回答新媒体研究之前，了解以往的经典理论和那些熟悉、必要的优先考虑；我们必须探究确定性和作为一个范畴的‘技术’；我们必须，也是必然地，探究权力的本质和那些同时推动、抵抗技术的不同程度的自由；我们既需要象征性地思考，也需要物质性地思考；我们必须正视历史和史学，理论和方法论，既在进化论与革命论之间，又在原因和结果的框架下做出判断；我们还必须参与进特定的话语体系，或在媒介理论，或在技术的社会研究下，在他们最近的努力中理解并拷问机构、技术、文本和用途之间的联系。”①

① SILVERSTONE R.What's new about new media?［J］. New media & society 1999，1（1）：10–82.

图书在版编目（CIP）数据

新媒体概论 / 黄彪文著. —北京：中国国际广播出版社，2019.4
ISBN 978-7-5078-4462-7

Ⅰ.①新… Ⅱ.①黄… Ⅲ.①传播媒介－概论 Ⅳ.①G206.2

中国版本图书馆CIP数据核字（2019）第069447号

新媒体概论

著　　者	黄彪文
责任编辑	刘　晗
版式设计	郭立丹
封面设计	黄　旭
责任校对	张　娜
出版发行	中国国际广播出版社［010-83139469　010-83139489（传真）］
社　　址	北京市西城区天宁寺前街2号北院A座一层 邮编：100055
网　　址	www.chirp.com.cn
经　　销	新华书店
印　　刷	天津市新科印刷有限公司
开　　本	710×1000　1/16
字　　数	200千字
印　　张	15.5
版　　次	2019 年 7 月　北京第一版
印　　次	2019 年 7 月　第一次印刷
定　　价	48.00 元

CRI 中国国际广播出版社　欢迎关注本社新浪官方微博　官方网站 www.chirp.cn